HR:

从 Functional 职能
专家 Administration
到 to
Business 事业
Partner 伙伴

孙显嶽 /著

格致出版社 上海人民出版社

前　言

　　人力资源管理工作者在企业所扮演的角色已经不再仅限于行政管理工作的定位，更加重要的是要强化职能专家以及事业伙伴的角色。所谓的职能专家是指人力资源部门的工作者所需要具有的专业能力，包括人力规划、招聘甄选、薪酬管理、绩效评估、人才发展、员工关系管理的专业等职能分工项目。而事业伙伴的角色则是成为CEO的左右手，依据企业的战略发展规划制定人力资源职能的战略性措施，满足企业发展的需求。事业伙伴要具备经营效益、投资回报分析的能力，当人力资源管理从业人员想要成为事业伙伴时，也必须具备CEO的思维逻辑。

　　《HR：从职能专家到事业伙伴》是以《60分钟掌握人力资源管理六大模块》为基础进行内容的深化，以HR专业职能作为写作的主体架构，包括人力资源规划、招聘甄选与面谈技巧、人才发展管理、薪酬管理实务、绩效管理实务、员工关系管理等人力资源主要的职能范围。最后再以人力资源管理工作者想要成为企业的事业伙伴应该要具备的能力以及要做哪些价值型的工作才能彰显出HR的专业价值作为本次写作的主要内容。本书在内容方面比《60分钟掌握人力资源管理六大模块》增加许多专业与深入的主题，例如在第1章《人力资源规划》中，除了比较常用的实务方法，新增加了统计计量模型的应用来进行人力预测；在第2章《招聘甄选与面谈技巧》中，介绍了效度相对较高的行为面谈法、SKAD面谈法以及计分卡式面谈法；在第3章《人才发展管理》中对于培训效益的评估介绍了Jack Phillips的评估效益ROI模型；在第4章《薪酬管理实务》中增加了薪酬预算管理的方法以及员工股权激励的实务与案例；第5章《绩效管理实务》中除了介绍常用关键绩效指标法（KPI）、平衡计分卡（BSC）等管理技术，也增加了方针管理法（PDM）以及目标与关键结果法（OKR）等较新的内容；第6章《员工关系管理》中新增了心理契约的主题以及企业文化建设的内容；在第7章《人力资源事业伙伴》中介绍了评价中心的应用、接班人计划、人力资源效益衡量以及人力资源投资报酬率衡量等 CEO 最为关心的组织人才管理以及资源投入产出效益衡量的方法。在新书的内容当中增加了对人力资源管理技术以及管理方法的介绍，对于有心想要提升人力资源管理的专业能力与成为事业伙伴的 HR 从业人员，相信本书能够提供一定程度的帮助。

　　当然，人力资源管理职能可以为组织做的贡献还有很多，决不仅限于作者所列的这些项目，但若是能够先将笔者所列的项目落实执行，相信一定能够提升 HR 工作者的价值。

孙显嶽

2018 年 3 月于上海

目 录

第 1 章
人力资源规划

: Functional Administration To Business Partner

1.1 人力资源规划的意义与定义

1.1.1 人力资源规划的意义

人是组织发展的核心,人力资源更是企业生存必备的资源,而人力资源与企业核心能力的结合所形成的策略性核心资产更可为企业奠定独有的优势。因此在十倍速的竞争环境中,决定企业成功与否的关键在于建构组织所特有的稀有性、价值性、特殊性与难模仿性(Mueller, 1996)的人力资源关键性核心特质,发挥人力资源的差异化优势。人力资源的投入运用与管理,是企业未来能否发展成功的关键因素。所以企业应该要在日常管理工作中以滚动性的人力需求预估及人力盘点进行人力资源的发展规划。吴秉恩(1995)指出企业在进行人力资源规划时应具备:(1)整体性:以整体性角度思索人力资源议题;(2)关键性:可利用 BCG 模式找出具有发展前景的核心事业,思考相对应人力配置问题以期发挥组织力量;(3)互动性:策略须与经营环境结合建立互动性;(4)人性化:对于人力资源合理化及后续人力配置问题,主管应"发乎心"地处理,方能获得员工对公司的信任与承诺,实现劳资双赢,确保组织人力资产的核心能力成功运作。

1.1.2 人力资源规划的定义

在学术领域对于人力资源规划(Human Resource Planning)的定义有许多,如表1.1所示,读者可以从中外学者对于人力资源规划的定义了解人力资源规划的意涵。

表 1.1 人力资源规划的定义

作　者	内　　　容
Nkomo (1988)	系用来建立人力资源目标,发展达成目标的策略,并确认人力资源的获得、运用、发展、维持的过程
Wether & Keith (1989)	人力资源规划即有系统的预测组织未来的人力需求及供给

续表

作　者	内　　容
Byars & Rue (1994)	人力资源规划,其定义为在适当的时间获得适质适量的人力以安置在适当职位的过程
Milkovich & Boudreau(1997)	人力资源规划的重点就是设定目标,其指出组织应如何利用现有的人力来满足所需的人力资源
Mathis & Jackson (2000)	人力资源规划是一种为使组织可达到其目标,而分析及辨别可利用人力资源需求之过程
Michael Harris (2000)	人力资源规划是指决定未来人力资源需求(如受雇者需要何种才能)及评估组织未来所需人力资源能力(如受雇者必须真正具备何种技术)之过程

资料来源:江享贞(2003)。

　　人力资源规划是将企业经营战略和目标转化成人力资源需求,从企业整体的超前和量化的角度分析和制定人力资源管理的一些具体目标,以为企业经营战略和目标的实现提供人力资源。从狭义的角度来看,人力资源规划是企业从战略规划和发展目标出发,根据其内外部环境的变化,预测企业未来发展对人力资源的需求,以及为满足这种需要所提供人力资源的活动过程。若是从广义角度来看,人力资源规划是企业所有各类人力资源规划的总称。企业在未来的一年之内需要聘用多少员工,何时进行聘用,需要聘用何种专业员工,员工的资历与专长有哪些,员工的人格特质为何,这些问题都是在进行人力资源规划时需要思考的议题。

　　就企业而言,良好的人力资源规划可以使得企业及早地因应外部环境的人力供给变化做好企业的人力需求准备,同时也可以提升组织现有的人力应用效力,使其人力效用最大化。若是从个体的观点出发,完善的人力资源规划以及后续的人力资源管理活动可以提高员工的工作动机,改善绩效,协助员工达成自我实现的目标。

　　人力合理化及人力需求预估是企业面对未来发展人力资源规划的重要课题,因此,工作分析和人力资源规划是构成现代人力资源系统的两个基本流程,可通过整合人力资源计划达到最佳成本效益(Cascio, 1989)。

　　通过人力资源的规划可使企业获取和维持组织所需的人力的质与量;培养训练良好、具弹性的人才,以协助组织适应不确定的外在环境;可维持人力的稳定,降低外部招募的依赖性;可因应组织发展目标,以总量管制方式预估人力需求、消除无效人力,使人力资源分配合理化;可有效运用人力提高效率,达到最佳成效,协助组织成长。

陈琼莉(1995)将人力资源规划对组织发展的重要性归纳如下:(1)透过人力资源规划过程,组织可预估未来所需人力,进行人才储备,不必担心组织人力与未来发展目标衔接不上,减少管理者对未来的不确定性;(2)协调不同的人力管理计划,使各项人力活动与组织未来目标更有效地配合;(3)有效掌握人力资源的投资,使人员致力于组织目标的达成,凸显人力资源的价值。

人力资源规划一方面应根据企业当时的业务方向和规模拟定各类人员必须配备的数量,以达到精简结构、节约人力和提高工作效率的目的。另一方面,人力资源规划应着重于对现有人力资源的盘点和对未来人力资源供求的分析,以确定人力资源补充、调整和能力提升方案。总体来说,人力资源规划应该关注的重点有以下五点:

(1) 战略规划。

战略规划是根据企业总体发展战略的目标,对企业人力资源开发和利用的方针、政策和策略的规定,是各种人力资源具体计划的核心,是事关全局的关键性计划。

(2) 组织规划。

组织规划是对企业整体框架的设计,主要包括组织结构分工原则与工作范围,组织部门设置与工作岗位的划分,组织诊断和评价,组织设计与调整。

(3) 制度规划。

制度规划是人力资源总规划目标实现的重要保证,包括人力资源管理制度体系建设的程序,人力资源管理标准体系建立和管理等内容。

(4) 人力规划。

人力规划是对企业人力构成总量的整体规划,包括人力资源现状分析,企业人力预算编制,企业人力需求和人力供给预测,人员供需平衡等。

(5) 费用规划。

费用规划是对企业人工成本,人力资源管理费用的整体规划,包括人力资源费用的预算制定、费用核算、成本结算,以及人力资源成本管理等。

1.2　人力资源规划的基本活动与过程

人力资源规划是结合了企业目标与人力资源管理活动的过程,是"在适当的时间聘用适当的人员数量与员工类别,使组织和个人获得最大的长期效益"(Burack,

1972)。从个体观点来看,完善的人力资源规划可以协助员工自我实现,提高工作动机与工作绩效。人力资源规划包括了十项基本活动(Pattman, 1976):

(1) 确认公司的整体目标(Corporate Goal Confirmation);

(2) 将公司目标转换成人力目标(Manpower);

(3) 设计人力信息系统(Manpower Information System);

(4) 进行人力盘点(Manpower Inventory);

(5) 人力需求分析(Manpower Requirement Analysis);

(6) 内部人力供给分析(Internal Manpower Supply Analysis);

(7) 增进人力效用(Manpower Utilization);

(8) 改善公司人力政策(Manpower Policy);

(9) 确认训练需求与效用评估(Training Requirement Confirmation and Evaluation);

(10) 控制人力资源成本(Manpower Cost Control)。

前两项与企业目标相连结,将公司整体的规划与人力资源规划功能相结合,后面的八项则属于操作性的人力资源管理活动。当人力资源管理部门或直线部门的主管在进行人力资源规划时,可以依据以上程序进行管理。人力资源规划的总体过程包括人力资源的预测、人力资源目标设定与战略规划,以及人力资源规划的执行和效果评估等部分,见图1.1。

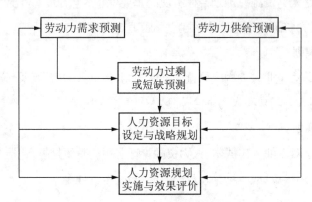

资料来源:雷蒙德等(2001:182)。

图1.1 人力资源规划过程

1.2.1 人力资源供给需求预测

进行人力预测时,人力资源管理者所要做的就是了解各种不同类型的人力资源需求与供给,主要目的在于评估组织内部的哪些职位会人力过剩或人力短缺。不论是对人力供给的预测或是对人力需求的预测,都可以使用统计方法进行预估。要想做到非常精准不大可能,但是从以往的历史数据进行趋势分析是比较有效的。当然,只要是预测就一定会产生偏差(Bias),需要透过更细致的调整才能得到更贴近实际情况的数据。比较贴近实务工作的做法是将统计预测的方法与主观判断法相结合,以获得人力资源预测的信息。

劳动力需求的预测是对组织目前的状况以及未来的发展趋势进行需求预测。一旦确定的需求型态包括工作类型、工作技能、人员素质、人员数量等因素,人力资源管理者就需要搜集信息进行人力预测。比较复杂的预测方式甚至会用到统计模型。比如,当企业的历史比较长久,经营形态比较稳定,多元回归模型就是一种有效的预测统计模型。当然在预测时也会产生一些单一事件或是个案的特例情形,这时就需要以主观判断的方式来进行预测。劳动力供给预测同样也可以运用历史数据进行统计模型分析并结合主观判断法进行。转移矩阵(Transitional Matrix)是一种应用在人力供给预测的统计方法,能够显示在不同的时间里处于各种不同工作类型的员工所占的比例或数量。从矩阵的内容当中可以看出工作类型流动的状况。

1.2.2 确定劳动力过剩或短缺

一旦人力供给与需求的预测完成之后,人力资源管理工作者就可以进行差异分析,进行两方面的数据比较从而确定在每一种工作型态职务产生短缺或过剩的情形,进而提出相应的解决方案。例如可以采用延长工时、将工作外包、雇用临时性的员工等方法解决短缺的问题,表 1.2 为当人力短缺时可以采用的方法及效果和影响。

表 1.2　人力短缺可以采用的方案

采用方法	效果显现	废止或可改变性
延长工作时间	快	高
雇用临时人员	快	高
外包工作	快	高
训练人员转调	慢	高
减少离职率	慢	中等
重新招募	慢	低
技术创新	慢	低

资料来源:作者整理。

若企业的人力过剩,可以采用组织缩编、工作分摊,甚至减少工作时间等方法来解决。效果以及对于员工的冲击影响见表1.3。

表1.3　人力过剩解决方案

采用方法	效果显现	员工冲击
企业缩编	快	高
减薪	快	高
降调	快	高
部门转调	快	中等
工作分摊	快	中等
减少工作时间	快	中等
提早退休	慢	低
自然耗损	慢	低
再训练	慢	低

资料来源:作者整理。

1.2.3　目标设定与战略规划

确定具体的量化目标后,企业就需要在解决人力过剩或是短缺的各种战略方案中进行选择。这个阶段是比较关键的,因为不同的方案选择对于成本、速度、效果、人员数量的影响都是非常重大的,所以在进行方案规划与选择时也要从企业经营层面及战略执行影响层面进行整体评估。

1.2.4　人力资源规划的执行与评价

人力资源规划所提出的方案执行后还要进行效果验证。方案执行阶段一定要确保有专项负责人,而且要定期提供进度报告,以有效地掌控执行计划进度。最后的成果评价主要就是进行战略方案的效果验证,以了解预测结果与实际结果的差异性有多少,根据执行的结果来进行方案的调整或是继续执行。

人力资源管理系统(Human Resource Management System)在建置人力资源功能模块时,也会针对人力资源规划的功能模块进行内容设计。人力资源管理部门希望能够建置人力资源规划模块来确认分析预测和规划人力资源的变化与需求。这样的模块可以称为人力资源规划模块。Ceriello 和 Freeman(1991)将人力资源规划模块分为四大功能:人力资源规划、人力资源预测、接班人计划以及组织设计。

资料来源:Ceriello V.R. & Freeman C.(1991)。

图1.2 人力资源规划模块功能划分

此处的人力资源规划功能为现有人力的运用与评估。人力资源预测包括供给预测及需求预测。接班人计划即经由训练、升迁、轮调等活动以确保公司未来重要职位有适当且合格的候选人。许多人力资源部门将接班人计划纳入人力资源规划模块,可能是因为此活动牵涉到人力资源的供给、需求和相关资料。有些公司的教育训练模块不只包括直线和行政人员的生涯规划,也包含高阶管理者的接班人计划;而一些公司教育训练模块仅负责直线人员的生涯发展,另外成立管理发展模块来执行高阶主管的接班人计划。组织设计功能则可绘制出组织结构。

Rampton、Tumbull和Doran(1999)所提出的人力资源规划和接班人计划模块则是输入人力资源需求预测、人力资源供给预测及员工基本数据,经过管理检视(Managerial Review)和接班人计划形成实施与进度回馈,最后产生人力资源计划、组织结构与接班人计划。

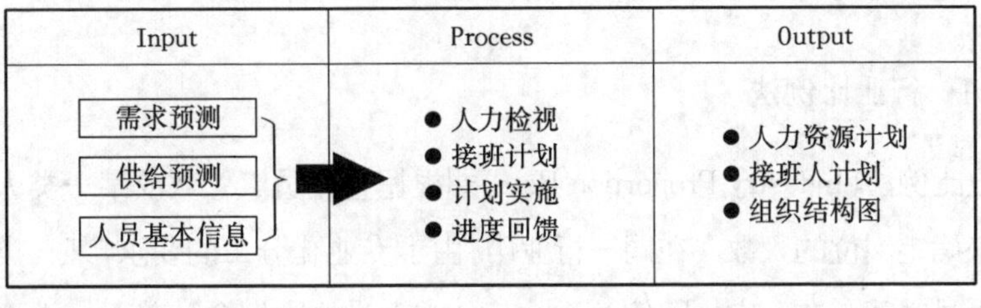

Input	Process	Output
需求预测 供给预测 人员基本信息	● 人力检视 ● 接班计划 ● 计划实施 ● 进度回馈	● 人力资源计划 ● 接班人计划 ● 组织结构图

资料来源:修改自 Rampton, G.M., Tumbull, I.J., Doran, T.A.(1999)。

图1.3 人力资源规划模块功能划分

运用人力资源管理系统中的数据整合也可以进行企业的人力资源规划管理工作,经由数据分析的过程自动生成相关的人力需求预测报表以及组织人力发展报表,可以有效提升人力资源部门对于组织的贡献价值。当然不同的企业会有不同的投入变量、项目过程的处理以及最终产出的要求,在进行系统模块开发时必须先进行系统需求评估,相关的投入变量设计以及产出报表客制化开发。

1.3 人力资源规划的方法

跨国企业或集团化企业因为专业分工以及管理结构性与规划性强,对于人力规划的工作会比较容易落实,在组织规划与人力预算制定方面都有完整的作业程序与实施步骤。但是大多数的中小型企业对于人力资源规划的内容以及作用并不太重视,既没有建立人力资源规划的流程,也没有人力资源规划的工具和方法。

企业完整的人力资源规划应该包括人员结构、人员质量和人员数量的规划。人员结构规划应根据企业战略发展、关键成功因素、核心能力、营运模式、管理风格等各因素,确定组织的组织结构、岗位设计、管理幅度以及各职类(业务、管理、辅助)、职能人员比例及业务贡献度;人员质量规划需要根据企业战略、业务模式、业务流程和组织对员工行为的要求,确定各职能和层级人员的素质能力模型,从专业能力、管理能力和核心价值等几个维度评估现有人员的能力水平;人员数量规划是指根据企业战略对未来业务规模、业务流程、地域分布、产品线、历史经营统计资料等各因素,确定未来企业各级组织人力资源编制,包括:各职类、职能专业人员数量以及人力预算金额(薪酬福利支出、培训费用、劳务性成本、管销费用等项目)。本小节介绍几项可以应用于人力资源规划的定量方法,以供读者在实务工作中应用。

1.3.1 行业比例法

行业比例法(Industry Proportion Rate)即根据企业员工总数或某一类人员总数的比例来确定岗位的人数。在同一行业中,由于专业化分工的要求,某一类人员和另一类人员之间存在一定的比例关系。某一类人员的比例会随着另一类人员的人数变化而变化。这一方法比较适合各种辅助和支持性岗位人员的规划,比如人力资源类和财务管理类人员。例如,系统组装企业人力资源与服务人数之间的比例一般为1∶250,某企业组织规模为6 000人,则人力资源人员配备数为6 000 ÷ 250 = 24人。当然,这种行业的比例不能一概而论,它还需要考虑分公司数量、区域的分散程度、人力资源服务的精细程度等因素,但是在进行人力预测时也可以作为一种方法进行估计。

1.3.2 预算控制法

预算控制法(Budget Control)是通过人工成本预算控制人员数量,而不是对某一部门内某一岗位的具体人数作硬性的规定。企业年度制定人力成本预算,将企业的总预算分解到公司的各部门,在获得批准的预算范围内,自行决定各岗位的具体人数,部门负责人对部门的业务目标和岗位人数负责。由于企业资源有限,且与产出密切相关,因此预算控制对企业各部门人数的扩充有严格的约束。

预算控制主要以人事费用作为管理控制的重点。企业每年度在进行预算编列时对部门的人力预算费用编列进行预估,经过预算审核之后,部门可以依据人力预算费用自行决定用人数量,部门负责人对人力预算以及部门业务职责及部门人力负责。

【**案例 1.1**】 某公司对于完成同样的工作业务量,甲方案提出需要 8 人,每人预算费用 2 000,乙方案提出需要 6 人,每人预算 2 200。现在公司可以提供的预算为 14 000,请问要采用甲方案或是乙方案?

$$甲方案预算费用 = 8 \times 2\,000 = 16\,000$$
$$乙方案预算费用 = 6 \times 2\,200 = 13\,200$$

由于公司的预算费用只有 14 000,所以应该采用乙方案,而不是甲方案。

1.3.3 总体预测法

总体预测法(Aggregated Forecasting Model)的特点在于:(1)假设企业的未来成长与雇用人数成正比;(2)生产效率因素可以让雇用人数发生改变,主要看企业的生产效率是增加还是降低;(3)当前企业活动转换值代表企业用人政策与工作安排。一旦用人政策或是工作设计改变,转换数值就可能会发生变化。

$$E_N = \frac{(L_{\mathrm{agg}} + G)}{Y \times X}$$

E_N:未来 N 年的人力预测数量　　　　L:目前企业的总产值

G:经过 N 年后的成长数值　　　　　　Y:目前企业活动的转换数值

X:经过 N 年生产力增加的比率

【案例 1.2】 某家窗帘公司,目前的年销售额为 5 000 万,公司预估在未来的三年销售额将成长至 8 000 万,也就是增加了 3 000 万的销售额。公司预估每年的生产效率提升 2%,三年后可以提高 6%。公司现在营业额为 5 000 万,总人数是 50 人,也就是人均产值为 100 万,则三年后公司需要多少人力?

$$三年后需要人数 = \frac{(5\,000 + 3\,000)}{100 \times 1.06} \approx 76(人)$$

1.3.4 工位排序法

工位排序法(Operation Line Process)比较适用在制造业的生产流水线,由于流水线的设计以工位进行安排设计,因此每个人做几个动作都可以明确地设定出来,将生产线工位工序明确标示出来就可以清楚地计算出人力数量预测。

【案例 1.3】 某家窗帘工厂的标准生产流水线的工序有叶片搬运、穿叶片、质量检验、小包装、大包装、配料。其中一个叶片搬运工负责两条流水线,穿片工负责穿叶片跟质量检验,一人负责小包装跟大包装,配料也是一人负责两条流水线。如果需要增加十条新的流水线,则需要增加多少人?

叶片工需要增加 5 人(1 人负责两条流水线)

穿片工需要增加 10 人(新增加 10 条流水线)

包装工需要增加 10 人(新增加 10 条流水线)

配料员需要增加 5 人(1 人负责两条流水线)

总计需要增加人数 = 5 + 10 + 10 + 5 = 30(人)

1.3.5 团体预测法

团体预测法(Group Forecasting)即在人力资源规划上相关人员都会凭借个人的经验判断对企业的未来进行预估。但是环境变化因素复杂往往超过一个人所能够掌握与理解的范围。因此预测的工作需要专家及管理者集思广益,得到合理的预测。一般来说团体预测法有名义群体法以及德尔菲法。名义群体法即每次在讨论时所有的专家都会在现场讨论,德尔菲法则是通过中间人来整合专家间的意见,中间人将专家的意见进行整理后再发给每一位专家,如此反复多次,最终得到一个较为一致性的预测结果。当然团体预测法在应用上还是比较有限的,实务工作方面采用的概率较低。

1.3.6　标杆比较法

标杆比较法(Bench Mark Comparison)是根据标杆企业相关的数值,并结合企业自身的行业特性、工作流程、工作效率和业务能力等因素来预估工作岗位的人员数量。标杆值的取得来自标杆企业样本群体的统计值估计,标杆平均值也是以标杆企业样本群体的总体平均值为基准,也就是50/50的概率会发生实际值高于或低于平均值。标杆比较值数据的种类有许多种,包括:财务绩效(营业额、毛利率、EPS)、营运绩效(营业成本、工作效率)、质量管理(产品良率、客诉)、行业人力配置比值等。标杆值可以从相关的产业年鉴或是年度标杆企业的分析报告中获取,也可以从专业的机构获取行业中标杆企业群体的数值,例如财务会计行业有 IMA(Institute for Management Accountants),人力资源行业有 HRMA、Saratoga Institute,信息行业有 Gartner Group 等机构。

【案例1.4】　A公司是一家专营手机销售的企业,在手机销售行业中标杆企业的平均值为每人每年平均销售量为6 000台,而A公司现况为每人每年平均销售数量为5 500台。公司预估投入销售人员培训费用、提升销售技能和信息技术平台升级可以使销售人员效益每年增长5%。A公司今年全国年总销量为600万部手机,预估明年销量增长10%达到660万部手机,请问A公司的销售人员应该配置多少人?

解答:根据标杆比较法计算销售人力需求:

(1) 按照行业标杆值的人力估计6 000 000÷6 000 = 1 000(人)

(2) 公司人力预估调整1 000×(6 000/5 500) = 1 090(人)

(3) 因效益预估提高5%调整公司人力预估1 090÷1.05 = 1 038(人)

因此建议公司销售人员配置人数为1 038人。

1.3.7　马可夫模式

员工的异动是人力规划当中最具有动态的业务。马可夫模式(Markov Model)主要对企业成员各种工作的异动进行有效估计,对招募与甄选活动给予一个比较详细的指标。马可夫模式的运用重点在于对各种职务的关系确认,及搜集过往的历史资料以对每个职务的人数、异动情形、离职等资料进行统计。针对历史数据可以预估工作转换的几率,当几率估算出来后就可以运用矩阵观念预估未来人数的变动与需求的预估。

【案例 1.5】 下表是某企业的业务单位人员与工作异动矩阵,第一列是该公司的业务部门的职位类别,包括业务经理、业务课长以及业务员。第二列是各种职位的本期人数,分别是业务经理 10 人、业务课长 20 人、业务员 60 人,合计总人数为 90 人。第三列是下期各个职位人员配置的预估情形。

表 1.4　马可夫人员异动矩阵

职位类别	本期人数	下期人数预估及其几率			
		业务经理	业务课长	业务员	离职
业务经理	10	8(0.8)	0(0.0)	0(0.0)	2(0.2)
业务课长	20	2(0.1)	16(0.8)	1(0.05)	1(0.05)
业务员	60	0(0.0)	3(0.05)	48(0.8)	9(0.15)
	90	10	19	49	12

资料来源:何永福,杨国安(1993:73)。

业务经理在下期的情形是 8 人留任,2 人由业务课长晋升为业务经理,所以人数还是 10 人。业务课长在下期的情形是 16 人留任,3 人由业务员晋升为业务课长,合计下期业务课长为 19 人。业务员的部分则是 48 人留任,1 人由业务课长调降为业务员,所以下期为 49 人。离职的情形为业务经理 2 人,业务课长 1 人,业务员 9 人离职。

如果下期的业务量不变,人员需求的人数也相同的话,那业务部门就需要增加 **1 位业务课长以及 11 名业务员**。括号内的数字代表的是职位间异动的几率,如业务课长离职的几率为 5%,业务员晋升到业务课长的几率也是 5%。马可夫模式可以让管理者了解人力数量的分布以及异动发生的几率、离职的几率,对于未来人力调整提供明确方向。

1.3.8　线性回归法

线性回归法(Linear Regression Model)找一条最适曲线,曲线代表实际数值与线性数值的总差异最小。差异越小代表这条线性回归线越接近实际值,对于未来的预测愈有帮助。统计方法的运用要考虑实际的资料数量多寡,实际值越多,预测越准确。当然,假设要有其合理性,如此所得到的预测模型可靠度才会较高。

【案例 1.6】 F 公司统计历年来销售业绩与销售人员的数量预估,请问当业绩要求为 8 000 万时销售人数应为多少人?

表 1.5　销售额与销售人数预测

销售业绩	销售人数
2 000 万	25 人
3 000 万	27 人
5 000 万	31 人
6 000 万	33 人
8 000 万	？人

用线性回归预估模型 $y = ax + b$,其中 y 代表销售人数,x 代表销售业绩,a 代表斜率,b 是常数项(constant)。由表 1.5 的历史数据,可以藉由这个模型求出 $a = 0.002$,$b = 21$。回归方程式 $y = 0.002x + 21$。因此,预估当业绩要达到 8 000 万的时候,销售部门的人力需要到 37 人,现有人力 33 人,还需要增补人力 4 人。

1.3.9　多元回归分析法

当然,决定人力数量的因素绝不会只有营业金额一项,还会有其他影响因素,包括市场占有率、品牌影响力、产品价格等,这时就需要运用多元回归分析法(Multi-regression Model)进行人力预估。多元回归分析法就是将可能影响的人力预估的因素放进回归分析的模型中,对于各种不同的因素对人力估计的影响,通过建立模型的方式,将以往的历史数据信息搜集经由统计回规模型的计算得出人力规划的实际数据。运用数理模型分析时需要考虑的是:实际的管理情境中影响企业绩效的因素非常多,而且都处于动态不均衡的状况,仅使用有限的变量没有办法解释影响组织绩效的所有因素,这是应用数理模型需要注意的地方。

【案例 1.7】 某家公司将历年的营业数据进行统计,分别将销售人数、销售额、市场份额及市场剩余空间额进行整理(表 1.6)。如果依据表 1.6 所提供的数据,请问该公司在 2017 年度的销售人员应该配置多少人?

表1.6 历年销售人数与销售相关因素关系表

年 度	销售人数	销售额	市场份额	市场剩余空间
2007	2	200	320	800
2008	4	260	400	1 000
2009	7	338	480	1 200
2010	9	439	640	1 500
2011	12	571	960	1 800
2012	15	743	1 200	2 500
2013	20	965	1 600	3 000
2014	25	1 255	2 000	4 000
2015	35	1 631	3 000	5 500
2016	42	2 121	2 500	4 500
2017	?	2 500	2 800	4 300

可以经由多元回归分析模型来进行人数的预估。在此先界定自变量与因变量的项目之后就可以建立多元回归模型。

自变量:销售额、市场份额、市场剩余空间

因变量:销售人数

经过 SPSS 的多元回归分析可以得到以下数据:

回归分析的模型效果

模型	R	R^2	Adj.R^2	估计标准误
1	0.999[a]	0.997	0.996	0.860 8

a 预测变量:(常数)、销售额、市场份额、市场空间。

从回归分析模型的效果检验来看相关系数达到 0.997,调整后的相关系数达到 0.996,代表模型的效果不错,自变量与因变量之间的相关程度较高。

回归分析的 ANOVA[a]

模 型		平方和	df	平均平方和	F	Sig.
1	回归	1 604.454	3	534.818	721.747	0.000[b]
	残差	4.446	6	0.741		
	总计	1 608.900	9			

a 因变量:销售人数;
b 预测变量:(常数)、销售额、市场份额、市场空间。

再观察 ANOVA 分析表的结果,回归平方和为 1 604.454,残差平方和为 4.446,总计平方和为1 608.900，*F* 统计量为721.747，Sig. ＜ 0.001 达到显著性水平，代表此模型是有效的回归分析模型。

回归分析的系数（系数[a]）

模　型	未标准化系数		标准化系数	*t*	Sig.
	B 估计值	标准误	Beta 分配		
1. 常数	−0.683	0.917		−0.745	0.484
销售额	0.017	0.001	0.816	11.387	0.000
市场份额	0.004	0.005	0.296	0.912	0.397
市场剩余空间	−0.001	0.002	−0.106	−0.355	0.734

a 因变量：人员数量。

从回归系数表看，在三个预测变量中只有销售额的回归系数达到显著性水平，也就是说在销售人员预测中销售额对于人员数量有显著性影响，其他两项预测变量并没有显著性的影响。但是考虑到企业的样本数据有效性以及经营的复杂性、随机性与不确定性，很难用一个完整的模型来进行预测，在此作者假设其他两项系数有效。

可以获得回归方程式：$Y = 0.017 \times \beta_1 + 0.004 \times \beta_2 - 0.001 \times \beta_3 - 0.683$

（β_1 为销售额；β_2 为市场份额；β_3 为市场剩余空间）

因此，2017 年销售人员的预估人数可以经由回归方程式的估算为 49 人。

资料来源：陈谏等（2014：156—160）。

专业名词速记

人力资源规划（Human Resource Plan）

在未来的一定期间，企业对于人力资源的预估。

行业比例法（Industry Proportion Rate）

根据企业所在行业员工总数或某一类人员总数的比例来确定岗位的人数。

预算控制法（Budget Control）

是以人力预算费用作为人员数量管理的方法。

总体预测法（Aggregated Forecasting Model）

将未来的劳动成长率、企业增长数值、人均产值纳入评估进行人力预测方法。

工位排序法（Operation Line Process）

依据流水线的工作项目进行安排,定义每个人需要进行的工序,作为人力估计的方法。

团体预测法(Group Forecasting)

预测工作以专家群体以及管理者群体为基础,得到合理的预测方式。

标杆比较法(Bench Mark Comparison)

是根据标杆企业相关的数值,并结合企业自身的行业特性、工作流程、工作效率和业务能力等因素来预估工作岗位的人员数量。

马可夫模式(Markov Model)

针对历史数据来预估工作转换的几率。当几率估算出来之后就可以运用矩阵的观念进行未来人数变动与需求预估。

线性回归法(Linear Regression Model)

一般线性回归模型在找一条最适曲线,曲线代表实际数值与线性数值的总差异最小。差异越小代表这条线性回归线越接近实际值,对于未来的预测愈有帮助。

多元回归分析法(Multi-Regression Model)

研究多个变量之间关系的回归分析方法,按因变量和自变量的数量对应关系可划分为一个因变量对多个自变量的回归分析(一对多)及多个因变量对多个自变量的回归分析(多对多)。

第 2 章
招聘甄选与面谈技巧

Functional Administration To Business Partner

2.1 人才招聘与甄选流程

2.1.1 人才招聘流程

招聘是企业因为有人力的需求,经由不同的渠道进行人员应聘的活动。招募、甄选与人力资源规划是有次序性的,因为有了人力资源规划,人力需求被分析并了解,接下来就开始招募与甄选过程。招募本身是一种企业与应聘人员互动的过程,企业通过媒体宣传、企业形象塑造、行业地位、工作性质等多种因素,来吸引内外部的人员参与招募活动。由于企业与应聘人员双方都无法在短时间内充分了解对方,因此主客观的意识会影响到最终结果,所以在甄选的环节中就会有不同的管理方法与工具让管理者降低个体主观意识,做好选择人才的工作。

招聘本身是一种作业流程,从人力需求开始启动,人力资源部门进行招募作业的规划,采用招募策略,执行招募方案,应聘人员参与信息搜集和人选评估,最后确定人选与配置。

资料来源:作者整理。

图 2.1　人才招聘流程

1. 人力需求

企业在进行人力资源规划时,会定义出未来的人力数量与专业人员要求、岗位特性、管理能力、素质要求等项目,同时进行现况的差异分析。人力分析报告总结之后,就会生成人力需求的数量与质量要求。

2. 招聘战略

招聘战略即招聘方法的选择。招聘人员要确定招募的方式,要用网络招聘、校园招聘、人才市场招聘、员工推荐、猎头公司、报纸广告、职业培训中心、企业内部招聘等不同的方法进行招聘。

3. 方案执行

招聘战略确定之后就要执行方案。如以校园招聘的方式进行招聘工作,有哪些计划要进行? 是进行区域校园招聘还是全国性的校园招聘? 哪些学校是企业的招募重点? 招募的专业有哪些? 何时前往进行校园招聘效益最佳? 部门内部有哪些人要参与? 参与人员的分工情形如何? 这些都是在制定方案计划时需要考虑的因素。一旦计划明确,就按照计划执行确保执行力。

4. 应聘者信息搜集

当招聘信息发布后,应聘人员的资料就会开始源源不断涌入,招聘人员依据人力需求所定义的各项职务标准进行应聘人员的数据分类与筛选。当然如果前期的宣传或是企业本身的问题没有做好,那么应聘者的数量就会有所差异,多的会有成百上千份的履历资料进来,差的甚至连双位数的履历量都无法达到,那也就无法进行筛选分类了。

5. 人选评估

将应聘者的信息搜集完成之后就开始进行人员筛选。选择的依据来自职务的规范与资格定义。招聘人员将安排通过初选的人员进行面试,面谈的主要目的是让企业方主管与应聘者双方都有机会获得自身所需的信息,以做出决定。企业方主管可以根据应聘者的个人学历、经历、专业能力、管理水平、人格特质等不同方面进行人选与职务的匹配度评估(P-J Fit)。

6. 人选确认与配置

应聘人选评估完成之后,企业的用人主管依据应聘者的履历资料、面谈过程中所搜集到的信息、应聘人员的推荐信等书面资料判断所搜集到的信息是否足够让其作出录用人选的决定。如果答案是肯定的,那就开始进行人员聘用的程序,并且着手安排候选人入职之后的一系列人员配置工作。

案 例　丰田(TOYOTA)公司的全面招聘体系

丰田公司著名的"全面质量管理"体系名扬天下,但其行之有效的"全面招聘体系"却鲜为人知。正如许多日本企业一样,丰田公司花费大量的人力物力寻求企业需要的人才,用精挑细选来形容一点儿也不过分。丰田公司全面招聘体系的目的就是招聘最优秀的有责任感的员工,为此公司作出了极大的努力。丰田公司的全面招聘体系大体可分为5大阶段,大约要持续5至6天。

【第一阶段】丰田公司通常会委托专业的职业招聘机构进行初步甄选。应聘人员一般会观看丰田公司的工作环境和工作内容的录像资料,同时了解丰田公司的全面招聘体系,随后填写工作申请表。1小时的录像可以使应聘人员对丰田公司的具体情况有大致了解,初步感受工作岗位的要求;同时也是应聘人员自我评估和选择的过程,许多应聘人员知难而退。专业招聘机构也会根据应聘人员的工作申请表和具体的能力和经验作出初步筛选。

【第二阶段】主要评估员工的技术、知识和工作潜能。通常会要求员工进行基本能力和职业态度心理测试,评估员工解决问题的能力,学习能力,潜能以及职业兴趣爱好,这部分工作也是外部机构完成的。如果是技术岗位工作的应聘人员,还需要进行6个小时的现场实际机器和工具操作测试。通过前两个阶段的应聘者,其相关资料会转入丰田公司内部。

【第三阶段】本阶段主要评介员工的人际关系能力和决策能力,且由丰田公司接手有关的招聘工作。应聘人员在公司的评估中心参加一个4小时的小组讨论,讨论的过程由丰田公司的招聘专家即时观察评估。比较典型的小组讨论是应聘人员组成一个小组,讨论未来几年汽车的主要特征是什么。实际问题的解决可以考察应聘者的洞察力、灵活性和创造力。同样在第三阶段,应聘者需要参加5个小时的实际汽车生产线的模拟操作。在模拟过程中,应聘者需要组成项目小组,负担起计划和管理的职能,比如如何生产一种零配件、人员分工、材料采购、资金运用、计划管理、生产过程等一系列生产因素的有效运用。

【第四阶段】应聘人员需要参加一个1小时集体面试,分别向丰田的招聘专家谈论自己取得过的成就,这样可以使丰田的招聘专家更加全面地了解应聘人员的兴趣和爱好。在此阶段,也可以进一步了解员工的小组互动能力。

应聘者若能通过以上四个阶段的评估,基本上可以确认被丰田公司录用。但是正式入职之前仍然需要参加一个全面身体检查,了解员工身体一般状况和特别情况,例如是否具有酗酒或药物滥用的问题。

丰田的招聘实施方案将目前的招聘工作与未来员工的工作表现紧密结合起来。从全面招聘体系中可以看出以下重点:

(1) 丰田公司招聘的是具有良好人际关系的员工,因为公司非常关注团队精神;

(2) 丰田公司生产体系的中心点就是品质,因此,需要员工对于高品质的工作进行承诺;

(3) 丰田公司强调工作的持续改善,这也是为什么丰田公司需要招收聪明和有过良好教育的员工,基本能力和职业态度心理测试以及解决问题能力模拟测试都有助于良好的员工队伍形成。

正如丰田公司的高层经理所说:"受过良好教育的员工,必然在模拟考核中取得优异成绩。"

2.1.2　人才甄选流程

甄选是对于应聘者经由各种测验的方式挑选出适合企业所需要的人,也就是符合职务所需资格条件的人。这里所谈到的人才甄选主要针对外部群体,因为对内部甄选的标准要求跟对外部的甄选会有所不同,但是基本的原则还是希望能够在内部或是外部的群体当中挑选出合适的人选。人才甄选的流程如图2.2所示。

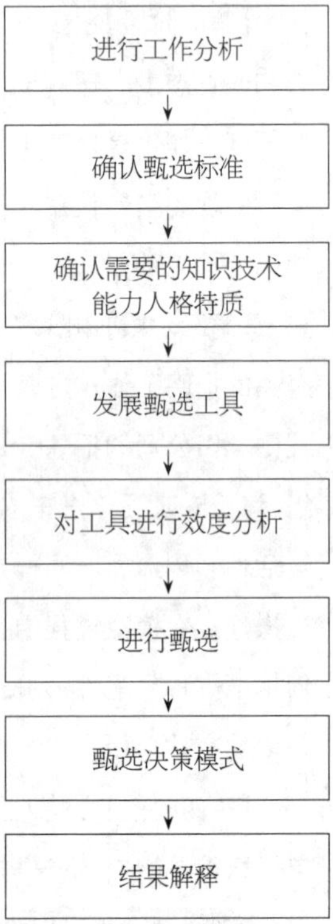

1. 工作分析

工作分析(Job Analysis)就是确定职位所需承担的工作职责以及这些职位需要具有哪些特征的任职者来承担的过程。工作分析的结果由工作说明书及工作规范这两项信息体现出来。工作说明书包括了一项工作职务的工作目标,其主要的任务或活动,以及其工作环境;工作规范则列出执行此项工作所需具备的技能、知识及能力。组织的工作涉及人员、职务和环境三方面。

2. 确认甄选标准

当工作分析完成之后,就需要制定出衡量工作的标准。甄选的标准包括工作能力、工作条件、工作范围、工作程序、工作关系等内容。

3. 确认资格条件

标准制定出来之后,就可以推论出需要具备何种技能的人员才能担任该项职务,经由资格条件的定义,针对应聘人员进行甄选。

进行工作分析
↓
确认甄选标准
↓
确认需要的知识技术能力人格特质
↓
发展甄选工具
↓
对工具进行效度分析
↓
进行甄选
↓
甄选决策模式
↓
结果解释

资料来源:作者整理。

图2.2　人才甄选流程

4. 发展甄选工具

在甄选的过程中公司可以挑选现成的甄选工具,例如管理咨询顾问公司开发的人格测验、管理风格测验、经营游戏模拟等现成的测评工具应用。当然公司也可以依据本身的实际情形发展适合于自身的测评工具,如自行开发量表、问卷测验、公司自有的人员履历格式等。

5. 工具的信度与效度分析

为确保甄选工具的确能够发挥功效,最好还是要进一步地对工具进行信度与效度分析。信度是指衡量工具的一致性程度,效度是确认使用工具的有效性。

6. 进行甄选

应用甄选工具进行实地的人员选择,也可以了解到从外部所引进的甄选工具或是内部自行开发的工具是否可以达到预期的效度。

7. 甄选决策模式

可以采用面谈、笔试、心理测验、评鉴中心等不同的甄选方式作为选择人才的决策方式。

8. 结果解释

当整个甄选的过程结束后,招募人员需要将甄选的结果进行说明,应聘人员是否符合工作职务上的需要,甄选的工具在应聘者经过测验之后,所呈现的结果能否达到公司规定的标准,量测工具的效度如何,可以实际反映应聘人员的真实情况几率有多高等问题,都需要在最后进行结果解释。

人才甄选的流程合理设计可以确保组织在进行人才招聘的过程当中的程序公平与过程合理性。这是有效筛选出适合人选未来进入组织工作岗位中的管控流程机制。正确的人才甄选过程、各种甄选工具的选用、实际操作,工具本身的信度与效度都会决定应聘人员是否能够真正被用人单位正确选用,因此,需要专业的人力资源从业工作人员细心谨慎地设计整个操作流程与程序。

2.2 信度与效度

我们使用相关的测评工具时,不是随意地使用任何一项工具所得到的结果就可以拿来作结论,在使用之前,要先确认该项工具的信度与效度。

2.2.1 信度

信度(Reliability)主要是指测量结果的可靠性、一致性和稳定性,即测验结果是否反映了被测者的稳定的、一贯性的真实特征。和信度相关的一个概念是效度,信度是效度的前提条件。信度的类型有以下几种。

1. 重测信度

这一方法是用同样的问卷对同一组被调查者间隔一定时间重复施测,计算两次施测结果的相关系数。显然,重测信度(Test-retest Reliability)属于稳定系数。由于重测信度法需要对同一样本试测两次,被调查者容易受到各种事件、活动和他人的影响,而且间隔时间长短也有一定限制,因此在实施中有一定困难。

2. 折半信度

折半信度(Split-half Reliability)是将调查项目分为两半,计算两半得分的相关系数,进而估计整个量表的信度。折半信度属于内在一致性系数,测量的是两半题项得分间的一致性。进行折半信度分析时,如果量表中含有反向题项,应先将反向题的得分作逆向处理,以保证各题项得分方向的一致性,然后将全部题项按奇偶或前后分为尽可能相等的两半,计算二者的相关系数,最后求出整个量表的信度。

3. 内部一致性信度

内部一致性信度(Cronbach's α Reliability)是指用多个题目去测量单一维度的变量时,多个题目测量结果之间的一致性程度。Cronbach's α 是最常用的信度系数,α 系数评价的是量表中各题项得分间的一致性,属于内在一致性系数。一般来说,问卷总量表的 α 系数最好在 0.8 以上,0.7—0.8 之间可以接受;分量表的信度系数最好在 0.7 以上,0.6—0.7 可以接受。Cronbach's α 系数如果在 0.6 以下就要考虑重新编问卷。

4. 复本信度

复本信度(Duplicate Reliability)是让同一组被调查者一次填答两份问卷复本,计算两个复本的相关系数。复本信度法要求两个复本除表述方式不同外,在内容、格式、难度和对应题项的提问方向等方面要完全一致,而在实际调查中,很难使调查问卷达到这种要求,因此采用这种方法者较少。

2.2.2 效度

效度(Validity)即有效性,是指测量工具或手段能够准确测出所需测量的事物的程度。效度是指所测量到的结果反映所想要考察内容的程度,测量结果与要考察的内容越吻合,则效度越高;反之,则效度越低。在员工甄选测试中,效度常常指一项测试与一项工作是相关的,换言之,一位求职者在测试中的得分是对此人在未来工作岗位上的绩效进行预测的有效指标。甄选测试必须有效度,因为如果没有效度,无论从逻辑上还是从理论基础上,都没有任何理由继续使用这种测试来对求职者进行筛选。效度类型有以下几种。

1. 内容效度

内容效度(Content Validity)是指测验题目对有关内容或行为范围取样的适当性。成就测验和熟练测验特别注重这种效度。例如,在成就测验中,测验题目是根据教学大纲和教材内容适当抽出的,内容效度就是判断测验题目(内容)是否符合它欲测的目标。由于这种衡量效度的方法必须针对课程的目标和内容,以系统的逻辑方法详细分析题目的性能,故又称课程效度或逻辑效度。确定内容效度的方法主要有两种:

(1) 专家判断:即由有关专家对测验题目与原定内容范围的符合性作出判断;

(2) 统计分析:即以一组被试在取自同样内容范围的两个独立测验上得分的相关作出估计。

内容效度很容易与表面效度相混淆,实际上两者意义不同。表面效度指从外表(如测验的材料及用语、试题的印刷等)直观地看,测验题目与测量目标的一致程度,它与内容效度所指测验在实际测量上的有效程度不同。从技术意义上严格地说,表面效度不是效度,但为取得被试的信任与合作,表面效度也不可忽视。

2. 建构效度

建构效度(Construct Validity)是指测验分数能够说明心理学理论上的某种结构或特质的程度。它主要适用于心理测验,其目的是以心理学的概念说明和分析测验分数的意义,即从心理学的理论观点对测验的结果加以解释和探讨。在心理学上,所谓建构(Construct),是指心理学理论所涉及的抽象而属假设性的概念、特质或变量,如智力、焦虑、机械能力倾向、成就动机等,通常采用某种操作性定义并用测验来测量。确定建构效度的逻辑和方法一般是:先从某一构想的理论出发,导出各项关于心理功能或行为的基本假设,据以设计和编制测验,然后由果求因,以相关、实验和因素分析等方法,审查测验结果是否符合心理学上的理论观点。

3. 效标关联效度

效标关联效度(Criterion-related Validity)是指测验分数与效度标准的一致程度。效度标准简称效标,是足以反映测验所欲测量或预测的特质的独立量数,并作为估计效度的参照标准。测验分数与效标的一致程度以二者的相关系数表示,这种相关系数称为效度系数。效度系数越大,测验的效度越高。由于用相关系数这种统计数值表示,这种效度又称统计效度。

效标关联效度可分同时效度(Concurrent Validity)和预测效度(Predictive Validity)。同时效度指测验分数与当前的效标之间的相关程度,通常与心理特性的评估和诊断有关,常用的效标资料包括在校学业成绩、教师评定的等级、其他同性质测验的结果等;预测效度指测验分数与将来的效标之间的相关程度,它对人员的甄选、分类与安置工作等尤为重要,常用的效标资料包括专业训练的成绩和实际工作的成果等。它运用追踪法对行为表现作长期观察、考核和记录,以累积所得的事实资料衡量测验结果对将来成就的预测性。

测量的各种效度的区别在于各自强调的方面不同。一个测验可以有多种效度,每种效度视使用者的具体目的而定,因此,一般不存在测验的统一效度。内容效度和建构效度既是效标关联效度的保证,又须得到它的支持。考察内容效度和效标关联效度又有助于确定建构效度。

2.3 甄选的方式

2.3.1 测验

企业中主要采用测验与面谈的方式来进行甄选。测验有许多种不同的功能,有的是针对人格特质的,也有针对工作能力的、个人成就意象的、身体五官四肢的等各种类型的测验,采用何种测验依据工作岗位上的需求而定。以下介绍常用的测验项目。

1. 能力测验

能力测验衡量应聘者所具有的知识与技能,可以评估出其未来在工作上的表现,如认知测验(数字、推理、记忆、知觉等)、体能测验(手脚反应、肢体灵活度)等。

2. 人格测验

人格测验主要在于衡量应聘者的性格、意向、态度等方面的特质,以了解内在的软性能力素质与工作特性项目是否能够匹配。

3. 工作样本测验

就是将工作项目当中有些比较重要的部分让应聘者在甄选的过程中进行试做,模拟工作绩效的实际情况。由于人的行为具有一致性、连贯性,所以过去的行为和未来的行为会高度相关,以工作样本测验可以实际观察到工作的成果。如计算机绘图、英文打字、包装等动作与能力展现都属于工作样本测验。

4. 兴趣测验

兴趣测验是对被试的兴趣与从事各种不同职业的人的兴趣进行比较。兴趣测验有很多用途,它们在职业生涯规划中起着不可替代的作用。这是因为如果在某些职位中包括的工作活动是一个人感兴趣的,那么,这个人就有可能更好地完成这些职位的工作。如果你选择的填补职位空缺的这些人的兴趣与已经在此类职位上取得成功的当前任职者的兴趣大致相同,那么,这些候选人在这些职位上取得成功的可能性会更大。

5. 认知能力测验

认知能力测验衡量脑力,加一般的智力、口语流利情况、数学能力和推理能力。有许多"纸一笔"考试可以衡量认知能力,包括普通能力测试题组、专业能力测试、研究生管理能力测试和尼特机械综合测试。

6. 成就测验

成就测验所要测试的是一个人学到了哪些东西。测量可以包括各种专业知识。例如:经济学、市场营销、人力资源管理、机械制图、3D 模型设计、APP 程序编写等领域所掌握的工作知识。除了工作知识,成就测验还可以测量被试者的各种能力,打字测试便是其中一例。

7. 运动和身体能力测验

运动和身体能力测验是测试一个人作出简单判断的速度以及其准确性,以及手指、手、手臂的运动速度。其他一些这类的测试还包括斯特隆伯格灵巧性测试,明尼苏达操作速度测试,以及普度拼板测试。罗得操作能力测试则可以用来要求任职者具有灵巧性的职位筛选求职者。企业还可能要求对求职者的身体能力进行测试。身体能力包括静态能力、动态能力量、身体协调性以及耐力等。

2.3.2　面试

在招聘过程中,面试是企业最常用的鉴别人才方法。经由面试可以得到应聘者在基本数据以外的其他信息,也可以经由沟通的过程了解到应聘者的其他不易获得的信息。可以说几乎所有的企业在进行人才招聘过程中都会运用面试的方法,而面谈也逐渐朝多元化方向发展。

1. 形式的丰富化

面试早已突破那种两个人面对面一问一答的模式,而呈现出丰富多彩的形式:从单独面试到集体面试,从一次性面试到分阶段面试,从非结构化面试到结构化面试,从常规面试到引入了演讲、角色扮演、案例分析、无领导小组讨论等的情景面试。关于面试的形式,我们将在下节中作进一步介绍。

2. 程序的结构化

若是没有经过专门的培训,参加面试的主管对面试的过程缺乏掌控能力,面试的随意性大,面试效果也得不到有效保证。为了改进这一点,目前许多面试的操作过程已逐步规范起来。从主考官角度,面试的起始阶段、核心阶段、收尾阶段要问些什么、要注意些什么,事先一般都有一个具体的方案,以提高对面试过程和面试结果的可控性。

3. 提问的弹性化

许多面试基本等同于口试。主考官的提问问题一般都事先拟定好,应试者只需抽取其中一道或几道回答即可,主考官一般不再根据问题回答情况提出新问题。主考官评定成绩仅依据事先拟定的具体标准答案,仅看回答内容的正确与否来评分。实际上这只不过是化笔试为简单的口述形式而已。现在则不同,面试中主考官问题的提出虽源于事先拟定的思路,但却是适应面试过程的需要而自然提出的,问题是围绕测评的情景与测评的目的而随机出现的。最后的评分并非仅仅依据回答内容的正确与否,还要综合总体行为表现及整个素质状况评定,充分体现了因人施测与发挥主考官主观能动性的特点。

4. 作业程序的标准化

面试的评判方式与评判结果没有具体要求,五花八门,可比性差。近年来,面试结果的处理方式逐渐标准化、规范化,基本上都是趋于表格式、等级标度与打分形式等。

5. 测验内容的全面化

面试的测评内容已不仅限于仪表举止、口头表述、知识面等,现已发展到思维能力、反应能力、心理成熟度、求职动机、进取精神、身体素质等全方位的测评。且由一般素质为测评依据发展到主要以拟录用职位要求为依据,包括一般素质与特殊素质在内的综合测评。

6. 面试人员的专业化

传统的面试过程主要由企业中的人力资源部门专门主持。之后又由组织人力资源部门、用人部门共同组成面试考评小组。现在,企业内部会针对一线部门的管理人员实施面试技巧或测评技术的培训,面试主管对于面试应掌握的技巧及其心理素质有了很大提升。

当然,面谈的过程中有许多细节部分需要拿捏恰当,才能在整个面试的过程中搜寻到相关的信息及细节,作为对应聘人员的判断依据。而面谈的技巧在下一节将进行详细说明。

2.4 面谈技巧的介绍

面谈是企业在进行人才甄选时最常用到的甄选方法。在面谈的过程中,面谈主管可使用不同的面谈方法对候选人进行面谈,多方面搜集面谈人员的相关信息。本小节作者将介绍几种常用的面谈方法。

2.4.1 结构化 /非结构化面谈法

1. 结构化面谈法

结构化面谈是指依照预先确定的内容、程序、分值结构进行的面谈形式。它首先要根据《职位说明书》确定面谈的测评维度,在每一个测评维度上预先编制好面试题目并制定出相应的评分标准,且在面谈过程中要遵循客观的评价程序。结构化面谈往往会事先确定一个提问提纲,里面列出需要了解的各方面问题,而且这些问题通常还可能有一定的内在逻辑关系。面试时,主考官按照固定的程序向应聘者提出这些问题,所有应聘者都回答同样结构的问题,因此便于将结果进行横向比较。

此外,结构化面谈往往有标准化的评分表和详细的评分标准,它类似于一种标准化的面试。因此,结构化面试要求考核要素结构化,面试试题结构化(包括试题的内容、种类、编制),试题要基于考核要素而得出,评分标准结构化(包括测评指标,水平刻度,测评规则),面试考官结构化,面试过程结构化。这种方法是采用标准化的问题,也就是对所有的应聘人所提的问题都是相同的,而且也不会对应聘人的回答进行追问。当所有问题问完之后,也不会有其他问题提出。结构化面谈法的好处是比较不会受到面试者的主观意识影响,而且比较公平。缺点则是因为对所有应聘人都是问相同的问题,过于标准化而缺乏弹性,主管的自主性相对较小。

结构化面谈法被很多用人单位使用,其所询问的问题一般都是比较常见的问题,问题背后所要评估的方向比较明确,针对性也强。比如:

- 请简单说明你以往的行业以及工作经历;
- 你最具有代表性的工作成果是什么;
- 谈谈你个人的优缺点;
- 请说明你离开现职的原因;
- 你对未来的职业发展有哪些规划。

以上这些问题都是必问的题项。但由于其使用比较普遍,大部分应聘人员在面试前就已经针对这些问题进行过准备与演练。因此,很多时候,结构化面谈法效果比较有限,很难准确地判断出候选人的关键才能。经验丰富的"资深面霸"已经从频繁被问起的问题中炼就了"金钟罩铁布衫"回答得无懈可击,且都是面试主管钟爱的答案。现在全国的公务员考试就是采用这种面试方法,评估候选人的几位面试官用的都是同样的问题对所有候选人进行面试检验。坊间各种培训班辅导班为通过笔试即将参加面试的候选人服务,让他们熟知结构化面谈法的回答技巧。

由于结构化面谈法的问题、程序、参考评价标准都是面试官提前设计好的,因此,在具体的操作过程中,面试官对每一个候选人的考核都要按照标准的问题、标准的次序进行提问,评分尺度也要一致,并在评估的过程中消除个人的主观因素,这样做评估的结果才会比较公平合理。另外,不同候选人对同一问题的不同回答,面试官可以互相比较,在参考标准之下,选出最合理的那个,这样的评价结果也相对全面、客观。同时,为了避免候选人"破解-面试",面试主管在使用结构化面谈法时可以替换问题,灵活运用,以提高结构化面谈法的效力。

结构化面谈法的局限性也是因为本身的模式太过标准,而缺乏面试应有的灵活性。程序固定、问题项目固定、时间固定、评价方式固定等,让结构化面谈法不够深入。虽然,针对性较强的结构化面谈法能够考核出候选人是否符合企业要求的能力素质,但是面谈主管很难通过面谈发现应聘人员的潜能,更不容易发现应聘人员的深层次内在心理动机。有些结构化面谈法的问题并不适合所有的用人单位,如果面试主管在应用过程中缺乏应该有的弹性与灵活性,很可能会达到反效果,无法有针对性地选用人才。对于在结构化面谈中表现突出的候选人,面试主管也要持观望态度。因为应聘人员通过结构化面谈只是说明他们具备企业要求的基本素质和能力。不少应聘人员在面试过程中表现得非常优秀,但是在实际工作中却并不出色,让当时的面试主管大跌眼镜,这样的情况十分普遍。为了避免这种情况,面试官不要将标准面试法作为唯一的衡量标准,尽量将其运用于初试,后期再对候选人进行实际能力的考察。这样考核出来的既有理论知识基本素质,又有实际工作能力的候选人才是企业最需要的人才。

2. 非结构化面谈法

非结构化面谈法是结构式面谈法的反方向,面谈时不拘形式,对应聘者的问题视当时面谈实际的情况而定,以讨论或发掘问题的方式来询问应聘者。非结构化面试就是开放式的任意式的谈话,没有固定的模式,也没有事先准备好的问题,相对来说应聘者有较大的自由度决定讨论的方向,所以非结构化面试的灵活性较强,考官可以深入地了解应聘者某些方面的特征,由此对考官的要求也会较高。但是,非结构化面试不可避免地会受主考官主观因素的影响,且面试的结果往往无法量化,因而很难与其他应聘者的评价结果进行横向比较。

2.4.2 行为面谈法

行为面谈法通过一系列针对应试者过去行为的问题,收集应试者在代表性事件中的具体行为和心理活动的详细信息。基于应聘人员对以往的工作事件叙述及面试主管的提问和追问,来评价应试人员在以往工作中所表现出的行为并以此来推测其在今后工作中的行为表现。行为面谈法的关键是向面试者询问过去怎样处理与所需关键胜任特征相联系的情境下的一系列问题。行为面谈法的基本原理包含三个重点：一是个体在过去的稳定行为能够在未来相似情境下重复。二是具备某种行为能力的个体，能快速迁移到新情境中。三是在相似的情境下人们会重复已经成型的行为。

行为面谈法是一种比较能够发掘出应聘者所说明的情形是否属实，也就是我们常说的"凡走过必留下痕迹"的验证方法(孙显岳，2010)。其通过让应聘者举出事例或者现场对一些观点进行思考和评价来考察应聘者的某些素质。所依照的原理就是用过去的行为预测未来的表现，所以需要定义各项素质的典型行为(包括正面的典型行为和负面的典型行为)。相对于传统的招聘面谈方式，行为面谈法具有以下几点优势：

(1) 定义全面岗位的工作行为要求。

依据工作岗位的行为定义要求与优秀绩效表现相关联的素质特征及行为，结合素质能力来定义岗位的任职资格要求，使其具有更强的绩效预测性。

(2) 更有可能雇用到具有潜力的应聘者。

行为面谈可以让面试人员了解应聘者过去的经验，或者说应聘者以前在碰到某种状况时是如何处理的，是对应聘人员内隐特征的发掘，从而预测应聘者能否适合新的岗位。

(3) 保证更系统化的面试过程。

结合素质模型中的客观素质标准及行为面谈表中的面谈问题，可以保证参与面谈决策的人员依据的都是共同的标准，而非个人直觉或直观感受，从而减少了传统面试中诸如晕轮效应、第一印象等主观因素的干扰，让录用结果有据可依，更加公平客观。

(4) 降低在达不到企业期望的员工身上的投资。

行为面谈流程化设计及管理，能提高招聘录用人员的质量，可尽量减少达不到企业期望员工的投资，即避免了因人员选择失误而产生的不良影响，如入职后培训的支出等。

随着企业用人需求的不断增加，迫切需要通过有效的面试和相对科学的面谈技巧对应聘者的行为素质有一个较为客观的评价，从而寻找到企业所需的合适的人才。行为面谈法通过流程化设计及管理，能较好地规避传统面试方法的诸多缺失，大幅提高面试的有效性。

| 案 例 | 行为面谈的 STAR 原则 |

所谓的 STAR 原则是指在行为面试过程当中,面试主管对应聘者在讲述行为事例时收集应聘者过去的信息的内容,包括了

【情境／Situation】:主要探查行为事件是在什么情况下发生的,典型的问法一般有:"这件事情发生的背景是怎样的?""当时的具体情况是什么?"背景描述通常作为事情描述的初始切入点,除了启动应聘人员的回忆反应外,还对应聘人员所采取行为的恰当性作出客观评价。

【任务／Task】:是指该行为事件要达到的目的或目标。任务相对比较容易确认,往往会在背景环节顺势带出,一般不需特别追问或强调。需要面试官重点确认:

(1) 该项任务完成的标准是什么,如数量要求或质量要求。

(2) 应聘人员所说的"任务"中,哪些是团队的任务,哪些是别人的任务,哪些才是应聘人员本人需要完成的具体任务或分工。

【行为／Action】:是追问的主体环节,关注的是在特定的情境和资源条件下,为了完成任务,应聘人员所采取的具体行为、做法和措施。行为是广义的,不仅包括应试者的实际做法,还应包括他的动机、意图和思考情感。

【结果／Result】:是指在应聘人员完成任务后得到的结果。对于一些"失败事件",很多应聘人员不愿意分享不完满或不愉快的结果,对这样结果的追踪也很重要。例如,追问"你的结果会在哪些方面体现得更好? 你的具体执行方案是什么?"考查应聘人员是否具备自我检讨式的思维,是否能够不断追求成功和卓越。

2.4.3 压力式面谈法

面试主管在面谈的过程当中会给予应聘者极大的压力,以观察当事人的临场反应及情绪管理,也可以观察出当事人的行为模式,实务工作中也经常使用压力面谈法。压力面试是指有意制造紧张气氛,以了解求职者将如何面对工作压力。面试人通过提出生硬的、不礼貌的问题故意使候选人感到不舒服,针对某一事项或问题做一连串的发问,直至其无法回答。此种面试的目的是确定求职者对压力的承受能力及在压力前的应变能力和人际关系能力。

压力面试法是一种有效的甄选技巧,但是很多面试主管在应用这种方法时形

式单一，即以挑起应聘人员的情绪为目的使其失控，这样的面谈方式其实并没有掌握压力面试的真谛。人在遇到压力的情况下，能量会增大，这种能量虽然可以成为克服困难的力量，但如果控制不好，也可能成为破坏性的力量。压力的种类很多，有没有达成目标的失落，有突然出现的危险，有被误解的委屈，也有被背叛的愤怒。控制自己的压力，控制自己的愤怒，是人们在职场的一项重要能力，甚至大于其他的能力。

在工作与生活中，压力的来源有很多，项目进度完成时间就会产生压力，这是时间的压力；被人误解，受到委屈也会产生压力，这是人际关系的压力；工作遇到挫折失败也会产生压力，这是内在成就的压力；收入的不足所产生的压力这是经济状况的压力……各种的压力都在我们的生活周围。如果在面试过程中充分运用各种方式，营造氛围让候选人产生压力，就更能深入发掘候选人的潜力，同时也可以考察候选人在面对高压力工作环境时的应变能力。压力试面谈法的运用方式较多，归纳起来主要包括以下几种：(1)在应聘人表达时，不断追问细节；(2)提出抽象或者复杂的问题；(3)鸡蛋里挑骨头，即对候选人表示质疑或者否定；(4)尖锐地指出候选人在面试过程中回答问题或是所提供资料所产生的失误；(5)制造时间压力，让候选人在较短的时间里回答问题。

通过压力面试法，我们可以考察候选人的抗压能力、反应能力、总结提炼能力，辨别候选人叙述的真伪等，从这些方面来说，压力面试法是一个很好的面试方法。但是压力面试法不同于常规的面试方法，可以说，它是一剂"猛药"，用得好可以替企业考察出优秀的人才，如果用得不对，很有可能会产生副作用。有些面试主管认为，压力面试法就是要在面试的过程中营造出咄咄逼人的气势。但是用这种心态去进行面谈，往往让面试主管在面试的时候显得凶神恶煞，不够通情达理，进而导致应聘人员对公司的印象很差，不愿来公司工作。

为了避免压力面试带来的反效果，面试主管在过程中不宜单一地使用压力面试法，可以将其与其他的面试法结合使用，让候选人感觉到双方是在平等对话，这样会很好地消除应聘人员的戒备心理，更真实地展示自己。而压力面试法对面试官的要求很高，在面试前要对招聘的职位充分地了解，清楚这个职位的潜在压力在哪里，可能是什么原因造成的，比如：时间短，还要求创新、突破；工作繁琐细致，又要灵活运用……这样，在面试的时候，才能比较准确对候选人进行考察，认真分析职位的压力源,从而避免了泛泛而谈,问出的问题也比较有针对性。例如,一个候选人在陌生环境中,与人沟通表现很好,那他可能更适应销售等岗位,但是他面试的却是一个要求能坐得住,准确性非常高的质检人员。如果面试主管对这两种岗位的压力源不进行分析,不针对性地提问,面试结果就会出现偏差。

2.4.4　情境式面谈法

在情境式面试中,主要根据应聘者对某一具体情景的反应对其作出评价,面试的题目是假定的情景,主要来源于工作,或者能够体现出工作所需的素质。此外,情境面试还要求对事例的反应能区分优秀员工和一般员工。情境面试法一直在面试中占据着重要的地位。不少面试主管在面试时会向应聘人员描述一定的情景,让应聘人员根据情境表述具体的处理方法,面试官再从应聘人员的回答中对其进行评估。情境面试法中设计的情境可以是用人单位的现实工作场景,也可以是与工作无关的情景。无论哪一种情境,最主要的目的就是考察候选人具体的办事能力、语言表达能力、组织协调能力、人际关系处理能力等。

案　例　**情境式面谈问题**

(1) 你是公司的行政管理总监,有权对一些公司规定进行核定。公司这个月 20 号有两位员工要从重庆去上海出差。公司订有员工出差管理办法规定,只有副总级别以上才能乘坐飞机。而这两名有要事的员工由于买不到当日的动车车票,只能坐较慢的火车。这样来回在路上的时间就是四天,成本要比飞机票贵。在这种情况之下你是否特批他们坐飞机去上海出差? 同意的理由是什么? 不同意的理由是什么?

(2) 本公司准备在今年下半年度推行全公司的绩效评估制度,并且要将个人绩效评估成绩纳入末位淘汰制度。由于是全新的管理变革做法,在公司内部引起不小的议论。如果你是新进的部门主管,请问你如何处理这样的情形? 你的解决方案又是如何? 请说明。

情境式的问题可以很好地反映出应聘人员的思维方式是偏重结果导向还是过程导向。一直以来,关于结果导向还是过程导向有着不同的争论。有人认为:"不管黑猫白猫,只要是会抓老鼠的猫就是好猫。"也有人认为:"公司的规定不可以因人而异。"两者都有优势和不足,面试主管在设计各种各样的情境问题时,要根据公司对于

工作岗位的具体情况来判断应聘人员的回答是否合适,找出办事风格与公司文化及工作岗位最为匹配的人才。

情境面试法在面试中使用得比较广泛。但是,不少面试官对这种面试方法的理解上存在一定的误区。有些面试官认为情境面试法就是设计一个简单的情景,很随意,在面试场合临场发挥就可以。于是,在这种认识误区之下,面试主管会很随意地问候选人这些问题:(1)工作中,对于不愿意主动配合工作的同事你该怎么办?(2)你提出的一个工作方案被你老板否决了,可是,你并不想放弃。你该怎么办?(3)你所带领的团队凝聚力不高,你要如何进行团队建设?

这样的问题提问率很高。但并不是所有的岗位都可以这样提问。情境面试问题的设计要适合本企业、本岗位的要求,从基本的工作要求中考察候选人,这样才有针对性,才能选出真正适合的员工。例如,某家做建材生意的企业,主要的营业活动就是向各地区经销商推销公司的建材商品。正好有个应届大学毕业生去应聘销售业务代表。面试主管设计了不少情境,问了不少问题。这位应届大学毕业生的表现让面试主管很满意,当下就签了合同。可是,没过一个月,大学生就提出辞职不干了。辞职信说明的理由是应酬太累,每次拜访经销商谈生意都要吃饭应酬而且要喝很多酒。这名销售人员要负责一个区域的工作,而整个区域只有他一个人,所有的经销商都要他去打点处理,体力负担太大了因而决定离职。面试主管在面试时设计了很多种不同的工作情境,就是没有设计和这个岗位具体工作相关的情境去评估应聘人员,以致浪费了时间与精力。

面试主管用情境面试法有时会忘记将其与其他的面谈法结合使用。在设计一个情境之后,只记得关注候选人具体解决问题的能力,而忽略了应聘人员其他方面能力的考察。如果面试主管在候选人放松的情况下,设计另外一个有压力的情境问题,则既可以看出应聘人员的处理能力,也可以考察他的反应能力和抗压能力。

2.4.5 SKAD 面谈法

SKAD 面谈方法的主体架构分别从技术(Skill)、知识(Knowledge)、能力(Ability)、可胜任工作(Do)四个维度作为面谈方法的主题,针对应聘人员进行能力确认。SKAD 面谈的标准是:能成功地执行工作所需的技术、知识、技能条件,同时符合成事要件的人格特征与天赋才能。

1. 技术（Skill）

所谓技术，也就是担任此工作必须具备的专业能力。工作经验不等于工作能力。探询应聘人员的工作能力，是发掘他过去的工作经验中做过什么、用什么方式达成任务、成功达成任务的关键是什么，以及如何分配工作时间等。同时，也可以间接向应试者的上司、同事查证，更精确评断他的工作能力和绩效。技能是指适任此工作应具备的技术能力，以及担任此工作应受过的训练或取得的证书与证照。个人与工作的契合度（Person-Job Fit）越高，工作表现和满足感就愈高，绩效表现也就越好。检视应聘人员的技能条件，就是为了再度确认他是否具备完成工作的能力以及提升未来的工作表现的契合度。若想验证此项能力，可以用以下的方式进行询问：(1)你认为要完成本项工作必须具备什么特殊才能？(2)请你谈谈取得证照或认证的目的。这些认证适用于哪些工作？

2. 知识（Knowledge）

除了工作技术能力，应试者还要事先了解工作规则、规章制度以及将来所需的专业知识和管理技能。此外，应试者应阅读的书籍也是参考指标，由此可以判断应聘人员是否具备与日俱增的专业能力与知识。一般来说，核心员工多为知识型员工，进取心强，积极追求卓越与贡献。宝洁公司经常使用开放式的面试问题来发掘应聘人员的知识能力与潜在优势，确认当事人是否能够胜任在工作中所需要的学习组织理解和运用。若想验证此项能力，可以用以下方式进行询问：(1)请举例具体说明你如何学习一门技术，并应用在实际工作中。(2)请问你经常阅读哪些专业性的杂志或是期刊？与职务的相关性如何？

3. 能力（Ability）

能力是指可胜任本工作的技能、知识，以及沟通协调、执行和推展的能力。能力，也有人称为"胜任力"（Competency），指一系列知识、技能、行为特征与其他个人特性的总称。员工的能力还可分为两方面：一般能力和特殊能力。一般能力是指人在所有工作中所必须具备的基本能力。特殊能力则是指人在从事某种特定工作时需要额外具备的能力。在选才的过程，可以利用一些测验来评估，例如：

(1) 智力测验。

用以衡量应征者的心智及应具备的学习智能基准。智力水平是从事各项工作的必要条件,因此智力测验是被广泛应用的筛选工具。

(2) 人格特质测验。

所谓人格,大致包括体格与生理特质、气质、能力、动机、兴趣、价值观与社会态度等。不同气质、性格的人适合于不同种类的工作。自信心、责任感、社交性及稳定性等人格特征,也会直接影响其工作适任性和职业生涯。

(3) 性向测验。

性向测验能测出应征者学习某项工作技能的特殊理解能力,如语文推理、数字推理、抽象推理、空间关系、机械推理、速读能力等,尤其对职业经理人、行政人员、销售人员、技术员或操作员能有效评量。

(4) 语文测验。

能测出应征者的外语能力(听、说,读、写、译),并作为将来企业国际化发展的指标。

(5) 天赋测验。

测出应征者其个人能力的优势,并作为个人天赋优点的强化和损害控制的管理依据。

不论采用的测验为何,透过科学的测试,对企业组织发展及日后选人、用人的标准都有相当的帮助。

4. 可胜任的工作(Do)

即从应试者过去的工作表现与个人优势,来推估日后的适任性与职业前程发展。用人单位能评估应试者"能做(Can Do)"的项目有哪些,"愿做(Will Do)"的项目有哪些,发现两者之间的"适合度"的匹配性。应试者过去的简历、工作经验摘要,会呈现他现在可执行工作的能力及稳定度。过去选择工作的模式,也可清楚反映他的格局和担当。

在进行人才甄选的过程中除了应用面谈方法之外,面谈主管更要细心地查阅履历表中内容的真实性,以及所反映出来的讯息。例如,应聘人员是否利用下班时间或假日进修取得认证。根据统计,成功的职业经理人都有个共同的特质,就是自我发展的意愿特别强烈,积极地利用自己的业余时间持续努力且快乐地学习,提升本职工作能力与职场竞争力。

此外,面谈主管也可以先检视此工作的实际需求,如职务说明书所载内容,进一步确认应试者的工作能力。职务说明书对于岗位的职务能力要求设定非常明确,从专业知识技能到职场的基本常识,如生活须知、公司文化、社会常识等,都有具体的内容说明。面试主管通过这个职务说明书的内容,可以正确判断人才能力、发现好员工,还能为人才养成及早做准备,进而强化纠正组织的缺陷,同时预防人力或人才损害的风险。面谈方法与面谈技巧更需要在实际的工作当中不断地练习与应用,真正发挥功效进而提高人才甄选的有效性。面谈可以多种方法交互搭配应用,以多元化的提问方式积极搜集关于应聘人员的真实信息,作为人才选拔的决策参考依据。此外,招聘与人才甄选管理活动都要与企业发展规划的人才战略相结合,有效地达成企业所设定的战略性目标。

2.4.6　计分卡式面谈法

计分卡式面谈法(Scorecard Interview)是 Geo Smart & Randy Street 两位招聘专业顾问在《聘谁——用 A 级招聘法找到最合适的人》(*The A Method For Hiring*)一书当中所介绍的一种招聘面谈法。本方法的提出是因为作者发现许多企业在进行人员面谈的时候往往会有面谈发散的情形,无法有效聚焦于该项职务应该着重的关键问题,许多应聘人员都会在面谈的过程中演说得非常动人,令面谈主管心动不已,但是真正入职后却无法有效地达成工作目标。因此,这两位资深面谈专业顾问提出了计分卡式面谈法,希望引导面谈主管朝向具体高效的面谈以发掘人才。计分卡描述了在此工作岗位的顶级表现(A Performance)——当事人需要做到什么以及如何去完成工作目标,此种招聘面谈的方法可以将所招聘进来的人员与公司战略明确地联系起来。

笔者认为计分卡式面谈法是将三项要素进行结合应用的一种行为面谈方法。这三项因素分别是工作说明书、关键绩效指标以及 SKA。也就是先确认应聘人员是否对于该项职务具有使命感以及对于工作职责内容的理解程度,要完成该项职务的绩效目标,应该具备哪些专业能力与管理经验才能够胜任该项职务,在面谈的过程中应用行为面谈技巧验证应聘人员是否具备达成卓越绩效的条件。计分卡样本如表 2.1 所示。

表 2.1 计分卡式面谈表范本

销售副总裁的使命 CleanMax USA,INC 与企业客户签订大额订单获取利润,用三年时间让公司的利润增长一倍。组建一支业务拓展团队来开发新客户,创建一支业务维护团队来维护现有客户。	
目标成果	**评级与评价**
目标1:截至第三年末将收入从 2 500 万美元提升到 5 000 万美元(年增长 25%) **行为摘要:** 将企业客户数量从第一年的 4 个提升到第二年的 8 个,再提升到第三年的 10 个	
目标2:截至第三年末将税前利润率由 9% 提升到 15% **行为摘要:** 截至第一年末将客户订单中占附加销售额的 70% 的包装销售利润从 33% 提高到 90%	
目标3:截至第一年末打造一支顶级销售团队 **行为摘要:** 截至第一年末将由外部招聘一名销售主管负责外部销售工作推动 截至第一年末将由外部招聘一名销售主管,负责内部销售工作推动,包括电话销售网络销售 截至第一年末,将处理所有无法完成销售目标的销售业务代表	
目标4:提交准确率为 90% 的每月预测报告 **行为摘要:** 每月的预测报告需要在内部先进行数据验证 提交出去的报告需要附上差异分析与改善对策 针对差异达到 15% 以上的需要进行专项说明	
目标5:截至第二年末针对所有一线销售人员设计并开展业务能力提升培训课程 **行为摘要:** 第二年的第四季度将举办 12 小时的 SPIN 课程 第三年第一季度将举办 12 小时的产品知识课程	

资料来源:修改自:Geo Smart & Randy Street(2014:50)。

专业名词速记

工作分析(Job Analysis)

分析工作职务的项目和从事该项职务所必须具备的知识、技术、能力。

信度（Reliability）

指测量结果的可靠性、一致性和稳定性。

重测信度（Test-Retest Reliability）

用同样的问卷对同一组被调查者间隔一定时间重复施测，计算两次施测结果的相关系数。

复本信度（Duplicate Reliability）

让同一组被调查者一次填答两份问卷复本，计算两个复本的相关系数。

折半信度（Split-Half Reliability）

将调查项目分为两半，计算两半得分的相关系数，进而估计整个量表的信度。

内部一致性信度（Cronbach's α）

用多个题目去测量单一维度的变量时，多个题目测量结果之间的一致性程度。

效度（Validity）

预测标准达到所要衡量标的的准确程度。

内容效度（Content Validity）

衡量能够足够地涵盖研究主题的程度。

建构效度（Construct Validity）

测验结果能够说明理论上的某种结构或特质的程度。

效标关联效度（Criterion-Related Validity）

测验结果与某项外部的效度标准一致性程度。

能力测验（Ability Test）

测试应聘者所具有的知识与技能部分，可以评估出未来在工作上的表现。

人格测验（Personality Test）

用来衡量任何非智力的个人心理倾向和喜好的测验。

工作样本测验（Work Sample Test）

就是将工作项目当中有些比较重要的部分让应聘者在甄选的过程中进行试做，模拟工作绩效的实际情况。

结构式面谈法（Structure Interview）

采用标准化的问题，也就是对所有的应聘人所提的问题都是相同的，而且也不会对应聘人的回答进行追问。

非结构式面谈法（Unstructure Interview）

面谈时不拘形式，对应聘者的问题视当时面谈实际的情况而定。

情境式面谈法(Situational Interview)

既保有了应该询问的相同问题与评分方式,也允许面谈主管可以依据实际情形进行开放式的问题询问与发掘。

压力式面谈法(Stress Interview)

在面谈的过程当中会给予应聘者极大的压力,以观察当事人的临场反应以及情绪管理。

行为面谈法(Behavior Event Interview)

以工作职务所需要的行为能力为标准,对应聘者在面谈过程中找寻是否具有相同或类似的行为处理模式。

SKAD 面谈法(Skill /Knowledge /Ability /Do Interview)

以工作职务所需要的技能、知识、能力与可胜任工作为面谈框架,由面谈主管对应聘者在面谈过程中找寻是否具有与岗位匹配所需要的能力相关信息。

计分卡式面谈法(Scorecard Interview)

面谈前对于该项职务先进行面谈蓝图的绘制,计分卡中所描述的工作岗位使命与工作职责、所需要实现的目标成果、所需要具备的工作能力,依据实际的目标要求进行行为面谈。

第 3 章
人才发展管理

Functional Administration To Business Partner

3.1　人才发展的重要性

3.1.1　人才发展极其重要

当今时代已经是成熟的知识经济时代。根据国际经济合作与发展组织(OECD)的定义,知识经济是"以知识为基础的经济",是指以现代科学技术为核心,建立在知识和信息的生产、存储、使用和消费之上的经济。这种崭新的社会经济形态以全球化、信息化、网络化和知识驱动为基本特征,经济的发展与繁荣不再直接取决于资源、资本、硬件技术的数量、规模和增量,而是直接依赖于知识或有效信息的积累和利用。不仅如此,当今世界发展的另一显著趋势表明:在诸多领域,处于知识创造前沿、不断挑战人类智慧极限的是那些富于创新、具备战略眼光的卓越企业,而非将理论知识和研究成果束之高阁的象牙塔。

知识经济不同于资源经济,其产业结构建立在发展迅速、已逐渐成为经济主流的信息产业之上,强调产品和服务的数字化、网络化、智能化,主张快速制造和个性化商品的规模生产;其生产特点则是向外界输出知识、信息和/或新的发明创造,以获取更大的利润空间——高品位、高质量的不断创新是企业基业常青的命脉所在。基于这种产业结构和生产特点,知识经济时代的企业对高科技人员和具有高度熟练技能的工人的需求日益增长;作为知识载体的"人"成为企业最具价值的资本,在市场竞争中扮演着越来越重要的角色。正是由于这个原因,在知识经济迅猛发展和经济中知识含量不断激增的条件下,确保企业拥有高素质的人力资源将成为社会经济增长和可持续发展的决定因素。

当代管理学认为,现代企业普遍存在四大组织目标,依次为:财务绩效指标、顾客满意指数、经营运作目标和学习创新目标。针对某一具体项目,大多数企业能够根据市场情况在实现以上目标的工作重点中选择恰当的执行顺序,即首先利用多种形式的培训学习提升员工与工作任务相关的知识技能水平、激发其创新潜能,然后组织具备相应能力的人员进行产品生产或服务提供,并在此过程中创造顾客价值、实现顾客满意、获得顾客忠诚,最后通过合理收益达成财务目标。简言之,企业需要依靠员工的个人能力和专业素质在职能部门发展建立强大的工作团队,从而形成以高质量人力资源为基础的核心竞争力,通过为顾客提供一流的产品和服务实现组织的共同愿景、价值观、使命以及战略目标。毫无疑问,学习创新目标的实现是保证其他组织目标顺利达成的前提和基础,员工培训作为学习创新目标的主要实现途径,对组织的可持续发展起着关键作用。

3.1.2 员工培训与发展

员工培训与发展的主要目的在于增进员工的知识技术与能力,经由培训和发展的过程来改变员工的态度、行为与价值观,从而塑造出符合企业想要展现的行为模式,进而提升员工的绩效。培训主要是短期的技术能力提升,重点在于技能知识的传递、工作绩效改善、作业效率的提升;发展则是长期个人的潜力开发,着重于个人的职业生涯规划、行为认知、信念价值观的改变。所以说员工的培训主要在于问题解决能力的提升、专业技术能力的增加,进而改善或提升工作绩效。而发展更重视的是长期的个人发展与企业文化的融合,信念与价值观的认同,从而发生质性的改变,进而塑造企业的核心竞争力。

近年来,培训与发展已超越了传统模式,无论是内容的深度还是广度均有明显的变化。特别是随着数字时代的来临,一切都朝向虚拟化的情境加快脚步,在线学习已

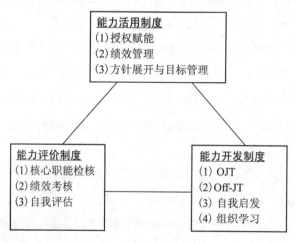

资料来源:李汉雄(1996)。

图3.1 人力资源管理与人力资源发展整合模型

经成为未来在组织中人力资源发展的另一项转折点,所有的员工将不再受限于空间及时间,可随时依据个人需求由企业内部网络的虚拟教育训练中心撷取自己所需进修的课程,来完成符合本身的培训课程设计。

传统的培训方式,主要以围绕讲师单向教学为重点,认为只要加强一些课堂上的授课技巧就可以被视为成功的教学,以及为了要凑足教育训练时数胡乱塞进许多课程,来满足员工在"量"上面的需求,或者是只为了办培训而进行培训,这些都已经不合时宜,成为过去式了。目前,以互联网为基础(Internet-based)的应用已经非常成熟,对于企业在培训方式的多元化也提供了更多的选择性,例如多媒体教学、网络培训、学习软件的开发解决了工作和学习的矛盾,能在培训中更好地发挥学员的主动性。以网络学院为中心教学展开等得以实现,节约了交通、场地、食宿等费用,大大降低了培训成本,为普及培训解决了经济上和物质上的困难。尽管高技术培训的有效性还在研究当中,但其优势已经显现。运用在培训中的一些电子通讯技术也已经完善,比如微课程教学、远程会议;而新兴的一些视听多媒体的培训形式也变得越来越普及。静态媒介、动态媒介、电讯媒介以及计算机辅助培训都将在培训的教学设计和开发上产生新的变化。

企业培训发展中最重要的方面还在于高阶主管的支持与否。若经营层能够持续地对于员工的训练发展投入资源,形成人力资源发展与组织目标之间的契合,将会有助于组织整体的绩效成长。就目前情况而言,即使企业已逐渐重视人力资源发展的重要性,但若要达成培育人才的目标仍然应搭配其他人力资源管理活动,如人力规划、招聘甄选、绩效管理、薪资福利、员工关系、劳资关系等,成为一个环环相扣的人力资源整合体系。否则,单只重视一项功能就有可能仅成为产业中的人才培训机构,专门替人训练人才。而到可用之时人才流失,替自己公司培育竞争对手,那才是得不偿失!

案 例　优衣库的店长人才培训模式

UNIQLO(优衣库)是全球十大休闲服饰品牌之一,以仓储型的店铺,随意的自助形式,销售优质平价的休闲服饰为主要特点。其始终坚持提供休闲、平价、舒适的商品,倡导"高品质,低价格"的经营理念,成功打开国际市场。

关于人才培养,优衣库举办了独有的优衣库大学,通过OJT的形式为企业每年输送300余名新生店长。优衣库员工入职后要接受大量培训,包括新手强化训练、在岗培训、集中培训;集中培训会在半年内举行3次,每次一周,第一次学习优衣库理念和价值观,第二次学习培养新人和营销,第三次学习销售额及利润的创造、库存管理、卖场安排等。培训后进行考试才能获得店长资格。

优衣库每年有2次店长资格考试,分别在1月和7月,通过考试后就能取得店长资格。得益于优衣库完善的培训体系,许多店经理储备干部能在1至2年内成为一家店铺的经营者,最短的甚至只需半年。

优衣库培养所有的员工都将自身放在经营者位置,以经营者意识和眼光思考、处理问题。尤其是作为服务行业,店铺里工作的一线人员更需要具备这样的素质。也正是因为有了这样优秀的员工,这家在中国市场不断急速前行的企业才能拥有源源不断的充沛活力,在激烈的竞争中随时保持最佳状态。

优衣库能在"快时尚"的服装行业脱颖而出,与它的店长培训发展制度是分不开的,这也成为其他行业效仿的对象。优衣库有着一套公平的晋升制度,只要努力,每个人都有机会。优衣库也善于应用一些激励手段,将员工培训与发展跟绩效和薪酬挂钩,实现组织共同目标的达成与个人目标达成相结合。

3.2　人才发展体系规划

完善的人才发展体系有利于企业发展的完整性和持续性,更有利于组织内部对于员工培训工作发挥应有的功能。一个有效的人才发展体系必须运用不同的培训方式和人力资源开发应用工具,把有限的培训资源整合在一起,使培训与发展持续推动,有计划地开展下去。

组织内部的发展体系一般会以双轨道的方式进行规划:管理职体系以及专业职体系。对于管理工作有意愿的员工组织可以提供管理职务体系作为发展通道,想在专业技术体系发展,也有专业体系通道可以作为个人发展的道路,通过明确各类岗位的能力定义与工作要求,为员工确立管理职位与专业发展路径和方向,并有针对性地开发系列培训课程。

双轨道发展体系的优点是不同类型的员工可根据自己的情况进行个人在组织内部的发展规划,同时依据能力的差异在培训工作当中进行重点能力的提升。在不同专业序列能力体系的基础上,企业可以有针对性地开发系列培训课程,或选择适合的外部培训学习方式。员工和直属主管可以就个人能力发展的需要达成共识,通过选择不同的培训提高各项能力。管理双轨制发展通道是实现员工在组织内部发展的重要机制:从个人角度来说,员工可以根据个人的特长和职业兴趣选择合适的发展路径,实践自身的职业发展;从企业发展的角度来说,可为各类专业人才提供更多的选择机会和发展空间,最大限度地发挥员工的潜能。因此,双轨道的发展模式目前也在管理实务工作中得到广泛运用。

表 3.1 就是一个发展双通道的范例。依据员工个人的发展意愿,组织规划管理职务以及专业类职务。除了管理职务通道之外,还规划了研究发展类、业务营销类、生产制造类、信息工程类以及运筹物流类等不同的岗位序列的专业发展道路,通过明确各专业序列不同层级岗位的胜任能力要求,为员工确立专业发展路径和方向。比如对一个业务营销人员,可以循着助理业务代表、业务代表、高级业务代表、资深业务代表的职务发展通道来规划自己的组织内部发展方向。

表 3.1 职务发展通道范例

管理 职务	研究 发展类	业务 营销类	工程 技术类	信息 工程类	运筹 管理类
总经理	总工程师	资深项目总监	总工程师	总工程师	资深项目总监
副总经理	副总工程师	项目总监	副总工程师	副总工程师	项目总监
总监	资深工程师 I	项目经理 I	高级工程师 I	资深工程师 I	项目经理 I
经理	资深工程师 II	项目经理 II	高级工程师 II	资深工程师 II	项目经理 II
副经理	工程师 I	业务代表 I	工程师 I	系统工程师 I	管理师 I
主任	工程师 II	业务代表 II	工程师 II	系统工程师 II	管理师 II
科长	助理工程师 I	助理业代 I	技术员 I	程序技术员 I	助理专员 I
组长	助理工程师 II 助理工程师 III	助理业代 II 助理业代 III	技术员 II 技术员 III	程序技术员 II 程序技术员 III	助理专员 II 助理专员 III

资料来源:作者整理。

一个有效的培训体系必须保证企业的员工在不同的岗位都能接受到相应的训练,这就要求培训体系的规划必须保持垂直方向与水平方向的均衡。垂直方向要考虑新员工、一般员工、基层管理者、中级管理者、高级管理者之间的各个不同级别,针对每个级别不同能力的要求,设置相应的培训课程;水平方向要考虑到不同专业人员要完成工作需要哪些专业技能,以此来寻找培训需求和设计相应课程。

企业建构自身的员工发展体系，应与企业的整体经营战略紧密结合，因为企业的经营目标不断在演变，需要的能力也会随之而变。所以在建立员工发展体系时，需要做以下四项基础的工作：

(1) 建立人才技能的数据库。

根据企业的经营战略和现有人员的素质和能力，确定企业将来所需人才应具备的素质和能力，包括人格特质、决策能力、判断分析能力、团队建设能力、逻辑思维能力等素质。不论是对管理岗位或是专业岗位来说，都要将所需具备的能力定义清楚。

(2) 定义明确的岗位职责。

明确目前的岗位职责，并根据可以预见的商业和技术变化定义未来的职责。所需要的技能应该按照重要程度被分类，问题解决能力和个人的性格也应该被考虑在内。

(3) 员工技能评估和技能发展需求。

通过对员工能力评估找出现有人员中哪些人可能成为企业未来的领导者，针对这些具有潜力的人员，投入足够的资源去培养。因此，员工的发展计划必须首先确定这些具有潜力的员工到底需要进行哪些方面的培训。通过一系列正式的管理才能培训项目支持他们的发展。公司高级管理人员也应该为这个群体提供额外的指导来帮助他们弥补技能和经验的不足。员工发展计划的成功要依赖于管理团队是否能够积极有效地提升候选人的能力。

(4) 根据评估结果，选出重点培养对象。

要确保他们认识到自己的发展对企业未来发展的重要性，并且让他们获得更多锻炼的机会。在这个阶段中，现有高层领导应在开发这些高潜能人才培养中发挥积极的作用，他们要经常与这些重点培养对象接触，并使这些人对公司战略和经营目标有更深入的了解。

然而，不同的位阶与层级对于所需要具备的能力要求也会有所不同，一个有效的培训体系必须保证企业的员工在不同的岗位都能接受到相应的训练，这就要求培训体系的规划必须保持垂直方向与水平方向的均衡。

图 3.2　组织人力发展路径图

能力项目	一般同仁	基层主管 (课级主管干部)	中阶主管 (部级主管干部)	高阶主管 (厂级以上主管干部)
能力项目	专业技术能力　解决问题能力 沟通协调能力　执行操作能力	工作管理能力　工作教导能力 工作改善能力　督导部署能力 人际处理能力　沟通协调能力	工作规划能力　面谈管理能力 沟通协调能力　组织运作能力 培育部属能力　主持会议能力 绩效管理能力　人才发展能力 预算控制能力　授权管理能力	环境分析能力　策略规划能力 团队领导能力　绩效管理能力 变革创新能力　预算管理能力 工作决策能力　讲师授课能力 企业文化能力　经营管理能力 领导统御能力　国际管理能力
能力层次	专业执行能力		管理发展能力	策略经营能力
管理系统 **管理能力**	工作执行　工作改善 工作关系　工作安全	工作教导　部属激励 工作指派　绩效管理 管理能力　授权分工	组织设计　职能分析 绩效管理　人力规划 人才发展　组织运作	策略规划　经营方针 目标管理　方针展开 流程管理　领导统御
工管	工程研发　项目管理 产品设计　技术发展	档案管理　检测技术　材料应用 设备保养　IE手法　模具维修	机构工程　开发流程　模具开发 工业工程　项目运作　CAD技术 价值分析　系统分析　产品研发 项目管理　模具设计　工业工程	专利项目　智能财产　核心技术 工程评估　产品发展　项目规划
生管	运筹物流　采购管理 制造管理　客户服务	作业标准　生产成本　成本控制 仓储管理　车间管理　客服技巧	产能计划　目视管理　制程改善 5S管理　排程管理　谈判技巧 产能规划　制造管理　制程管理 物料管理　JIT生产管理	流程规划　生产管理　制造管理 TPM
品管	质量系统　质量管理 检验规范　供应质量	质量规范　检验规格　作业流程 质量标准　窗口作业　操作模式	SPC统计　ISO系统　抽样计划 提案改善　品管圈　文件管理 质量工程　质量设计　TQC 精益管理	质量规划　质量系统　工程标准 智慧资源管理
经管	财务管理　信息系统 行政总务　人力资源	财务会计　行政管理　计算机文书 劳动法令　社保规范　消防安全 招募任用　薪资作业　训练作业	成本控制　效率控制　资讯工程 谈判能力　沟通协调　网络设计 面谈技巧　训练规划　薪资管理 流程规划　信息整合　制度规划 产业规划　日常管理　绩效管理 行为面谈　人力发展　人力规划	策略发展　经营方针　成本管理 预算控制　预算规划　运营管理 人资策略　组织发展　人力发展
通识课程	员工守则　职业道德　计算机应用 人事规章　品管手法　集团介绍 沟通协调　工作技能　工作技能	人际沟通　工作伦理　职业道德 问题解决　团队运作　质量意识 工作规划　自主管理　时间管理	会议管理　简报技巧　沟通协商 计划控制　员工教导　人事行政 团队建立　预算管理　人才发展	趋势分析　策略规划　组织变革 领导统御　预算管理　财务管理 企业文化　流程再造　人力资源
选修课程	提案改善　　质量活动　　讲师训练　　语言课程……			

资料来源：作者整理。

图 3.2　组织人力发展路径图

　　垂直方向要考虑新员工、一般员工、基层管理者、中级管理者、高级管理者之间的各个不同级别，针对每个级别不同能力的要求，设置相应的培训课程；水平方向要考虑到不同专业人员要完成工作需要哪些专业技能，以此来寻找培训需求和设计相应课程。图 3.2 为某公司的人力发展路径图，针对不同的管理阶层，该公司定义出一般同仁、基层主管、中阶主管、高阶主管各个阶层所需要的能力项目。例如一般同仁须具备的能力包括：专业技术能力、沟通协调能力、解决问题能力、执行操作能力。高阶主管所须具备的能力包括：环境分析能力、团队领导能力、变革创新能力、工作决策能力、企业文化能力、领导统御能力、策略规划能力、绩效管理能力、预算管理能力、经营管理能力、国际管理能力等。

　　由发展路径图的内容可以了解不同位阶的人员所须具备的能力会有所不同，位阶愈高的管理人员所须具备的能力也越多，这是因为高阶管理者所面临的经营环境、组织复杂度、人际互动情境，相对于基层人员以及专业执行人员相对来说更加复杂化与多元化，因此所需要的能力也会更多元。除管理能力之外，该公司也针对不同的专业职能定义出相关的课程项目如生产管理、经营管理、质量管理、工程管理,同时还定义了各阶层人员的通识课程项目以及选修课程项目,可以说是非常完善的人力发展体系规划。员工发展的目的并不是只为了传授给员工专业技能与知识,也有利于企业文化的塑造、价值观的建立与向心力的凝聚,当然最重要的还是协助员工在组织内部长久发展及实现个人价值远景。

案 例 A公司人才发展体系框架

A公司的培训体系可分为新进人员培训、管理人员培训、专业能力培训、进修培训以及自我开发培训。

新进人员培训又分为入职前培训、在职培训以及新进人员座谈会。

管理人员培训分为基层管理人员培训、中层管理人员培训、高层管理人员培训。

专业能力培训则依据管理职能分为研发、营销、生产、经管以及资材等培训。

进修培训包括了各层级的学历培训以及海外研习及其他的进修类型培训。

自我开发培训包括了职业发展、人文讲座、外语进修、第二专长能力培养以及职业证照资格等项目。

从培训的完整框架项目之下展开进行系统化的员工培训与能力开发,依据不同类别的培训项目规划满足不同职能部门、管理阶层、项目规划与个人能力发展的工作技能需求。

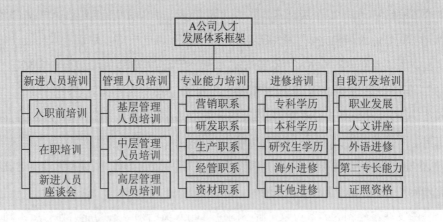

3.3 人才培训活动的实施

培训是指企业向员工传授其完成本职工作、提高工作能力所必须掌握的各种知识和技能(如与工作相关的知识、技能、价值观念、行为规范等)的过程。从广义上讲,培训应该是创造智力资本的途径。培训是一种有组织的知识传递、技能传递、标准传递、信息传递、信念传递、管理训诫行为。企业培训以技能传递为主,让员工通过企业所安排的培训活动,因而提升个人的认知能力、工作能力、知识能力、技术能力等有助于提升工作绩效的手段。培训是给新员工或现有员工传授其完成本职工作所必需的正确思维认知、基本知识和技能的过程。基于认知心理学理论可知,职场正确认知(内部心理过程的输出)的传递效果才是决定培训效果好坏的根本。

在企业内的员工培训及人才发展,本来就与企业的竞争力有着高度的关联性。而教育训练的目的,本身就在于加强员工的本职学能、提高员工的工作能力、增加员工的工作成就感,最终也就是要开发出员工本身所蕴含的工作潜能。基于此前提之下的员工发展计划,使个人既能够顺利完成工作目标,又能够得到工作的成就感,而组织也因为员工个人目标的实现,得以成长继续存续。所以员工培训本身就是在强化企业体质,本身就是一种人力资源开发,而教育训练的推动也必须符合组织的目标而进行,所以员工培训本来就是一种内部导向的企业活动。

从企业角度来说,员工培训可以提升企业竞争力、增强企业凝聚力、提高企业的竞争优势。在众多的人力资源调查中,"较多的培训机会"越来越成为吸引好员工加入和留住好员工的重要因素,甚至是仅次于薪酬的留才要素。其次,从企业经营管理者角度来说,员工培训可以减少事故发生、改善工作质量、降低损耗。研究发现,企业事故大多是员工不懂安全知识和违规操作造成的。员工通过培训,学到了安全知识,掌握了操作规程和正确的工作方法,纠正错误和不良的工作习惯,自然就会减少事故的发生,促进工作质量的提高。

培训后的员工整体素质得到提高,就会自觉把自己当作企业的主人,主动服从和参与企业的管理。从员工的角度来说,企业培训活动的安排与实施可以让员工更具职场竞争力。未来的职场将是充满了竞争的职场,随着人才机制的创新,每年都有大量的新的人才加入到竞争的队伍中。总之,培训可以让员工自强,可以让企业的血液不断得到更新,让企业永远保持旺盛的活力,永远具有竞争力,这就是企业进行培训的最大意义。

培训活动的设计以高斯坦(Goldstein)的方式最为广泛应用(蔡维奇,2002)。高斯坦模式对于培训方式定义包括了培训需求分析、培训目标设定、培训课程设计与实施以及培训成果评估四个阶段。

3.3.1 培训需求分析

培训需求分析是指企业对于培训的必要性进行了解的过程。组织内部进行员工培训主要是以解决问题为主,但是培训也不能够解决所有问题,只有在员工本身因为知识技能欠缺的时候,而且也有动机与意愿进行学习时,培训的效果才会显现。如果问题点在于员工自身的意愿、设备问题、流程体系不良等因素时,依靠培训活动是无法解决问题的。所以先进行需求分析,以厘清问题点是在哪里。员工培训的内容和形式必须与企业的战略目标、员工的职位特点相适应,同时考虑适应内外部经营环境的变化。一般地,任何的培训都是为了促进员工在知识、技能和态度三方面的学习与进步。

1. 知识的学习

知识的学习是员工培训的主要方面,包括事实知识与程序知识的学习。员工应通过培训掌握完成本职工作所需要的基本知识,企业应根据经营发展战略要求和技术变化的预测,以及将来对人力资源的数量、质量、结构的要求与需要,有计划、有组织地培训员工,使员工了解企业的发展战略、经营方针、经营状况、规章制度、文化基础、市场与竞争等等。依据培训对象的不同,知识内容还应结合岗位目标来进行。如对管理人员要培训计划、组织、领导和控制等管理知识,还要他们掌握心理学、激励理论等有关人的知识,以及经营环境如社会、政治、文化、伦理等方面的知识。

2. 技能的提高

知识的运用必须具备一定的技能。培训首先对不同层次的员工进行岗位所需的技术性能力培训,即认知能力与阅读、写作能力的培训。认知能力包括语言理解能力、定量分析能力和推理能力三方面。研究表明,员工的认知能力与其工作的成功有相关关系。随着工作变得越来越复杂,认知能力对完成工作越来越重要。阅读能力不够会影响员工良好业绩的取得。随着信息技术的发展,不仅要开发员工的人际交往能力,而且要培养员工的电子阅读能力。尤其是管理者,更应注重判断与决策能力、改革创新能力、灵活应变能力、人际交往能力的培训。

3. 态度的转变

态度是影响能力和工作绩效的重要因素。员工的态度和培训效果与工作表现是直接相关的。管理者重视员工态度的转变会使培训成功的可能性增加。受训员工的工作态度怎样,如何形成,怎样受影响,是一个复杂的理论问题,又是一个实践技巧。通过培训可以改变员工的工作态度,但不是绝对的。管理者要在员工中树立并保持积极的态度,同时善于利用员工态度好的时间来达到所要求的工作标准。管理者根据不同的特点找到适合每个人的最有效的影响和控制方式,规范员工的行为,促进员工态度的转变。

3.3.2 培训的目标设定

有了培训目标,员工学习才更加有效。培训目标是指培训活动的目的和预期成果。目标可以针对每一培训阶段设置,也可以面向整个培训计划设定。培训是建立在培训需求分析的基础上的,培训目标确定的作用表现在它能结合受训者、管理者、企业各方面的需要,满足受训者方面的需要;帮助受训者理解其为什么需要培训;协调培训的目标与企业目标的一致性;使培训结果的考核有一个基准;有助于明确培训结果的类型;能指导培训政策及其实施过程;为培训的组织者确立了必须完成的任务。

培训目标一般包括三方面的内容:(1)说明员工应该做什么;(2)阐明可被接受的绩效水平;(3)受训者完成指定学习成果的条件。依据培训需求分析的结果可以知道组织对于培训的要求,确认需要接受培训的对象为何,培训的内容与项目有哪些,然后订定出培训课程的目标。培训目标的设定包含了培训课程的技能与知识、培训后的能力达成水平、在何种情境下表现出培训的知识技能以及培训后的效果。

3.3.3 培训课程设计与实施

决定训练目标之后培训人员即开始进行课程的内容设计。而课程设计时需要考虑到成人学习的重点与目的,包括训练目标的明确、课程内容对于学员的意义、学习过程的演练以及课后的练习、学习的回馈等项目。培训课程方案的设计是培训目标的具体化,即告诉人们应该要做什么,如何做才能完成任务并且达到培训课程实施的目的。

课程实施阶段主要包括以下内容:选择组织内部所需要的培训课程项目;确定需要进行培训的对象;培训课程所要采取的方式;培训地点的选择等项目。根据所设定的培训目标,具体确定培训形式、学制、课程设置方案、课程大纲、教科书与参考教材、培训教师、教学方法、考核方法等。培训单位在进行培训课程设计时必须考虑企业本身所处的行业实际状况,例如行业属性、组织规模大小、客户需求与产品特性、行业技术发展水平与趋势、内部员工现有能力缺口、国家或是当地的政策法规要求、企业经营理念与愿景、领导层的管理价值观等因素。

培训实施是员工培训系统关键的环节。在实施员工培训时,培训者要完成许多具体的工作任务。要保证培训的效果与质量,必须把握以下几个方面:

1. 培训场所的安排

培训场应所的安排应该具备交通便利、舒适、安静、独立而不受干扰,为受训者提供足够的自由活动空间等特点。其次,培训场地的布置应注意一些细节,检查空调系统以及临近房间、走廊和建筑物之外的噪音;场地的采光、灯光与培训的气氛协调;培训教室结构选择方形,便于受训者看、听和参与讨论;教室的灯光照明适当;座位的安排,即应根据学员之间及培训教师与学员之间的预期交流的特点来布置座位。

2. 课程描述

课程描述是有关培训项目的总体信息,包括培训课程名称、目标学员、课程目标、地点、时间、培训的方法、预先准备的培训设备、培训教师名单以及教材等。它是从培训需求分析中得到的。

3. 课程计划

详细的课程计划非常重要,包括培训期间的各种活动及其先后次序和管理环节。它有助于保持培训活动的连贯性而不论培训教师是否发生变化;有助于确保培训教师和受训者了解课程和项目目标。课程计划包括课程名称、学习目的、报告的专题、目标听众,培训时间、培训教师的活动、学员活动和其他必要的活动。

4. 选择培训教师

员工培训的成功与否与课程教师有着很大关系。现代企业进行的员工培训,教师已不仅仅是传授知识、态度和技能,而且是受训者职业探索的帮助者。企业应选择那些有教学愿望、表达能力强,有广博的理论知识、丰富的实践经验、扎实的培训技能,热情且受人尊敬的人为培训教师。

5. 选择培训教材

培训的教材一般由培训教师确定。教材有公开出版的、企业内部的、培训公司的以及教师自编的四种。培训的教材应该是对教学内容的概括与总结,包括教学目标、练习、图表、数据以及参考书等。

6. 确定培训时间

适应员工培训的特点,应确定合适的培训时间,何时开始、何时结束、每个培训周期培训的时间等等。

3.3.4 培训成果评估

企业若是将培训视为人力资本投资,则必然要进行投资报酬率的评估,判断针对培训这项投资是否值得进行。对培训效果的评价,是指对员工接受培训后在工作实践中的具体运用或工作情况的评价。组织内部对员工的培训活动都相当重视,但是员工培训效果的量化评估常常会被某些管理者所忽略。曾经有个研究项目针对286家英国和美国的企业进行培训成果方面的调查,结果只有12%的企业曾经对为员工提供的培训项目进行系统的评估。当企业在声称坚信员工培训所带来的效果时,却也未能采取相应的措施来验证这种效果。

由此可见员工培训评估是企业培训系统中最容易被忽视的一环。由于缺乏对员工培训的系统评估,妨碍了对员工培训效果的界定,从而影响了员工培训对企业竞争力的影响。目前实务工作中应用最普遍的培训效果评估模型,是柯式四层分析模型。柯式四级培训评估模式包含反应层、学习层、行为层和结果层等四个递进层次的评估。评估重点是受训者对培训课程的反应、受训者的学习成果和收获、受训者在培训前后的工作表现和培训对公司业绩变化的影响。每个层次中都有相应的评估方法,从而形成一个系统评估培训成效结果的框架模型。员工培训的反馈阶段是员工培训系统中的最后环节。通过对培训效果的具体测定和量比,可以了解员工培训所产生的收益,把握企业的投资回报率,可以为企业的培训决策及培训工作的改善提供依据,更好地进行员工的培训和开发活动的安排与规划。

3.4　培训效果的评估模型

企业培训的推动应和组织整体的目标相结合，从企业的发展策略立场来看，有一年的短期目标到三年或是五年以上的中长期目标，就整体的发展方向应当如何培训组织发展所需的人力，为了达到企业目标，组织内各部门单位应当定义出明确的目标与实际执行计划，并明确有哪些是必须通过培训体系来完成的。

常会有公司的高层主管认为培训的效益十分不明显，公司所投入的成本无法立即显示出效益，因此对于培训是又爱又恨，大家都知道培训的工作是不可或缺的，但是企业所投入的资源是否有效却又令高阶主管心中充满了问号，到底培训的资源有没有花在刀口上、对于工作中的成效如何？怎样做量化指标的转换？这都是经营者所想要了解的，而培训成效的评估，对于从事培训专业的工作人员来说也是相对重要的课题。培训评估包含培训需求的评估和培训效果评估。目前在理论界，比较成熟的评估模型主要体现在后者。培训活动的产生引发了人们对培训效果的不断探讨，而最为普遍应用到的就是唐纳德·柯克帕特里克(Donald L.Kirkpatrick)的柯氏四层评估模型以及菲利普斯(Jack J.Phillips)的 ROI 评估模型。

3.4.1　柯氏评估模型

美国学者柯克帕特里克(D.Kirkpatrick)1959 年提出了非常重要而且被普遍接受的 Kirkpatrick 四层评估模型，不仅促进了实证研究的发展，而且使得培训效果评估更加系统和科学。柯氏将培训评估分为四个阶段：反应评估阶段(Reaction)、学习评估阶段(Learning)、行为评估阶段(Behavior)、结果评估阶段(Result)。

1. 反应评估(Reaction Evaluation)

反应层评估通常以设计问卷调查表的形式，这也是现在企业通常采用的评估形式，还可以采用面谈法、观察法、综合座谈法。通常企业的反应评估主要是对培训行政安排、讲师和自我评估三个方面作基础性的了解：

(1) 培训组织情况，环境与设施、课程及教材、住宿安排、工作人员服务等。

(2) 讲师情况，能力、语气语调、控场能力等。

(3) 自我评估，投入状况、积极性、学习内容等。

一般以问卷方式进行培训评估,问卷分两种,知识与态度问卷和行为表现问卷。分别在培训前与培训后,由受训人与主管共同填写。知识与态度问卷是对受训人员培训前后的知识和态度进行调查的问卷。行为表现问卷是对受训人员培训前后的行为表现进行调查的问卷。反应评估是指受训人员对培训项目的印象与上课的感觉程度如何,包括对讲师和培训科目、设施、方法、内容、个人对于课程满意程度等方面的看法。

反应评估主要是在培训项目结束时,通过问卷调查来收集受训人员对于培训项目的效果和有用性的反应。这个层次的评估可以作为改进培训内容、培训方式、教学进度等方面的建议或综合评估的参考,但不能作为评估的结果。

2. **学习评估**(Learning Evaluation)

学习层面的评估,主要考核受训人员掌握了多少知识和技能,通常通过书面考试、提问法、模拟练习与演示、角色扮演、撰写学习心得报告、行为改善方案等进行。具体操作中,有如下的方法:(1)在反应层级评估基础上,增加学习内容测试和问答题,要求运用所学的知识进行解答。这可以分为基础知识点和情景模拟问答。(2)在实际过程中,特别是 OJT 内容,学习层面的评估是进行现场操作,在操作过程中注重关键知识点的掌握。受训者也可以在一些专业性岗位的课程学习后,要求按照学习的内容和时间提出自己的改善方案,并交给直接上级负责监督执行。

学习评估是目前最常见、也是最常用到的一种培训的评估方式。主要是以测验的方式来检验受训人员对课程原理、工作技能、态度等培训内容的理解和掌握程度。学习层评估可以采用笔试、实际操作和工作模拟等方法来进行评估。培训人员可以通过考试、实际操作、测验等方法来了解受训人员在培训前与接受培训之后,在知识以及技能方面程度的提高。目前在企业的实务工作中,也主要采用上述方式进行学习成果的验证。

3. **行为评估**(Behavior Evaluation)

行为评估的重点在于观察受训人员的行为模式在培训前与培训后是否发生改变,是否在工作中运用了培训中学到的知识。这个层次的评估可以包括受训人员的主观感觉、下属和同事对培训前后行为变化的对比,以及受训人员的自我评估。行为评估通常需要经过一系列的行为观察来考核受训人员培训后在实际工作中行为的变化,以判断在培训课程中所学习到的知识、技能在实际工作的应用与改善。

行为层面的评估是一个需要时间的过程。通常此类评估通过前后对照、360 度调查和绩效考评考试进行。时间大约是 3—6 个月,甚至一年以后进行。考虑到公平性,行为层面的评估需要其他人的介入,一般评估人员由受训人员、同事、下属和上司组合而成。操作的基本步骤是,在培训结束之时,要求受训人员制定一份有量化改进的实践计划,列明现在的情况和需要改进的方面。然后,制定跟踪评估调查问卷,并约定在培训结束3—4个月的时间里对受训人员进行跟踪调查。然后,培训师、受训人员上司讨论实践详细计划,并由直接上级备份。在约定的评估时间内,培训师需要进一步与受训人员的直接上级接触并进行评估交流。约定的时间到后,受训人员本人与其直接上级进行评估。但是由于需要花费的时间与人力相当可观,真正要做到行为面的评估有一定的难度。

4. 成果评估(Result Evaluation)

成果评估即是验证培训课程是否能给企业的经营成果带来具体而直接的贡献,这一层次的评估提升到组织效率的层级。成果层评估可以通过一系列经营绩效指标来衡量,如生产效率、员工满意度、质量良率、交期达成、客户满意度等。

通过对这些指标的分析,管理层能够了解经过培训后所带来的组织绩效提升。结果层面的评估是培训评估最大的难点。因为对企业经营结果产生影响的不仅仅是培训活动,还有其他因素也会影响企业的经营成果。在操作过程中,即便是运用一些量化的方法进行结果层面的评估,这些量化的评估方法也只提供借鉴。结果层面的评估除了讨论最多的前后测与对照组外法,也可以根据国内外通用的一些培训成本—收益分析法作为补充和参考。

表3.2　唐纳德·柯克帕特里克(Donald L.Kirkpatrick)培训评估模型

评估层次	评估内容描述	方　　法
反　　应	评估被培训者的满意程度	随堂问卷、面谈
学　　习	测定被培训者的学习获得程度	笔试、案例研究、角色模拟
行　　为	学员在培训后发生的行为的改变	访谈和360度反馈
成　　果	是否对公司的经营成果产生影响	生产率、客户满意度

资料来源:葛玉辉(2014)。

从事培训的人员常为了训练课程的评估与追踪而感到苦恼,比较容易做的就是课后满意度的调查,或者是课前、课后的前后测差异做比较,套用到Kirkpatrick的四阶段培训评估模式,也只是做到反应评估(Level One)与学习评估(Level Two)。所提出的报告不外乎是针对训练课程的满意度,像是对硬设备的满意程度、时间安排是否恰当、讲师的授课内容满意程度如何、课程内容是否符合需要,于上课完毕之后做课后测验或是做实际演练,这是目前训练人员在做训练评估时的普遍做法。至于说行为评估(Level Three)与成果评估(Level Four)是比较不容易做到的,因为培训成效的评估进入到第三及第四层次,培训单位或讲师必须要与学员的主管合作,经由长期的观察以评估学员在学习后绩效改善的情况是否能应用在工作当中。至于到第四层次的成果评估则需要更大范围的效益分析或者是年度、季度的方针检讨,经由各项的管理指标来观察训练成果是否能达成组织的设定目标。

柯克·帕特里克的培训评估模式虽然存在着理论与实务工作执行的落差,尤其是阶段三与阶段四的实际操作,但是柯式模型仍然是培训评估领域中的重要理论框架。培训效果的评估本身是一种有目的的活动,因此在开展培训评估时,首先需要做的就是决定采用什么样的技术和工具。当确定了评估的技术和工具,就可以来开发评估工具、分析信息并针对培训效果做出合适的评估。

3.4.2 · 菲利普斯的五级评估模型

菲利普斯(Jack J.Phillips)在柯氏四级评估模型的基础上又增加了第五级投资回报率,因为他认为尽管第四级业务结果的衡量指标包括产出、质量、成本、时间和客户满意度等,可能都跟企业进行的培训活动有所关连。所以从人力资本投资报酬的观点,应该要进行投资回报率评估的层次。第五级投资回报率的评估重点是将培训所带来的货币利润与成本进行比较。尽管对投资回报率的表述有多种方法,但是,它往往用百分比或成本利润来表示。只有当第五级评价结束之后,整个评价过程才算完成。

投资回报率(Return on Investment, ROI)是一种成本收益分析方法,即通过财务会计方法确定培训项目的经济收益的过程。

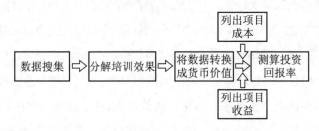

资料来源:作者整理。

图 3.3 Jack J.Phillips ROI 评估过程模型

要确定培训的经济收益就是要确定培训的成本和收益。要进行投资回报率的计算需要确认两个主要项目：

(1) 确定成本。

培训成本包括直接成本与间接成本。一种可根据企业员工培训系统模型，对培训的不同阶段(培训项目设计、实施、需求分析、开发和评价)所需的设备、设施、人员和材料的成本进行核算。这种方法有助于比较不同培训项目成本的总体差异；还可以将培训不同阶段所发生的成本用于项目间的比较。

(2) 确定收益。

企业应进行相关收益部分的数据搜集，以确认当培训实施之后对于相关的效益数据，比如降低多少的生产成本，营业收入增长的程度，客户满意度是否有所提升，产品良率的改善程度，人员流动率变化的情况等收益数据来换算成收益单位进行投资回报率的计算。

成本—收益分析还有其他的方法。如效用分析法，即根据受训者与未受培训者之间的工作绩效差异、受训者人数、培训项目对绩效影响的时间段，以及未受培训者绩效的变化来确定培训的价值。这种方法需利用培训前测与后测方案。还有一种是经济分析，即针对培训活动为企业带来的经济效益而进行的评价。主要通过计算直接和间接成本、政府对培训的奖励津贴、培训后受训者工资的提高、税率和折扣率进行评价。

菲利普斯模型用量化的观念评估了培训所带来的培训收益，它的局限性也是存在的，那就是培训所带来的一些收益和所发生的成本因无法量化而被排除在计量之外，如因培训使受训者在工作中体会到的快乐和幸福，在培训中因各种原因所带来的压力和不适。这使得采用计算方法不能正确地作出全方位的评估。

菲利普斯的五级评估模型仍然是围绕着反应、学习、行为和结果四个层次展开的，并没有脱离柯氏四层次评估。其实菲利普斯的五级评估中的投资回报率可以近似归入到结果层次中，作为结果层次的一个指标而存在，而且据了解目前企业进行投资回报率评估遇到很多困难，尽管人们渴望得到投资回报率，但是培训带来的净收益并不是简单地通过调查就能得到的。由于企业培训的最终目的是企业经济效益的提高，因此大多数评估模型也重视对结果层次的评估，这一层次的评估可以说最有意义，但是同时这一层次也恰恰是最难的，在评估培训的结果层次前，反应、学习和行为这三个层次的评估也需要做好，前一个环节的结果是后一个环节的基础。

3.4.3 培训评估的阶段

培训评估是依据学员经过培训后进行数据收集以判断培训课程能够带给企业的效益有多少的过程。企业应该分段做好培训评估工作,特别是培训后的评估工作,为改善和提高培训质量提供决策支持。实务工作中可以用学员是否达到培训的目标作为评估的基准。另外也可以用知识技能的改变是否来自于培训课程的结果来评判。培训效果的评估有助于企业了解培训活动的实际执行成效,也可以体会培训所带来的效益。一个完整的培训评估包括三个阶段,即培训前的评估、培训中的评估和培训后的评估。

1. 培训前的评估

培训前的评估主要针对培训的前期管理工作,属于"预评估"。它评估的重点内容为培训需求调查和分析、培训计划、培训目标、单项培训项目实施方案、培训资源建设等。评估前的评估工作由企业培训领导机构或聘请第三方组织实施,一般采用结构评估的方式进行。

2. 培训中的评估

培训中的评估在培训实施过程中进行,属于"现场评估"。它评估的重点内容为培训组织的准备工作、培训内容的形式、受训员工的反应、培训进度和现场效果、培训师和现场培训工作者、培训环境等。培训中的评估由培训管理部门组织实施,一般采用问卷调查和现场体验两种方式进行。

3. 培训后的评估

培训后的评估工作是培训评估的重点,在培训结束后进行,属于"结果评估"。它评估的重点内容为培训效果情况、培训效益情况、培训目标达成情况、培训项目、培训组织、培训工作者的工作绩效等。培训后的评估分为即时评估、中期评估和长期评估。其中,即时评估是常用的培训方式,主要评估受训员工在培训刚结束时对知识、技能的掌握情况;中期评估是一个时间较长的评估,主要评估受训员工在实际工作中的应用情况;长期评估时间跨度长,主要检验培训对员工及组织的长期影响。

完善的培训评估制度可以全面地检验培训效果及其影响因素。通过培训评估体系,可以对教材内容、培训方案、培训方式方法等因素进行评估,以保证培训目标的实现。培训评估制度的建立对于讲师自身素质和授课水平的提高也有着重要的作用,受训人员对课程的打分可以对培训有一个直观的评价,使讲师能够看到自身存在的问题和欠缺,督促讲师不断改善讲课方式、提高讲课水平。培训评估制度为培训组织者提供了一个发现自身存在的不足与缺陷的机会,这是今后培训工作开展的宝贵经验。同时,培训评估制度也使得受训人员能够及时向企业表达自己的愿望和建议,为企业和员工之间架起了沟通的桥梁,提高受训人员参加培训的积极性,促进培训效果的提升。

案例　F公司的培训效益评估—Kirk D.Patrick 模型

某家塑料制造业公司举办内部培训师的培训,在进行培训评估时就采用 Kirk Patrick 的评估模型进行效果评估,评估进行方式如下:

【第一阶段反应评估】:是以问卷调查方式进行,针对课程的内容进行评估,以简单的次数分析以及平均数分析方式,作为学员在反应阶段的评估,如表 3.3 所示。

表 3.3　课程满意度次数分析表

	评估项目	非常满意	满意	一般	不满意	很不满意	合计
课程	1. 学习内容对工作有帮助	70.83	29.17	0	0	0	100%
	2. 学习内容条理分明	66.67	29.17	4.16	0	0	100%
	3. 课程内容与主题契合度	75.00	25.00	0	0	0	100%
	4. 教材内容的满意度	66.67	33.33	0	0	0	100%
	5. 学习目标明确	75.00	20.83	4.17	0	0	100%
	6. 学习到新观念技巧	62.5	37.5	0	0	0	100%
	7. 故事、案例等有助于学习	62.5	37.5	0	0	0	100%
	8. 各议题有充分时间完成学习目标	58.33	41.67	0	0	0	100%

资料来源:作者整理。

表 3.4　课程满意度平均数分析表

	评估项目	MEAN	STD.
课程	1. 学习内容对工作有帮助	4.71	0.464
	2. 学习内容条理分明	4.63	0.576
	3. 课程内容与主题契合度	4.75	0.442
	4. 教材内容的满意度	4.67	0.482
	5. 学习目标明确	4.71	0.55
	6. 学习到新观念技巧	4.63	0.495
	7. 故事、案例等有助于学习	4.63	0.495
	8. 各议题有充分时间完成学习目标	4.58	0.504

资料来源:作者整理。

反应阶段评估的重点主要是以学员对于课程内容吸收的程度以及讲师表达方式作为评估的重点。例如在课程评估方面包括:课程内容、课程目标、课程观念、教材内容等项目;在讲师评估方面包括:讲师的教学技巧、讲师对课程的准备、与学员互动程度、学员的参与程度、讲师的专业能力等项目。经由学员对讲师的直接认知评估考核,了解学员们的直接反应。

【第二阶段学习评估】:是以参训学员采用试讲试教的方式进行学习效果评。要求各学员自选课程题目,制作课件(PPT 课件),试讲试教时间为 20 分钟。对学员试讲的评估以企业自行设计之内训讲师试讲评估表,评估表由四个维度对讲师评鉴,分别为:教案设计、课程规划、讲授技巧及口头表达,根据评委对各学员试讲评分来评量该学员是否为合格讲师。

【第三阶段行为评估】:是将合格的内部培训师纳入企业内部培训师群,按照年度的教育训练计划安排合格讲师进行企业的内部培训,由内部培训师自行设计课程教材,课程工具,讲授课程,让参与内部培训师学员的行为发生改变,从没有参与内部授课到执行内部授课的行为改变。

【第四阶段结果评估】:是以讲师满意度调查的方式进行行为成效的检验。所有的内部培训师都需要纳入到课后满意度调查的机制,评估项目也是以教学课程内容部分以及讲师评估的方式进行评估考核,满意度的数据即代表结果评估。

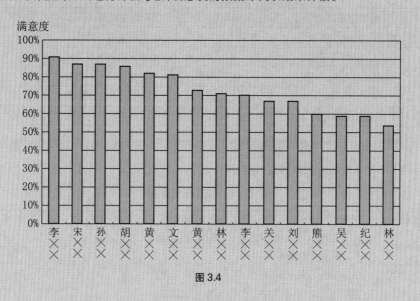

图 3.4

Kirk Patrick 的培训评估模式虽然存在着理论与实务工作执行的落差,尤其是阶段三与阶段四的实际操作,但是柯式模型仍然是培训评估领域中的重要理论框架。培训效果的评估本身是一种有目的活动,因此在开展培训评估时,首先需要做的就是决定采用什么样的技术和工具。当确定了评估的技术和工具,就可以来开发评估工具、分析信息并针对培训效果做出合适的评估。

资料来源:本文作者整理。

案 例 国际联合石油公司销售人员培训效益分析——菲利普斯 ROI 模式

国际联合石油公司是一家跨国公司,在世界范围内进行石油产品生产与销售。因为行业竞争激烈导致公司的业绩下滑迅速,而且这种趋势还会继续下去。

经过客户满意度分析发现客户关系服务质量下滑是导致业绩下降的主要原因,公司高层经过讨论,决定专门针对现有的 117 名销售工程师的能力进行培训以提升客户满意度。培训课程内容包括:建立客户关系,产品定价,合同条件谈判,销售利润高的产品,处理客户抱怨,沟通能力,产品知识等内容。

培训部门先针对这 117 名销售工程师进行调查,了解每一位的现况。依据调查结果,培训部门安排了为期两个月的培训行程。国际联合石油公司针对本次项目的效果评估分为五个层次,如表 3.5。

表 3.5 培训效果评估层次表

评估的层次	评估的重点
第一层次:反应层次	评估参与者的满意度与行动
第二层次:学习层次	评估参与者在知识技术态度上的变化
第三层次:行为层次	评估参与者在工作中的行为变化
第四层次:结果层次	评估参与者在实际销售业绩的变化
第五层次:ROI 层次	比较本次培训项目的投资收益与成本

培训部门在结束本次的项目培训之后,进行所有相关的数据收集以及意见调查整理。表 3.6 是本次培训项目的成本统计表。

表 3.6 项目成本表

成本项目	说 明	金额(美元)
开发费用	包括项目经理、5 名全职员工、4 名顾问薪酬,也包括开发期间的差旅住宿面谈等费用	354 500
材料软件费	包括了参与者手册、教学 CD、上网软件	68 500
硬件设备	包括图像设备、计算器、服务器、数字编辑器	91 000
专家费用	负责组织销售工程师访谈活动(8 人×150 USD×18 天)	21 000
评估分析费	包括期初绩效分析与评价专家费用,外部咨询顾问费用	71 000
合　计		606 000

培训部门也针对 114 名销售工程师与 8 位销售经理进行了培训效果收益率估计调查,经过统计收益率为 37%,也就是认为本次培训所带来的培训效益估计为 37%。

培训的结果是令人满意的,国际联合石油公司的销售总额增长了 5 022 810 美元。而且在销售合同的数量以及每一份合同所产生的边际利润都有所增长,表 3.7 为培训绩效所带来的成果统计表。

表 3.7　培训绩效成果表

评估项目	培训前	培训后	差异
每月平均销售合同数／人	14	16.65	2.65
每份合同边际利润	980	1 350	370

依据以上所提供的信息,请计算出本次培训项目的投资报酬率 ROI 是多少?

解答:

依据菲利普斯的投资报酬率模式,分别计算出培训收益与培训投入成本,步骤如下:

(1) 项目培训所带来的合同增加效益 = 2.65 × 0.37 = 0.980 5(美元)

(2) 项目培训所带来的边际收益 = 0.980 5 × 1 350 = 1 323.68(美元)

(3) 项目培训所带来的总收益 = 1 323.68 × 117 × 12 = 1 858 447(美元)

(4) 培训总成本 = 606 600(美元)

(5) 培训的 ROI = ((1 858 447 − 606 600) ÷ 606 600) × 100% = 206.37%

也就是说本次的培训投入所带来的投资回报率是 206.37%。

资料来源:改写自《人力资源计分卡:计量与评价投资回报率》,第 331—342 页。

3.5　内部培训师体系的建立

企业面对强大的竞争与挑战,需要具备优于竞争者的核心竞争能力,而人力资源能力是竞争者无法在短时间模仿与建构的核心能力之一。企业为了建构自身在产业内的竞争能力,需要经由内部讲师系统进行培训来培养员工的管理能力、专业技术和知识,并开发其潜能,使员工能配合公司营运成长的需要为企业增加其竞争力。企业内部通过教育训练,不但可以加强员工的专业知识与技术,更可藉由教育训练改变其工作态度、增强其工作动机。所以,员工的培训与发展已经成为企业人力资源管理的最重要课题之一。而培养和建立企业内部培训师团队则是满足企业员工发展与培训需求的重要系统,将培养内部培训师作为人力发展的一项重要工作,通过培养企业的内部培训师,以达到提升企业内部员工素质和技能,满足企业发展对人才能力及技能的需求,从而有效提升企业的核心竞争力,促进企业长远发展(孙显嶽,2010)。

内部培训师的培训对企业整体的人力资源体系来说是相当重要的工作之一,企业内专业技术传承以及相关知识的建立,都有赖于内部讲师从中扮演一个传授者与沟通者的角色。Marx(1986)认为培训师是直接关系到受训者知识与能力学习的关键人物,并是影响训练成效达成与否的关键因素。陈钟文(1997)认为培训师是以教授或指导编入训练计划中的课程为主要任务,培训乃是以提高受训者的智慧为目的,而讲师则是分担训练课程或活动中的讲授与演练等课程给予受训者指导。Wexley(1981)认为教育训练所欲达到的目标有:(1)提升个人知识水平;(2)提升个人技术能力;(3)提升个人工作动机。但要达成企业所设定的培训目标,必须要有培训人员的加入才能够完成相应的工作。

温玲玉(1997)认为企业内部培训师的功能可分为:(1)专业知识、技能的教导者;(2)企业文化、工作伦理与态度的指导者;(3)经营理念、策略、方针及经验的传承者;(4)建立共识,提供资讯的协调者;(5)训练需求、训练计划、训练教材的开发者;(6)训练绩效评估的管理者;(7)发现问题、找寻对策并进行改善问题的解决者。Katharine(1997)则提出内部培训师教学技能培训可以分为三个阶段:(1)上课表达方式、教案、教具制作;(2)课程规划与设计、教学指引、教学内容编排;(3)教学情景、教学评估。培训师又可分为内部培训师与外聘培训师。内部培训师是由企业内部主管或是具备专业技能的同仁担任,而外聘培训师则是由企业外部找寻学有专精的学者专家来担任。当然,不论是选择外部培训师或是内部培训师都有其优缺点,所以在选择培训师的同时也需要考虑培训课程的特性与目的,进而寻找适合的培训师以及提高受训人员的培训成效。

企业内部在推行内部讲师体系包括制定内部培训师管理办法、建立内部培训师人才库、开办内部培训师培训课程、评估与聘任内部培训师、考核与管理内部培训师等程序,如图3.5所示。

(1) 制定《内部培训师遴选管理办法》。

公司在内部培训队伍开发前,由人力资源单位制定《内部培训师遴选管理办法》,并由人资主管在管理制度实施之前针对全公司上下进行管理制度的培训与宣导,让所有的同仁了解管理制度的内容与执行方法,同时也藉由培训的方式表明公司高层对内部培训师的重视。通过管理办法的规范化建立,有效地激发了内部培训师的积极性,增强了内部培训师的挑战性,一定程度上激励内部培训师去开发课程及授课。《内部培训师遴选管理办法》内容包括:担任内部培训师资格、内部培训师的遴选、培训师聘任、培训师的培训、内部培训师认证、内部培训师考核、内部培训师奖励及资格撤销、内部培训师的权利和义务、培训教案编撰等。

资料来源:孙显嶽,朱丽宣(2009)。

图 3.5 内部讲师开发与管理流程

(2) 建立内部培训师人才库。

内部培训师候选人的征选,可以依据公司实际的人力状况设定内部培训师的资格条件,例如:在特定工作领域内取得政府或相关培训机构的证照者、参加公司内外"内部培训师培训"或"专业课程种子培训师培训"合格者、具有相关工作经验以及工作年资者、公司内部担任主管者、经公司选派参加厂外专业训练合格者等等,都可以成为内部讲师的人才库人选。

(3) 开办内部培训师课程培训。

公司内部对选拔出的候选人组织参加内部培训师课程培训,培训的主题包括:教学核心能力、触发学习技巧、课程设计技巧、教学互动技巧、临场表现技巧、上台教学重点、教学情境问题分析与解决等。通过专业内部培训师训练课程,让学员们了解作为一名内部培训师所需具备的基本能力,以及在讲授课程中需要掌握的教学方法、教材如何编写制作、台上的行为仪态、如何掌握学习氛围等讲课技巧。

(4) 评估及聘任内部培训师。

内部培训师课程培训结束后,受训的学员采用试讲试教的方式进行考评,各学员需进行实际的角色演练,亲自站在讲台上授课,由 3—5 名考评委员组成内部培训师评估委员会对其试讲评分。讲师试讲要求为：自选课程，制作课件，每位学员进行试讲。考评委员会对试讲讲师从不同的维度进行评鉴，例如从教案设计、课程规划、讲授技巧、口头表达等项目进行考评。无法达到合格的受训者，可以再进行讲师培训。对聘任为内部培训师者，可以将培训师的试讲主题拓展，纳入公司年度教育训练计划课程开发，多元化开发企业内部的培训课程内容，提升员工整体的知识水平。

（5）考核和管理内部培训师。

公司的人力资源部门按照教育训练计划统一组织安排内部培训师授课。在授课结束后，由学员对内部培训师授课情况评估，分别从课程面项和培训师面项两个维度进行问卷评估。根据培训效果评估表的分析，将结果反馈给授课培训师，提供培训师关于授课过程中学员反映良好的情形以及存在的不足，并提出相应的改进方向。同时，不定期对学员访谈，了解培训师授课效果，从而更好地评估内部培训师，促进内部培训师队伍整体素质提升。其次，人资部门对内部培训师年度授课进行评鉴，经评鉴绩优前者，可以在年度大会上公开表扬，并颁发证书及奖品，以兹鼓励。对已成为企业合格的内部培训师，若是经常被受训学员投诉有教学质量低落的现象，经调查事实后认定者，可以撤销该培训师的内部培训师证书，须经过一定时间过后，才可重新被推荐担任内部培训师。

在企业面临日益激烈且高度全球化的竞争环境之下，竞争的要素与利基已经由以往的质量、价格、技术等能力转向为人力资源管理体系，而人力资源的养成，则来自于企业是否建立一套完善的培训与发展制度。当然，具备了完善的制度之后也需要思考如何经由制度的运作来提升员工整体培训与发展的效益，为企业创造更大的附加价值与核心竞争力，因此企业的培训与发展体系是人力资源管理的一大重点项目，更是企业提高人力素质的必要投资。而内部培训师的机制正是在人力发展的过程当中扮演着关键性的角色。

内部培训师的成长与壮大需要通过不断的实践和管理引导，优胜劣汰，紧密结合企业的能力需求，创造企业、内部讲师和员工三赢，让每个人从中得到价值、获得成长。只有通过开发、培训、考核等切实有效的措施加强内部讲师队伍的管理，才能更好地挖掘企业内部培训资源，发挥内部培训的优势，从而使企业的文化得到传承和巩固、员工的能力得到提升，促使企业在竞争激烈的环境中维持自身的核心竞争能力，达成企业永续经营的长远目标。

案　例	宝洁公司的内部讲师制度

宝洁很少采用外部讲师,宝洁的培训课程几乎都是由公司的内部讲师负责的。在宝洁当内部讲师没有课酬,但是报名选拔当内部培训师的场面却异常火爆,究其原因有以下几点:首先,宝洁的绩效考核中有 50% 的分数来源于培训等组织贡献评估,当讲师无疑是重要的加分因素。其次,即使是想跳槽的员工,掌握一门宝洁课程对他个人发展非常有利。每门课的认证讲师会得到公司发的水晶球讲师认证牌,他们可以放在自己的办公桌上,这是一件非常光荣的事情。

宝洁公司每年评选出十大优秀培训师,这些人就是未来高管的替补队员。所以,做内部讲师即便没有课酬,却能获得其他更高的回报。在宝洁,要想成为高管,就有了一条捷径——成为内部讲师。

不断更新课程,是宝洁培训的又一大特色。虽然拥有数量庞大、门类齐全的课程库,但宝洁人依然坚持自己的观点:一年内不用的知识不讲。宝洁非常重视课程所传授知识的实用性和时效性,没有一门课程的课件是一成不变的。在宝洁,有条不成文的规矩,就是每一次授课的课件内容要有 10% 的更新。这也是宝洁"课程比讲师重要"理念的体现。

与市场上的许多专职培训师相比,宝洁的培训师口才台风不一定是最好的,但是宝洁的培训师一定非常注重课程研发。因为宝洁并不需要培养一群口齿伶俐的演说家,它需要的是一群善于管理知识,善于研发课程,善于向受训者传播最实用有效知识的培训师。

3.6　ISO10015 简介

在谈到 ISO10015 内容之前,要先认识 ISO10015 体系的缘起过程。10015 系统是由国际标准组织(the International Organization for Standardization)于 1999 年 12 月颁布的《ISO10015:质量管理——训练指南》。该标准是由 ISO176 号技术委员会(质量管理与质量保证委员会)3 号分会(支持技术分会)所拟定。初始由 25 个 ISO 会员国积极地参与起草运作,后由 51 个会员国投票决定。

ISO10015 是国际标准组织在 ISO 一系列的规范中,唯一针对人力资源管理的训练发展中进行规范的标准。ISO10015 体系主要的目的是检视企业内部在员工发展方面如何藉由培训的过程,达成组织及营运计划的目标。经由改善组织的培训流程,提升企业所提供的产品及服务的质量,进而增进组织的营运绩效。

就适用范围来说,ISO10015训练管理标准可以作为一个培训部门的应用标准,具有适用在个体及中介层面的功能。就个体的应用而言,ISO10015可当作组织训练功能或服务的一项质量管理工具,或是针对特定的训练产品的质量保证管理工具。就中介层面的应用而言,ISO10015可视为企业训练机构的能力与劳动市场需求之间的质量管理工具。依据ISO10015培训管理标准的要求,企业的培训系统必须举证实际的培训活动,定期地搜集市场上的讯息,以调整培训课程、修订职能内容及培训的传递方式。ISO10015标准适用于涉及有关培训的问题时,可协助企业组织有可遵循、参考的指南。当ISO9000质量保证(QA)和质量管理(QM)标准体系中提到有关"教育"及"培训"时,该标准可作为释疑的指南。ISO10015的功能性与概念,如表3.8所示。

表 3.8　ISO10015 的基本概念

ISO10015 培训管理标准	
应用层面	个体层面 中介层面
标　　的	改善组织绩效,确保合适的应用培训资源 提升培训功能的效率与效能
范　　围	培训系统 培训产品
架　　构	建立在戴明(Deming)的 PDCA 循环圈基础
效　　益	具有顾客导向的培训功能 更有效的培训服务 较高的培训报酬投资与改善组织绩效

资料来源:黄春长等(2006)。

ISO10015培训管理标准是要提升企业培训员工的工作竞争能力保证,并使企业的培训需求在企业战略的导引下,不断更新进行企业培训需求分析及课程的调整工作。由于ISO10015要求在培训价值链的每一个行动步骤上需提出证明文件,因此相关的培训材料、数据及相关细节的信息都可以用来进行政策的研究。另外ISO10015应用在中介层面可以缩短劳动力市场供需之间的落差,并作为制定企业培训政策时的回馈机制。

ISO10015 之所以能够确保培训的有效性,是因为此体系的主要精神在于鼓励企业进行影响组织绩效的关键因素分析,并运用有效的训练需求调查方法连接组织需求与训练学习活动;同时,ISO10015 管理体系亦相当重视培训成效的展现。当然要评估培训的效果,也要有相关的稽核机制,ISO10015 的稽核重点会针对以下的部分进行评估,以确认整体的效能。钱慧如(2006)所写的《ISO10015 与培训价值创新》一文中列出稽核的重点项目,例如:

- 培训的管理系统是否有助于企业组织的目标达成以及客户的期望?
- 是否具有适当的工具进行培训需求分析以决定培训的需求?
- 训练需求的分析是否包含组织、部门及个人三个层次?
- 是否有适当的机制以确保培训的投资报酬?
- 是否与人力资源系统结合?
- 是否有适当的机制以确保训练与 HR 人员具有足够的核心职能?
- 当工作流程、技术、产品改变时,是否有立即的训练回馈机制?
- 是否有适当的机制与工具以正确地定义及厘清核心职能的差距?
- 是否有适当的机制与工具以评估训练后核心职能的达成?
- 是否选择了适当的训练供货商?

由上面的稽核项目来看,ISO10015 质量管理体系不再是仅以教育训练的 PDCA 作业(Plan, Do, Check, Action)作为稽核的重点,而是以企业营运绩效的观点,来加以检视培训管理工作的必要性与有效性,从人力资本战略的角度与组织整体的效能关联,最终以提升总体组织的营运绩效,跳脱了以往的单一部门职能运作的观点。

组织绩效无法达成而产生绩效差距一般来说可以分成五大因素,包括:不良的或瑕疵的材料/零件、不良或无效的设备、低绩效的人力资源、不良产品(无市场需求)、不充足的财务资源等。其中造成低绩效的人力资源可能导因于不适当职能与技术的人力资源,因而必须藉助对在职员工的培训以增强组织人员的职能。为组织绩效差距分析,从人力资源的方面进行推论:绩效差距问题是来自于低绩效的人力资源,而低绩效的人力资源问题又来自于不适当的技术与职能的人力资源,不适当的人力资源来自于没有提供合适的培训。当找出根本原因之后,就进入到培训流程的循环,包括培训分析、规划、输送、评估,说明如何分析组织绩效落差导引出对训练的需求,如图 3.6 所示。

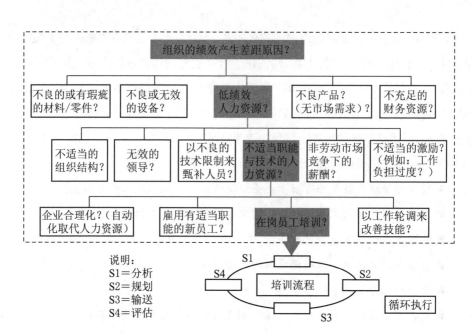

资料来源:黄世忠(2002)。

图 3.6　组织绩效差距分析图

　　对产业发展而言,ISO10015 标准均可成为该产业的培训指导原则;对企业组织而言,可藉 ISO10015 标准所提供的模式与规范,结合组织本身的营运特点及现状,以发展出专业知识、技能的标准操作质量控管流程。由于实施 ISO10015 标准能使组织的培训与人力资源发展作实务性的结合,并分析现有的组织人员能力状况、能力差距,通过培训组织人员来提升员工的能力,反映在企业所提供的产品质量以及服务质量达到符合客户要求的标准,从而完成组织最终的绩效目标。从管理发展角度来看,不论是各行业的组织培训或人力资源部门以及相关的培训机构的发展模式与特性,ISO10015 标准的验证比较适用于追求人力资源卓越绩效目标计划的大型企业集团或中大型企业,以及专业性的培训机构。在全球化经济驱动下,组织内部人力资源的质量与工作态度、敬业度(Engagement)都是组织营运绩效与竞争力能否持续的关键。当然小型企业若想要推动培训体系标准化,在资源与人力都相对有限的情形之下也可以制定相关的管理制度从基本的项目进行推动与执行,也可以达到应有的效果。

专业名词速记

新进人员培训（New Hire Orientation）

是指专门为新进入组织的同仁所设计的培训计划。

在职培训（On-Job Training）

在工作当中进行培训，工作与培训同时发生。

脱产培训（Off-Job Training）

指一般非在职培训的培训课程，上课地点不在工作地点，如培训教室、会议室或公司外。

工作教导法（Coaching）

让培训学员在工作执行的过程中进行学习，达到对培训学员所设定的预期效果。

工作轮岗法（Job Rotation）

系统地将培训学员安排到不同的工作岗位上进行培训，学员可以历练到不同的部门职能与管理方式。

任务指派法（Special Assignment）

刻意地安排培训学员参与公司的专门项目、经营管理会议、企划案或是特定的工作项目。

学徒训练法（Apprenticeship）

是一种学习与实践同时进行的培训方法。

角色扮演法（Role Play）

由参与学员进行不同的角色扮演，尽量地揣摩所扮演角色的心态与观念。

个案讨论法（Case Discussion）

以研讨会的方式进行，参与学员依据个案的内容进行具体而实际的意见发表。

模拟演练法（Method of Simulation Exercise）

将实际工作内容或是程序以仿真的方式进行演练。

培训小组法（T-Group）

培训的重点在于强化参与小组成员的团体行为模式以及沟通技巧。

企业游戏法（Business Game）

将企业的整体运作实务，以游戏方式进行模拟操作，以了解企业整体的经营状况。

公文筐培训法（In-Basket）

将培训学员置于特定职位或管理岗位的模拟环境中，由培训者提供一批该岗位经常需要处理的文件,要求培训学员在一定的时间和规定的条件下处理完毕。

拓展培训法(Outward Development)

是一种让参加者在不同平常的户外环境下,直接参与一些精心设计的程序,继而自我发现、自我激励,达至自我突破、自我升华的新颖有效的训练方法。

柯氏培训评估模型(Donald L.Kirkpatrick Model)

柯克帕特里克将培训评估层次分为四个阶段:反应评估阶段(Reaction)、学习评估阶段(Learning)、行为评估阶段(Behavior)、结果评估阶段(Result)。依据不同的评估阶段进行培训效果的检验。

菲利普斯五级评估模型(Jack J.Phillips ROI Model)

在柯氏四级评估模型的基础上又增加了第五级投资回报率。从人力资本投资报酬的观点,应该要进行投资回报率评估的层次。第五级投资回报率的评估重点是将培训所带来的货币利润与成本进行比较。

员工发展体系(Employee Development System)

通过明确各类岗位的能力定义与工作能力要求,为员工确立组织内部发展路径和方向,使得组织成员对自身的职业发展有所了解。

双通道职务发展路径(Two-Way Career Development Path)

依据员工个人的发展意愿,组织内部规划管理职务以及专业类职务发展路径。

内部讲师培训(Internal Instructor Training)

企业内自行培训的专业讲师,作为内部培训讲师的人才储备。

ISO10015(International Organization for Standardization 10015)

是国际标准组织在 ISO 一系列的规范中,唯一针对人力资源管理的训练发展中进行规范的标准。ISO10015 体系的主要目的是检视企业内部在员工发展方面如何藉由培训的过程,达成组织及营运计划的目标。经由改善组织的培训程序,提升企业所提供的产品及服务的质量,进而增进组织的营运绩效。

第 4 章
薪酬管理实务

Functional Administration To Business Partner

4.1 薪酬管理的意义与范围

4.1.1 薪酬管理的意义

薪酬管理是人力资源管理中的一环,也是员工相当重视的一项议题。薪酬的问题与组织的整体运作效率有关,并会产生关键性的影响力。薪酬制度的设计良好与否往往又影响到人力资源的招募与留用、员工绩效管理、员工发展与技能提升、组织文化塑造、组织效能提升、组织营运成本效益等多方面的议题。从企业的角度来看,其目的是运用薪酬管理的方法与制度来获取员工最大的投入与向心力;从员工的角度而言,薪酬获得除了满足基本的生活与生存要素外,也是员工评估企业及决定去留的重要考量因素之一。

事实上,自从人类社会开始了解使用劳务换取报酬,薪酬议题就一直是社会科学领域不断被探讨的主题之一。据文献记载,四千年前的汉摩拉比法典条文中就有对于最低工资的规定,也显示当时的巴比伦人对于薪酬非常重视,并将其在法律条文中加以规范。

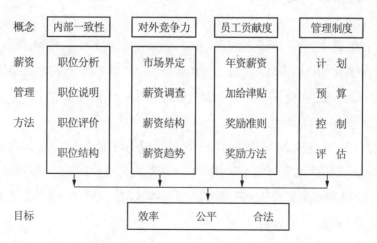

资料来源:Milkovich & Newman(1987)。

图 4.1 薪酬管理基本决策理论架构

图 4.1 可以说明薪酬管理的基本概念包含了内部一致性、对外竞争力、员工贡献度以及管理制度。而在基本概念的范畴中可以运用不同的管理方法,例如在内部一致性方面可以进行职位分析、职位说明、职位评价、职位结构设计;在对外竞争力方面,可以进行薪资调查、薪资结构设计、薪酬趋势分析等。

薪酬对于个人、企业组织以及社会都有各自不同的意义。就个人而言,薪酬所代表的实质意义是指员工为了维持生活所需提供劳务服务所获得的财务性报酬;而对于企业组织而言,薪酬是企业支付员工所提供劳务的报酬,员工所提供的劳务服务与工作报酬之间存在着对价关系,薪酬不仅是成本,也是企业获取竞争优势的手段。从社会的角度来看,薪酬会影响社会财富的分配,薪酬给付的水平与劳务提供者的服务价值相匹配的程度,代表社会的交易是否公平。所以薪酬的概念,不仅是单纯的员工薪资、企业营运成本,还包括了社会上的交易现象以及所得分配的内涵。

4.1.2　薪酬管理的范围

1. 工资与薪资的差异

在现代企业的分配制度中,对人力资源实行的是工资制,对人力资本实行的是薪资制。前者是由人事部门决定的,后者则是由董事会直接决定的。工资(Wage)是人力资源因为提供了劳动服务而得到的回报,也是最基本的报酬形式。工资是劳动者劳动收入的主要部分,是具有法律意义的劳动者报酬。而薪资(Compensation)是人力资本作为资本享受的回报,是最宽泛的一个企业报酬概念,范围包括:第一,直接货币报酬,工资、薪水、奖金、佣金和红利;第二,间接非货币报酬,以福利,保险等间接、非货币形式支付的物质报酬。区分工资和薪资两个不同的概念,在企业实际操作中的意义表现为:通过实行不同的分配制度,达到吸引人才、留住人才的目的。

(1) 工资(Wage)。

关于"工资"的定义,权威说法有两个,一是商务印书馆《现代汉语词典》中的"工资",指作为劳动报酬按期付给劳动者的货币或实物;二是《工资支付暂行规定》中的"工资",指用人单位依据劳动合同的规定,以各种形式支付给劳动者的工资报酬。目前为大众所理解的"工资"有三种意义:

① 工资是劳动报酬的货币形式;

② 工资的依据是劳动合同;

③ 接受工资的主体是劳动者(劳动者应该包括所有雇员)。

(2) 薪资(Compensation)。

与工资(Wage)不同,薪资(Compensation)一般被用来指雇员的一揽子整体性薪资,即除了上面所说的薪水外,还包括种种奖励、红利、福利以及其他收入等。Compensation 的直译是某种补偿,在人力资源管理的语意中有两个层次的涵义:

其一,在人力资源管理的理念中,员工具有双重性质:一方面,其本身是劳动力商品,具有商品的市场价格;另一方面,员工本身被视为人力资本的占有者,而既然是资本,就必然要求分得资本的利润。所以在此情况下,员工得到的不仅有相当于劳动力市场价格的薪资,还有资本性的收益。此外,企业还要支付员工的法定社会保障费用即法定福利,这部分支付是固定不变的。这三者之和构成了对员工劳动或服务的全部补偿。

其二,薪资反映的只是静态情况,而劳动力市场是动态的,买卖双方都处于不停的博弈过程中。当前世界,以知识为生产力主导要素的经济模式正在大范围地取代传统经济,增长不再主要依靠物质资本,而是知识资本或者人力资本。因此,对高素质人才的需求直接导致企业最终要获得自己需要的雇员,即除了支付正常情况下的静态薪资,还要支付竞价后高出的动态薪资。

目前,国外企业支付的动态薪资主要是除法定福利之外的各种商业福利,如养老医疗保险、父母赡养开支、带薪休假、托儿服务、危重家属帮助计划等。所以,最后员工得到的薪资应该是静态薪资与动态薪资之和。只有最终实现了静态和动态的薪资,作为人力资本占有者的员工才得到了全方位的补偿。通过上述分析,可以了解工资和薪资两者之间的差异性,因为它们对应着不同层次的劳动力价值,而不同层次的劳动力价值不仅在单纯的数量大小上,而且在劳动力价值的构成上也是不同的。工资只适用于简单的、易度量的劳动力商品,它所代表的主要是劳动力商品的市场交换价格;而薪资所对应的劳动力实际上已经不再是普通意义上的劳动力,而是包含了较强资本性的劳动力——也称为人力资本。能够分清楚工资与薪资的概念,对于完善收入分配制度理论研究体系无疑是有益的。

在日常财务会计核算中,常常遇到工资总额、工资薪金和职工薪资三个概念,但多数财务人员往往因概念上的模糊导致纳税调整时混淆了三者的范围。下面从概念、范围、依据三方面进行说明。

(1) 工资总额是统计上的概念。

国家统计局于 1990 年 1 月 1 日发布了《关于工资总额组成的规定》,其中第三条规定,工资总额是指各单位在一定时期内直接支付给本单位全部职工的劳动报酬总额。工资总额的计算应以直接支付给职工的全部劳动报酬为根据。另外,根据《国家统计局关于认真贯彻执行〈关于工资总额组成的规定〉的通知》的解释,直接支付指以货币形式和实物形式支付;全部职工应包括固定职工、合同制职工、临时职工和计划外用工。《关于工资总额组成的规定》第四条明确规定工资总额由六个部分组成:计时工资,计件工资,奖金,津贴和补贴,加班加点工资以及特殊情况下支付的工资。

(2) 工资薪金是税法上的概念。

根据《企业所得税法实施条例》第三十四条规定,企业发生的合理的工资薪金支出,准予扣除。前款所称工资薪金,是指企业每一纳税年度支付给在本企业任职或者受雇的员工的所有现金形式或者非现金形式的劳动报酬,包括基本工资、奖金、津贴、补贴、年终加薪、加班工资,以及与员工任职或受雇有关的其他支出。

(3) 职工薪资是会计上的概念。

根据《企业会计准则第 9 号——职工薪资》第二条规定,职工薪资,是指企业为获得职工提供的服务而给予各种形式的报酬以及其他相关支出。职工薪资包括八项:①职工工资、奖金、津贴和补贴;②职工福利费;③医疗保险费、养老保险费、失业保险费、工伤保险费和生育保险费等社会保险费;④住房公积金;⑤工会经费和职工教育经费;⑥非货币性福利;⑦因解除与职工的劳动关系给予的补偿;⑧其他与获得职工提供的服务相关的支出。

2. 薪酬与福利的关联性

人才是企业获得并保持竞争优势的关键资源,如何吸引人才、留住人才,并培养出一支优秀、敬业、忠诚的团队,是每个企业都急于解决的难题。很明显的,若是企业能够提供优秀人才良好的薪酬福利项目,这在吸引人才方面就会有着明显的优势。因为求职者在求职过程中对不同企业进行对比和选择时,企业所提供的薪酬福利是最容易直观对比和衡量的。而其他因素,如工作环境、工作氛围、上级的重视和认可、个人的发展机会以及良好的企业文化等,只有真实地融入企业中才能切实体会到。薪酬福利管理作为企业人力资源管理的重要模块,同时也是企业员工最关心的企业政策之一,在打造高效、忠诚的企业队伍,促进企业发展的过程中发挥着重要的作用。

　　为了做好人才的留用，组织管理者也越来越重视福利薪酬体系，这一部分主要以服务形式支付给员工，比如员工的社会保险、带薪休假、交通贴补等，这些福利条件对于员工的选择同样非常重要。同行之间为了竞争，给予的福利条件越来越丰厚，比如提供住房、解决子女的入学问题等，这对员工是较大的诱惑。福利薪酬因人而异，对于普通的员工，可能只会有基本的福利保障，但是对于高新技术、有能力的人才来说，福利薪酬的待遇比较高，主要是为了留住有才之人。

　　薪酬是员工因向所在的组织提供劳务而获得的各种形式的酬劳，包括工资、奖金、提成、津贴以及其他形式的各项利益回报的总和。福利是企业基于雇佣关系、依据国家的强制法令及相关规定，以企业自身的支付能力为依托，向员工所提供的、用以改善其本人和家庭生活质量的各种以非货币薪酬和延期支付形式为主的补充性报酬与服务。广义上的员工福利是用人单位举办的，所属员工及其家属按一定的条件享有薪资以外的任何财务给付、实物或服务；狭义上的员工福利是指用人单位对所属员工发生退休、离职、病休、身故、工伤、失业等收入中断期间的收入补偿，或者医疗、康复费用的补偿等。在企业中，薪酬与福利密不可分。员工福利可视为企业薪酬体系的重要组成部分，包括退休福利、健康福利、带薪休假、实物发放、员工服务等；实际上福利制度又是对单一的薪酬体系的补充，它有别于根据员工的工作时间计算的薪酬形式。薪酬福利管理在企业中的作用主要表现在以下几个方面：

　　(1) 吸引人才。

　　薪酬是员工从事生产劳动的物质利益前提，与员工的切身利益密切相关。良好的薪酬福利管理能够保证企业的薪酬在人才市场上具有竞争力，吸引更多更好的优秀人才来为企业服务。

　　(2) 工作能力肯定。

　　对员工为企业所作出的贡献给予的回报。企业内部因部门、岗位的不同，工作量和工作职责大小都会有差别，合理而公平的薪酬制度，不仅可以满足员工的基本生活需求，使员工产生安全感和对预期风险的心理保障意识，减少不满情绪，而且还可以满足员工追求承认、成就等更高层次的精神需求；福利政策为企业全体成员的全面发展以及改善生活环境创造了良好的条件，并且在一定程度上缩小了生活差距，使广大员工对企业产生归属感，有助于增强企业员工的凝聚力，对稳定人才资源、减少人员流失有着重要影响。

（3）权益均等的展现。

员工福利大多是与改善员工的物质文化生活密切相关的内容，每一个人享受的福利机会均等。良好的福利有助于提高员工的工作积极性，促进员工努力达成组织所赋予的目标，激发员工的工作热情。

（4）福利保障的是长远的利益。

通过合理的薪酬福利机制，可将短、中、长期经济利益结合，将员工的发展目标导向企业的发展目标，促进公司与员工结成利益共同体，共同发展。

（5）薪酬福利在企业总成本中占有很大比重。

企业提高薪酬福利水平，势必会直接导致产品的成本增加。同时，人事成本支出直接影响企业的生产力，它关系到企业经济效益的好坏，对企业的发展和盈利具有至关重要的作用。合理的薪酬福利体系能够控制人工成本，提高产品在市场上的竞争优势。

员工在满足生活保健因素后，就应努力满足激励因素。薪酬福利管理应与员工的情感结合，通过薪酬福利管理促进员工工作及生活的幸福指数的提升。全球连锁超市企业沃尔玛的薪酬激励就通过"利润分享""合伙人策略"等方式而实现。沃尔玛公司规定：工作两年以上、平均每年工作一千小时以上的员工，均可参与公司当年的利润分配。因此，企业管理者应善于实施表扬、鼓励等情感激励手段，以达到对员工的尊重，满足其被尊重及自我实现的需求，促使其愿意终身为企业服务。在良好解决员工生活基本状况的同时，还应通过薪酬福利管理制度的合理设置，多元化、多层次地实现员工和企业的共同发展。

案例　Google公司的福利项目规划

在Google工作到底有多好？Business Insider根据在线知识网站Quora整理出在Google工作令人眼红的十四项福利，让大家看看除了令人称羡的薪资，超棒的办公室之外，Google如何让员工乐在工作，并让员工终身以身为Google人为荣。

1. 吃不完的免费食物

员工有吃不完的免费食物，包括早餐、早午餐、还有晚餐，更有数不尽的饮料，且质量都相当好。Google员工觉得这项福利可以省钱省时，且还可以跟同事建立良好关系。

2. 和天才一起工作

Google 是一个让你遇见天才的地方，可以跟 Wikipedia 上的传奇人物一起工作。一名 Google 人表示，他从来没有跟这么多来自不同背景的天才一起工作，且重点是大家都乐于分享，工作得很愉快。

3. 活在未来

参与未来也是 Google 人引以为傲的一件事，他们可以早于一般大众率先使用革命性产品，并提出建议，让他们觉得自己也可以参与改变人类未来生活的产品制作过程，这是非常好玩且感到光荣的事。

4. 24 小时的 IT 后勤支持

Google 的 IT 支持部门不仅 24 小时不休息，连周末假日也一样可以找到他们，如果你计算机坏了可以拿去修，甚至你上班发现忘记带充电器，也可以去借一个。一般科技大厂因为人员精简，IT 支持部门通常都编制不足，员工只能自求多福，因此才让这种本就应该存在的组织编制变成是 Google 才有的福利。

5. 免费通勤专车

免费通勤专车内有 Wi-Fi, Google 员工到哪儿都可以工作。

6. 员工可以带狗去上班

员工说带狗去上班可以让工作场合充满活力，还可以帮他社交。

7. 以人至上的工作文化

员工可以互相给对方按摩点数，让员工在 Google 园区内享受一小时的按摩服务。此外，一名 Google 员工表示他因伤请假了五个月，主管和同事都尽力帮他扛下工作，让他专心养病，充分展现了 Google"以人至上"的工作文化。

8. 新手爸妈都有带薪假

一般公司的新手妈妈可以有六周的带薪假，但在 Google，新手爸爸有六周带薪假，新手妈妈有 18 周，且员工的股票和奖金都不中断。此外，Google 还提供生育金，父母回来上班后，还可以把小孩托给园区内的育婴中心。

9. 如 Google 员工身故，另一半可领十年半薪

员工如果在在职期间死亡，除了保险给付之外，他们的另一半还可以领半薪长达十年之久。Google 每个月还会提供 1 000 美元当作小孩的养育资金。

10. 免费健身房和内部体育赛事

人们在淋浴和运动时常常灵光乍现，Google 鼓励员工多多运动，并在园区内提供

完整设施,此外,办公室也提供滑板车让员工在园区间来去自如。

11. 80 /20 法则让创意不死

Google 希望员工八成时间放在主要工作上,两成时间留给新创的项目,延续公司源源不绝的创意。

12. 风险报酬率高

风险报酬率高也是让 Google 人喜欢工作的原因。Google 员工表示,"我们有不断成长的惊人业务,这代表客户和用户都喜欢我们的产品,这样我们工作稳定性更高。"

13. 每人都可以有三个月留职停薪

员工可以休一次不带薪的长达三个月的假期,医疗保险不会中断。Google 的停薪留职制度跟其他公司不一样的是,他们将停薪留职列为公司的政策,是人人都可以享有的福利。

14. Google 人脉圈力量伴终身

Google 人觉得在 Google 公司工作的最大好处是:一日为 Google 人,终身为 Google 人,人脉力量将伴随终身。

资料来源:黄嬿(2014)。

4.2 职位评价介绍

4.2.1 职位评价的意义与特点

职位评价(Job Evaluation)又称职位价值评估或工作评价,就是在工作分析的基础上,采取一定的方法,对岗位在组织中的影响范围、职责大小、工作强度、工作难度、任职条件、岗位工作条件等特性进行评价,以确定岗位在组织中的相对价值,并据此建立工作职位价值序列的过程。职位评价的结果是组织内部中的某项职位与其他职位的相对价值,最终成为企业内部的职位相对价值体系,反映各职位对企业贡献的相对比率。职位评价是介于工作分析和薪酬制度设计之间的一个环节,它以工作分析的结果作为评价的实施依据,同时职位评价又是科学、合理的薪酬制度设计的理论依据,主要解决的是内部公平性问题,是薪酬体系设计中的一个重要步骤。通过职位评价取得的综合评价结果,是体现企业职位差别的科学依据。将评价结果运用到薪酬制度设计中,使企业的薪酬制度进一步提高员工的能力,调动员工的积极性,提高员工的工作效率是职位评价的最终目的。职位评价的内容主要有两大重点方向:

(1) 划分职位级别,实现同工同酬。

职位评价是对不同岗位的工作进行研究和分级的方法,它所关心的是岗位的分级,而不去注意谁去做这项工作或谁在做这项工作。其核心是给各种不同的工作,按照岗位在整体工作中的相对价值,来确定不同职位的等级,其目标是为了实现同工同酬,即完成同等价值的工作,支付等量的报酬。

(2) 确定各个岗位在组织中相对价值。

职位评价的实质是把提供不同使用价值的产品或服务的具体劳动还原为抽象劳动,进而使各种具体劳动之间可以相互比较,以确定各个岗位在组织中的相对价值。职位评价提供了这样一种技术,它把生产不同使用价值的产品或者提供不同具体服务的各种不同形式的、无法直接相互比较的具体劳动,通过还原为抽象劳动,使它们可以相互比较。具体办法是把各种劳动统统分解为劳动的几大基本要素,再把几大要素分解为若干子因素,然后用统一的衡量标准对各子因素进行分级、配点。最后,用事先确定的衡量标准,评定每一岗位各个子因素的级数和相对价值。

职位评价的最终结果需要经过岗位评价小组的审核确认,个别岗位可能需要进行特殊调整。岗位评价的结果也应该根据企业的发展等客观情况进行相应的修改。在进行职位评价时,一定要明确一个问题,即职位评价是对工作进行的评价,也就是对组织内部的工作岗位所进行的价值评估,而不是针对实际从事这些工作的任职者。因此,一定要将工作岗位的评价和对人的评价区分开来。

由于职位评价着重的是从事该职位工作人员的最佳条件,而非目前在职人员的实际情况,因此,职位评价具有以下三个明显的特点:

(1) 职位价值衡量的是公司所有职位之间的相对价值而非绝对价值。

如果职位价值的结果脱离了企业这个特定的环境,则没有任何意义。

(2) 职位评价结果具有一定的稳定性和可比性。

由于公司发展目标、组织结构、岗位设置等都具有一定的稳定性,因此,职位价值的评估结果也具有相对的稳定性。但随着企业发展战略的转变,公司的流程设计发生变化,进而导致公司组织结构、职位设置、职位工作内容变化,职位的价值也会改变。如果公司只是小范围的调整而导致新增加个别工作岗位,则可以根据以前的岗位价值评估结果,选定一个参照点,具体确定新增职位的职位价值而不需要重新进行评估。

(3) 职位评价的过程中需要运用到一些专业的评价方法。

职位价值评估过程,需要综合运用工作分析方法、组织架构设计、工作流程设计、统计学和信息数据处理等方法。同时,也会运用工作排序法、工作分类法、因素比较法、因素计点法等多种职位价值评估方法,才能对所有岗位作出相对比较客观公正的评估。

一般来讲,职位价值评估的方法可以分为两大类,即基于市场的评价方法和基于工作内容的评估方法。基于市场的评价方法即以目前就业市场的相关薪酬资料来决定职位价值的差异。很多公司选择基于市场的评价方法是因为他们希望制定的工资水平和市场水平相比不会有过大差异,而且也能了解目前市场工作职务的价值水平。而基于工作内容的评价方法则是强调公司内部的工作价值体系,它可以根据每一个职位在组织当中的重要性以及专业程度来建构内部职位价值系统。当然职位评价的目的主要在于评估职务的价值,并且给予合理公平的薪资。除了确认组织目前的结构关系,可将各项职务的关系进行有次序、符合公平性的连结,将职务的关系发展成为阶层的模式,依据阶层建立整体的薪资架构,使员工对于组织内部的职务与薪资达成共识。

4.2.2 职位评价委员会的类型、工作原则与工作内容

职位评价委员会是直接影响职位评价结果的主体,其素质和结构对职位评价的结果有直接的影响。因而必须要求成员有丰富的职位经验,在员工中有一定的权威性,同时要能客观地看问题。由此可见,职位评价委员会的组织构成影响着其功能的发挥。

1. 职位评价委员会的类型

常见的职位评价委员会组织构成有职位评价指导委员会、职位评价实施委员会、分析小组、申诉委员会。以下分别进行说明:

(1) 职位评价指导委员会。

职位评价指导委员会从组织层面对职位评价工作加以指导和把握。职位评价指导委员会成员一般由组织的高层管理人员和工会代表组成,其主要责任就是审查、批准职位评价方案,对职位评价的整个过程加以控制,并适时检查方案执行的进度,同

时承担对所有程序和结果的协调工作。

(2) 职位评价实施委员会。

职位评价实施委员会一般参照职位分析小组提出的建议,依照工作的重要程度进行排序。由于该工作涉及面广,对组织成员影响较大,所以对成员的选择必须谨慎,所选择人员应该取得管理层和工人双方的信任,同时需拥有过硬的技术能力。完成职位评价工作需要大量的时间和精力。因此,所选择的成员应有足够的时间投入评价实施委员会的工作。

(3) 分析小组。

分析小组的组织构成将直接影响到职位评价工作的成效。该小组中需要一位资深的专家负责起草基本方案,并对分析人员和各委员会成员进行适当的培训。通常可以通过聘请外部专家或者咨询公司组建分析小组。各委员会将依照分析小组所提供的数据进行决策。因此,分析小组的领导成员必须对分析结果进行技术层面的解释和评价。

(4) 申诉委员会。

职位评价建立了新的工作架构,无论所采用的评价程序和方法多么严谨和科学,等级的变化总会引起一部分人员对现有评价结果的不满或者反对。可通过申诉委员会来决定有争议的岗位评价是否合适,申诉委员会成员的构成应独立于组织高层而工作,以便体现所作出决策的公平性和公正性。

2. 职位评价委员会的工作原则

(1) 战略性原则。

职位评价委员会的工作必须从组织的战略目标及实际现状出发,选择能促进组织生产和管理工作发展的评价方案。由于市场环境的不断变化,组织中同一职位对组织的贡献大小也发生变化,因此组织的价值也将随之不断变化。例如,当组织处于创业期时,组织的战略方向锁定在市场开拓上,此时对组织价值贡献最大的职位将是市场销售或者开拓岗位,组织内的各项制度和策略将向之倾斜。因此,在职位评价委员会的工作过程中必须保证组织战略目标的实现,在做出决策时必须与组织战略一致。

(2) 员工参与性原则。

职位评价委员会的工作面向整个组织,是对组织的一次变革。在这个过程中,势必影响到员工的利益。因此,职位评价委员会的工作必须得到整个组织成员的支持,简单地认为职位评价委员会的工作是服务于组织高层的做法,将会出现适得其反的结果。由于岗位评价结果与员工收益相关,同时员工本人也是对本职工作最了解的人,因此,让员工适当地参与到职位评价委员会的工作,不但可以增加透明度和公正性,也有利于提高结果的合理性,同时还有利于员工对职位评价结果的认可。

(3)标准化原则。

在职位评价过程中,同一组织内不同工作间的评价体系、评价方法和评价程序存在差异,职位评价委员会应对上述内容做出统一规定,以此作为评价工作中共同遵守的准则和依据。在这个过程中将会涉及要素选择的统一、要素分级的统一、评价方法的统一和数据处理的统一等内容,以此保证评价工作的公平性和可比性。

(4)实用性原则。

组织都有其自身的特点,对于一个组织而言,最先进的职位评价体系并不一定是最好的。建立一套科学的趋于完美的职位评价体系是岗位评价委员会所遵循的首要目标。但要实现或者达到这种水平,可能需要大量详实的数据收集和众多专业人员的参与,需要较长的时间和大量资金的支持。因此,职位评价委员会在工作过程中需着眼于组织的实际情况,选择能满足自身组织岗位评价需要且实用有效的方法或者体系。

(5)公开原则。

职位评价委员会的工作决定了职位在组织中的地位和贡献大小,同时影响员工的收益。如果在工作结果未经公开的情况下,就开始在组织内部进行调整,势必引起员工的广泛猜忌和不满,将严重影响员工的工作积极性及对组织的满意度。因此,职位评价委员会的工作必须向组织中的所有受到影响的员工公开。同时,公开工作成果可以帮助员工加深对组织战略目标和价值取向的理解和认同。

3. 职位评价委员会的工作内容

职位评价委员会是评价工作的组织与执行机构,在进行职位评价前,都应该建立相应的职位评价委员会。职位评价有科学的评价标准、评价指标和评价方法,但其并非完全精确、科学,而是依赖于人的判断。在具体的评价过程中,需要由人对职位进行判断和评估。因此,职位评价会不可避免地出现一些主观判断上的错误。职位评价委员会的工作是为了保证职位评价工作尽可能做到科学,减少人为因素在职位评价过程中的影响。

职位评价委员会的主要工作是根据职位评价方案对所有职位进行评价,并负责处理员工对评价结果的申诉处理和职位评价的日常维护。职位评价委员会对职位的评价一般在员工自评以后进行。由于职位评价确定的是职位的价值排序,将在组织内建立一个新的职位结构,这个职位结构体现的是职位在组织中的相对价值,是建立新的工资结构的基础,因此需要一个客观公正的机构做最后的评价。职位评价委员会以一个统一的尺度对所有职位进行评价,最大限度地降低偏差,保证最后结果的公正性,同时也提高组织对职位评价结果的可接受性。委员会以集体商量的形式,依据评价指标、评价标准,把握尺度对所有职位逐一进行评价。对评价结果进行数据处理后,按照职位的分类、职位分档进行处理并形成整个组织的职位评价文件,包括新的职位价值结果、各序列职位结果、每个职位的分级情况等。

建立了新的职位体系后,员工的职位结构会发生变化,由此员工可能会产生疑问,为此职位评价委员会应建立相应的申诉受理程序,由员工依据上述程序向职位评价委员会提出自己的意见。职位评价委员会对员工的申诉进行处理,并作出相应的解释。如果员工的申诉意见正确合理,还需要对职位评价结果进行调整,重新制定职位评价文件。

4.2.3　职位评价的方法

职位评价的方法可以区分为非量化法(Non-Quantitative Method)以及量化法(Quantitative Method)。非量化方法是指评估每一项工作在总体工作中的重要性,将工作与工作之间进行比较或将工作和预定的标准进行比较。量化方法是为了改善非量化方法本质上的定义而产生,其主要特点在于找出实际与工作有关的工作因素作为评价标准,并以客观的数量化方法进行职位评价。量化方法会设计一套等级尺度系统来确定某个职位的价值比另一个职位的价值高多少或低多少。

职位评价的方法主要有五种:排序法、分类法、市场定价法、因素比较法和因素计点法。前三项方法一般称为“非解析法”,后两项方法称为“解析法”。两者的主要区别是前者对职位进行整体性分析评价,没有将职位细分为若干要素进行评价;而后者则是对职位的影响因素细化,按照影响因素进行分析评价。不论采用非量化方法或是量化方法,职位评价的重点都在于评定某一职位,据以确定该职位或任务对企业组织相对的贡献度与价值。前述各种评价方法有的是以工作和工作作比较,有的则是以工作和标准作比较。基于组织规模大小、工作职位多寡、复杂性与困难度不同,这些方法适用的对象也不相同。

一般来说,适用非计量法的企业组织,通常工作明确、职位少、较不复杂或资源有限,同时,对于企业内所有工作都具有相当程度的了解;如果企业组织内工作且职位多,就不适用此类评价方法。例如:规模小的企业组织,使用排列法时,是将公司内所有的工作一一排列比较;至于规模稍大的企业,其工作职位多且分属不同部门,使用排列法时,需先就各部门内的工作进行排列,再将各部门的排列结果并在一起重新排列,此时使用排列法非但不精准,而且不容易进行。采用分类法的企业组织,通常技术层级不多、较不复杂:如果企业内工作技术层级多、复杂程度高,就不适用此种评价方法。市场定价法则以劳动市场薪资水平为参考依据,与工作内容没有太大关系,通常较适用于新设立的小型企业组织或组织规模较小的机构。因素比较法虽可适用于各式各样的机构,但较适合运用在工作种类较少的企业组织,且以工厂或蓝领阶层的职业最为适宜。因素比较法的普及性比非计量的排列法与分类法高,仅次于因素评点法。因素评点法因具备较完整的客观评价系统、准确度较高,故被多数企业在进行职位评价时使用。以下针对不同的职位评价方法在施行上的步骤加以介绍。

1. 排序法

排序法(Ranking Method)又称列比法。简单而言,就是评价者首先对职位说明书进行审查,然后根据每项职位对于公司的价值重要性进行排序。在运用排序法时,评价者需要对评价的职位内容很熟悉,否则不可能做出准确的判断。排序法可以划分为三种类型:直接排序法、交替排序法以及配对比较法。

(1)直接排序法。

简单地根据职位的价值大小从高到低或从低到高对职位进行总体上的排序。

【案例4.1】 某建筑设计公司共有六个工作职位,分别是总裁、设计师、高级技师、助理、技师、首席建筑师。如果以工作的重要性与困难度来排序依据就是总裁—首席建筑师—设计师—高级技师—技师—助理。这就是排序法在职位评价中非常简单的应用。

表 4.1　直接排序法的职务重要性

	总　裁
重要性高	首席建筑师
	设计师
	高级技师
重要性低	技　师
	助　理

资料来源:作者整理。

（2）交替排序法。

交替排序法的步骤如下:首先从待评价职位中找出价值最高的一个职位,然后找出价值最低的一个职位;之后再接着从剩余的职位中找出价值最高的职位和价值最低的职位;如此循环,直到所有的职位都被排好顺序为止。

【案例 4.2】　某公司的职务重要性如下表所列:总经理是最高的职位,而最低的是总台行政助理;次高的是营销部副总经理,次低的是行政总务专员……依据此种方式进行交替比较,最终排好所有职位的顺序。

表 4.2　交替排序法的职务重要性

排列顺序	职位价值高低程度	职位名称
1	最高	总经理
2	次高	营销部副总经理
3	较高	财务会计总监
…	…	…
3	较低	仓库管理主管
2	次低	行政总务专员
1	最低	总台行政助理

资料来源:作者整理。

（3）配对比较法。

一对一的比较可以用符号或是配分的方式列出重要性。首先将每一个需要被评价的职位都与其他所有职位分别加以比较,然后根据职位在所有比较中的最终得分来划分职位的等级顺序。评分的标准是,价值较高者得一分,价值较低者失一分,价值相同者双方都得零分。从实质上来看,配对比较法类似于通过循环排名次的做法。

【**案例4.3**】 某建筑设计公司共有六个工作职位,分别是总裁、设计师、高级技师、助理、技师、首席建筑师。比较方式为:总裁分别与首席建筑师、高级技师、技师、助理、设计师进行比较,相对重要性高的就给予一个符号或是分数,最终统计总次数或是总分数,次数越多或分数越高的就代表重要性越高。

表4.3 配对比较法的职务重要性

	总裁	首席建筑师	高级技师	技师	助理	设计师	总计
总裁	—	×	×	×	×	×	5
首席建筑师	○	—	×	×	×	×	4
高级技师	○	○	—	×	×	○	2
技师	○	○	○	—	×	○	1
助理	○	○	○	○	—	○	0
设计师	○	○	×	×	×	—	3

资料来源:作者整理。

2. 分类法

分类法(Classification)也称分等法或是订等法,是通过界定职位的等级来对职位进行描述和分类的评价方法。分类法是以整个职位作比较,先订定职位的等级说明,再将各个职位与预先制定的等级标准作比较,归入与等级说明最相近的等级内。通常情况下,企业中的职位类型越多,职位之间的差异越大,需要的职位等级就会越多;反之,就会比较少。此外,企业对职位等级设计的战略思路也会影响企业内部的职位等级数量。例如,传统的金字塔组织结构非常强调组织内部的等级以及官僚结构,因此,职位等级的划分会比较细。而在现代薪酬宽带理念的企业中,职位等级划分则不那么细致,只要能够大体反映职位之间的差异即可。这种评价方式中企业更重视的是员工的工作能力,而非职位本身的细微价值差异。

职位等级定义通常是对职位内涵的一种较为宽泛的描述。它要达到的目的是可以被分配到该等级中的职位所承担责任的性质、所承担职责的复杂程度以及从事该等级中的这些职位上的工作所需要的技能,或者职位承担着所应当具备的特征。职位等级定义的编写可以较为复杂,也可以较为简短。在编写职位等级定义的时候,通常需要阐述不同职位等级所需要具有的特征,例如职位内容概要、所承担的责任、所需具备的知识水平、技能要求、所接受的指导与监督等。将每一个职位的完整职位说明或者工作描述与上述相关职位等级定义进行对比,然后将这些职位分配到与该职位的情况最为贴近的职位等级中,直至所有的职位都被分配到相应的等级。

分类法最大的特色是依据等级来分类,首要之事是决定等级数目作为评价的尺度,针对不同的职位赋予不同的等级。在组织中,一种分类法无法同时适用于生产部门、行政管理部、业务部等不同部门,因为如果同类型而差异颇大的职位混合评价时,就无法确实为等级定义。

表 4.4　职位等级说明——间接人员

等级	定　　义
1	直接接受指导、监督,按照指示方法、步骤进行简单、固定、重复性作业,不需要作任何的选择与判断
2	接受具体的指导、监督,按照既定规程、基准、惯例,进行日常性、例行性的、固定业务。工作处理必须加以选择判断,偶有发生非例行事项,其处理方式须按照指示进行
3	接受一般的指导、监督,参考在学校所学的原理、原则,以既定的规定、基准、惯例,进行固定业务。工作处理需要自己选择判断的情形较多,偶发的非固定事项则按照指示的重点处理
4	接受一般的指导、监督,参考在学校所学的原理、原则,进入公司后从业务中习得各种处理方式。以既定的规定、基准、惯例,业务程度复杂程度高。工作处理需要自己选择判断,交涉的情形相当多,偶发的非固定事项,要能自行提出对策,也要按照指示的重点处理
5	接受一般的指导、监督,参考在学校所学的原理、原则,以及在业务中所习得各种处理方式。以既定的规定、基准、惯例,业务程度复杂度相当高。工作处理需要自己选择判断,交涉的情形相当多,偶发的非固定事项,要能自行提出对策,也要按照指示的重点处理

资料来源:黄超吾(2004)。

表 4.5　职位等级说明——办事员

等级	定　　义
1	简单工作,没有监督责任,不需要与公众人员往来交际
2	简单工作,没有监督责任,需要与公众人员往来交际
3	中度的工作复杂性,没有监督责任,需要与公众人员往来交际
4	中度的工作复杂性,有监督责任,需要与公众人员往来交际
5	工作复杂度高,有监督责任,需要与公众人员往来交际

资料来源:常昭鸣等(2010)。

美国联邦政府利用工作分类法,将文书、行政、科技和专业人员的工作分成十八个等级(即一般分级表)。各个等级以工作的困难度、所负责任、任用资格,以及所受督导程度等四个因素作为划分标准。在工作等级划分的内容中有些关键用词是用来区分各个等级的关键,如表 4.6 所列。

表 4.6　美国联邦政府工作分类制度区分等级的关键词

等级	困难程度	责　任	资　格	督导与判断
1	最简单的例行工作	—	初级的工作	—
2	例行性工作	—	需要某些训练或经验	受到立即督导,使用判断程度有限
3	稍微困难的工作	负少许责任的工作	需要某些训练或工作知识	受例行或一般性督导
4	中等困难的工作	负中等责任的工作	适度训练有良好的工作知识	受一般性督导,依政策和程序作独立判断
5	困难的工作	责任大的工作	有广泛的工作知识	受一般性督导,在一定范围内作独立判断
6	困难的工作	责任大的工作	特殊复杂的事物需要相当的训练	受一般性督导,作独立判断

资料来源:常昭鸣等(2010)。

【案例 4.4】　某公司将工作分为三类,根据工作分类法将第一类的薪资定为 3 000元,第二类的工资定为 6 000 元,第三类工资定为 15 000 元。第一类的工作特性主要是例行性与操作性的工作,第二类的工作特性为专业性与技术性的工作,第三类的工作特性主要为经营决策性工作。若依据此工作分类的方法,若公司现有一位运营总监级人员,则该人员薪资就会归类在第三类别经营决策性工作,工资为 15 000 元。

3. 市场定价法

市场定价法(Market Pricing Method)即以劳动市场同业的薪资水平来订定工作的薪资率。通过市场薪资调查以建立薪等薪幅,再将组织内各职位分别归等。其实施步骤是进行市场薪资调查时,须先决定调查内容,包括薪资范围(最高及最低);接着选择关键性工作及调查对象。

所谓的关键性工作,实务上常常以公司最高职位及最低职位作为主要参考。至于调查对象,通常以企业组织所在地具有竞争性的相关组织为对象。如果对象太多,则以具有代表性的几家企业组织为标的,进行薪资调查。取得市场薪资数据后,评价人员即依企业组织内部职务与市场薪资职务进行比对,并建立或调整薪等及等幅,最后再将各职位分别归入适当等级。

进行市场评价法,首先要确定公司的薪酬政策(Compensation Policy),与外界薪资调查结果作模拟,并确立本身在薪资市场的定位,是否符合内部的薪酬政策。薪酬政策有主位、中位及随位政策的差异。公司的薪酬政策在于:薪资架构水平与市场薪资水平相比较,也就是内部评价近似、归类同等的职务,在所属薪资架构中薪等的中点值,与薪资市场类似职务的给薪平均值之间,二者的差距关系,如果采用主位政策,表示薪酬水平应在市场给薪平均水平之上,如果采用中位政策,表示薪酬水平应在市场给薪平均水平,如果采用随位政策,表示薪酬水平应在市场给薪平均水平之下。所以薪酬政策的等中点值选取,是薪酬架构形成的起点,薪酬政策的中心,连结各等的等中点就是薪酬政策的趋势线,每年等中点的调整幅度就是薪酬架构政策。

运用市场定价法,需要建立薪酬的结构;而建立薪酬结构,又需要应用薪资等幅、薪资等距等要件。

(1) 薪资等幅(Salary Span)。

各职等中的最高薪(Maximum)减各职等中的最低薪(Mimimum)再除以各职等的最低薪的百分比。薪资等幅的计算公式为:

$$\frac{各职等最高薪-各职等最低薪}{各职等最低薪}\times100\%$$

(2) 薪资等距(Midpoint Progression Rate)。

薪资等距即相邻的上一薪等中点减下一薪等中点再除以下一薪等中点的百分比。其计算公式为:

$$薪资等距=\frac{上等薪中点-下等薪中点}{下等薪中点}\times100\%$$

(3) 薪等重迭(Over Lap)。

等重迭是指相邻两职等下一职等与上一职等的薪资等幅彼此相同的部分,也就是下一职等的最高薪减去上一职等的最低薪,再除以下一职等的最高薪减去下一职等的最低薪之间的差距。其计算公式为:

$$薪资等重迭=\frac{下一职等最高薪-上一职等最低薪}{下一职等最高薪-下一职等最低薪}\times100\%$$

可按照上述设计方法,从同行业之间搜集薪酬数据,然后进行薪酬架构设计,作为企业自身的岗位薪酬依据。数据分析的方法有的是用线性回归分析法、最小平方法,也有使用指数型回归分析法,不论是采用何种方法,都应该依据搜集样本数据的特性采用符合的方法论进行数据分析。找出薪酬回归线之后就可以进行职等与薪酬关系的设计,再对照不同的岗位进行薪资级距的设计。

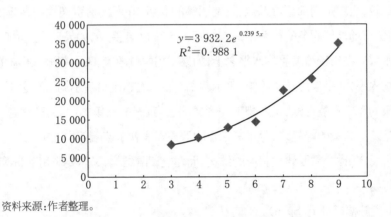

资料来源:作者整理。

图 4.2　薪酬回归线模型

由于这种方法依劳动市场薪资水平而定,与工作内容及价值无关,因此,有些人主张不应该将其视为职位评价方法。但是因为此项方法贴近薪酬的真实情况,实务上仍然有不少的企业将此种方法作为决定职位价值的模式,主要的原因就是操作的便利性。

4. 因素比较法

因素比较法(Factor Comparison Method)是由 Eugene Benge 与其同事于 1926 年发明的。在因素比较法中,需要评价者首先获得基准职位的市场薪酬水平;然后将其分解到各个报酬要素上去;随后,通过对被评价职位的各个方面与基准职位的各个方面分别进行比较,估计出被评价职位在每一方面的货币价值;最后以货币为单位直接确定不同职位之间的相对价值顺序。

因素比较法是先确定职位评价的因素和关键工作,再用评价因素和关键工作制成工作分级表,最后以此表为尺度给其他工作定位的方法。它是对排序法的改进。排序法是对工作的相对价值作总体性的评估,因素比较法则选择多种报酬因素,分别排列,按照每种报酬因素的评估结果确定报酬因素标准,最后把每种工作所有报酬因素加总,确定该工作的报酬水平。实际上,因素比较法将职位评价和市场薪酬调查结合在一起,直接完成了薪酬等级以及薪酬水平的确定。

【案例4.5】 某公司依据工作特性选定了四项工作因素作为职位评价的方法,四项因素分别为技能、责任、经验、环境。公司目前有四项工作分别是 A、B、C、D。在技能类因素的重要性排列分别为:A—B—C—D。在责任类因素的重要性排列分别为:B—A—D—C。在经验类因素的重要性排列分别为:B—A—D—C。在环境类因素的重要性排列分别为:B—A—D—C。括号内代表的是工作 A、B、C、D 在各项因素所给予评估的价值。因素与价值如下表所示。

表 4.7 因素比较法表列

	技能	责任	经验	环境
排	A($ 8)	B($ 4)	D($ 4)	C($ 12)
列	B($ 6)	A($ 3)	B($ 3)	A($ 9)
顺	C($ 4)	D($ 2)	A($ 2)	D($ 6)
序	D($ 2)	C($ 1)	C($ 1)	B($ 3)

依据因素比较法的职位评价方法,就可以得到 A、B、C、D 四项工作的价值。

A 工作价值 = 8 + 3 + 2 + 9 = $ 21

B 工作价值 = 6 + 4 + 3 + 3 = $ 16

C 工作价值 = 4 + 1 + 1 + 12 = $ 18

D 工作价值 = 2 + 2 + 4 + 6 = $ 14

5. 因素计点法

因素计点法(Factor Points)是定量化的评估方法,是在选定职位主要影响因素的基础上,采用一定的分值(点数)表示每一因素,并按预先规定的衡量标准,对现有职位的各个因素逐一评比、估价,求得分值,然后将职位每项因素的分值加总,最后得到各个职位的总分值,并作为判定不同工作相对价值大小的依据。

在确定评价要素后,根据公司的业务内容和对不同要素的重视程度,确定这些要素在职位评价过程中所应占的比重,然后将各个要素划分为重要程度和难易程度不一的几个等级,并给各等级赋予不同的点数,形成要素评价标准表,然后进行职位评价。

因素计点法的最大优点就是其科学性、客观性、准确性及由此所带来的相对公平性。另外,一旦评价系统设计完成,使用起来也十分方便。其缺点是职位评价系统的设计比较困难,专业性强,工作量大,较为费时费力。因素计点法是目前国内外企业普遍使用的一种职位评价方法,一般的组织都可以使用此方法进行职位评价,但其复杂性和成本偏高。因素计点法的程序步骤如下:

(1) 确定评价要素及其权重。

一般来讲,可以把对工作的影响因素分为:责任、知识技能、努力程度、工作环境四大要素,当然企业也可以根据自己的具体情况进行适当调整。如美国的纺织企业在进行职位评价时,把评价要素分为个人条件、工作类别、工作环境、工作责任 4 大类,其权重分别为:个人条件占 40%,工作类别占 15%,工作环境占 15%,工作责任占 30%。

(2) 拟定评价因素等级数目与等级描述。

拟订评价因素等级数目时,应考虑该组织所欲适用的评价职位多寡来决定其数目,该数目必须能容纳所有被评价的职位。过多的等级而没有相对的职位,或者过少的等级数而无法区分职位差别,皆为不妥。等级数目确定后,即应着手撰写每一个等级的定义并配予点数。适当的等级定义,明确的文词描述,有助于评价委员评断,且可避免偏差或争议。

(3) 决定总点数与分配各等级点数。

总点数的决定,须视组织内职位数目多寡而定。当职位的数目多时,应有较大的点数,以利于区分各种职位;如总点数不足或过少时,可能产生多数职位配予相同或相近的点数,而不足以区分其差异。总点数决定后,即应依各评价因素等级、权重,而分别配予点数。分配点数时,可以采用下列三种方法:

算数级数法分配:上下两等级间点数差异均相等,例如 5、10、15、20。

几何级数法:以倍数方法来分配,例如 5、10、20、40。

不规则法:无一定规则遵循,依据实际需要进行点数分配。

(4) 进行职位评价。

根据要素评价标准表对各个职位的每一项要素打分,然后将各要素的得分加总,得到各个职位的总点数。评价委员应独自完成评价,不与他人讨论,避免受到他人的影响。

（5）共同讨论评价结果。

当评价委员完成个别评价后，应由职位评价主任委员召集进行讨论，将所有委员的评价结果并列，检视每个职位的评价因素、评价结果并对评价结果作下列处理：

其一，评价结果相同时。

即评价委员们对某一职位某一因素个别评价结果皆相同时，此时由主任委员征询是否有其他异议，如无，即认可该结果。

其二，评价结果有差异时。

即评价委员们对评价结果有各自看法时，由持不同意见的评价委员分别提出理由说明，直至所有评价委员认同并给予相同的评价。如一直僵持不下，无法达成共识时，即由主任委员出面进行协调仲裁，以免评价讨论工作停滞不前。

其三，当各标杆职位所有评价因素的等级、点数经过讨论达成共识后，即可加总各等级相对应的点数，以得到该职位的评价点数。

当前述作业取得共识后，即应将所有评价职位依评价点数排列，检视这些职位分别在垂直关系上与水平关系上是否合理，以避免各个职位讨论时，未能顾及职位间的关系，而产生不合理的相对关系。如发现职位间有不合理的状况时，应就不合理的职位重新讨论其评价结果，直至其水平、垂直关系皆能达成共识。

（6）将评价结果转换为职级或职等表。

根据企业各职位的得分分布的离散程度，将职位划分为若干个职级，作为企业制定工资等级的依据。

职位评价为组织内部的薪酬等级决策奠定了重要基础，是确保组织内部薪酬公平的一个重要工具和手段。排序法、分类法、要素比较法、要素计点法等的评价方法被广泛应用，特别是要素计点法，帮助很多企业、组织建立了适合自己的薪酬体系，也帮助组织在薪酬体系建构方面不断成熟。但是，究竟适用哪一种职位评价方法还是要落实到本身组织的架构，结合公司的战略目标、愿景、使命等情况，作出适合组织本身的决策，找到适合本企业职位评估方法，切实做好职位评估这个工作。

职位评价的目的是在于建立企业职务体系的一套系统化的框架，依据工作的难易程度、责任大小和所需资格条件等基础，决定各项工作的相对价值、评定等级。最终的目的也就是依据评价的结果作为薪酬计算的标准。评价的方法可以依据企业的规模以及复杂程度来决定何种评价方法适用于组织内部。

接下来介绍的职位评价方法是属于比较进阶的评价方法:海式(Hay group)三维职位评价模型与美世(Mercer)的 IPE 职位评价模型。

6.海式三维职位评价模型

海氏(Hay group)职位评价是美国工资设计专家 Edward Hay 于 1951 年开发出来的。其有效地解决了不同职能部门的不同职位之间相对价值的相互比较和量化的难题。海氏职位评价将付酬因素抽象为具有普遍适应性的三大因素:知识技能水平、解决问题能力和风险责任(每一个付酬因素又分别分解为数量不等的子因素)。海氏三维职位评价模型相应设计了三套标尺性评价量表,最后将所得分值加以综合,计算出各个职位的相对价值。具体而言,海氏职位评价要素包括三个一级因素和八个二级因素,一级因素分别为:知识技能水平、解决问题能力、承担的职务责任。八个二级因素分别为:专业技能与实际方法技能水平、管理技能水平、人际技能水平、解决问题的性质、解决问题的思维难度、工作自由度、职务对工作结果造成的影响、职务等级对应的财物金额范围。

(1) 知识技能水平。

智能水平指的是要使工作绩效达到可接受的水平必需的专门业务知识及其相应的实际运作技能的综合,这些知识和技能可能是技术性的、专业性的,也可能是行政管理性的。智能因素包含三个维度:专门知识:对该职位要求的理论、实际方法与专门性知识的了解;管理技能:为达到要求的绩效水平而具备的计划、组织、执行、控制及评价的能力与技巧;人际关系:该职位所需要的主动而活跃的有关激励沟通、协调、培养、关系处理等方面的活动技巧。

(2) 解决问题的能力。

解决问题过程包括考察与发现问题,分清问题的主次轻重,诊断问题产生的原因,有针对性地拟出若干备选对策,在权衡与评价这些对策各自利弊的基础上进行决策,然后据此付诸实施等环节。解决问题的能力可以分解为两个维度:一是思维环境:环境对任职者思维所设定限制的松紧程度,从几乎一切都按规定办的第一级(高度常规的),到只有含混规定的第八级(抽象规定的),此成分共分八级。二是思维难度:解决问题时当事者需要进行创造性思维的程度,从几乎无须动多少脑筋、只需按老规矩办的第一级(重复性的),到完全无规范可供借鉴的第五级(无先例的),此成分共设了五级。

表 4.8　思维环境等级表

思维环境

环境对任职者思维所设定限制的松紧程度。从几乎一切都按照规定办理的第一级(高度例行性),到只有含混规定的第八级(高度抽象化)。

等　　级		说　　明
第一级	高度例行性的	有非常详细和精确的法规和规定作指导可以获得不断的协助
第二级	例行性的	有非常详细的标准规定并可以立即获得协助
第三级	半例行性的	有较明确定义的复杂流程有很多先例可参考并可获得协助
第四级	标准化的	有清晰但较为复杂的流程有较多的先例可参考可以获得协助
第五级	明确规定的	对待定目标有明确规定的框架
第六级	广泛规定的	对功能目标有广泛规定的框架但某些方面有些模糊抽象
第七级	一般规定的	为达成组织目标和目的在概念原则和一般规定的思考下有很多模糊抽象的概念
第八级	抽象规定的	依据商业原则自然法则和政府法规进行思考

资料来源:王小刚(2010)。

表 4.9　思维维度等级表

思维难度

解决问题时当事者需要进行创造性思维的程度从几乎无须动脑筋只需要按老规矩办理的第一级(重复性的)到完全无规范可供借鉴的第五级(无先例的)。

等　　级		说　　明
第一级	重复性的	待定的情形仅需对熟悉的事情做简单的选择
第二级	模式化的	相似的情形仅需对熟悉的事情进行鉴别性选择
第三级	中间型的	不同的情形需要在熟悉的领域内寻找方案
第四级	适应性的	变化的情形要求分析理解评估和构建方案
第五级	无先例的	新奇的或不重复的情形要求创造新理念和富有创意的解决方案

资料来源:王小刚(2010)。

(3) 承担的职务责任。

承担的职务责任是指职务行使者的行动对工作最终结果可能造成的影响及承担责任的大小。承担的职务责任分为三个维度:一是行动自由度。即职位能在多大程度上对其工作进行个人性的指导与控制。行动自由度共分九级,从自由度最小的第一级(有规定的)到自由度最大的第九级(一般性无指引的)。二是职务对后果形成所起的作用。这方面共分四级,第一、第二两级的作用属于间接性的、辅助性的,第三、第四两级的作用属于直接性的、主角性的。三是职务职责。即可能造成的经济性的正负的后果,也分为四级,即微小的、少量的、中级的和大量的。每一级都有相应的金额下限,具体数额视企业具体情况而定。

表 4.10　行动自由度等级表

行动自由度		
职位能在多大程度上对其工作进行个人的指导与控制共分成九级从自由度最小的第一级(有规定的)到自由度最大的第九级(一般性无指引的)		
等　　级		说　　明
第一级	有规定的	此职位有明确工作规程或有固定的人督导
第二级	受控制的	此职位有直接和详细工作指示或有严密督导
第三级	标准化的	有工作规定并建立工作程序并受严密督导
第四级	一般性规范的	全部或部分有标准的规程一般工作指示和督导
第五级	有指导的	全部或部分有先例可依获有明确规定的政策也可获督导
第六级	方向性指导的	有相关的功能性政策需要决定其活动范围和管理方向
第七级	广泛性指导的	有粗放的功能性政策和目标以及宽泛的政策
第八级	战略性指导的	有组织政策的指导法律和社会限制组织委托
第九级	一般性无指导的	基本上依据原则性进行判断

资料来源:王小刚(2010)。

表 4.11　职务对后果所形成作用等级表

职务对后果所形成的作用		
一共分成四级,第一、第二的作用属于间接性的、辅助性的;第三、第四两级属于直接性的、主角性的。		
等　　级		说　　明
第一级	后勤	这些职位由于向其他职位提供服务或信息对职务后果形成作用
第二级	辅助	这些职位由于向其他职位提供重要的支持服务对结果有影响
第三级	分摊	此职位对结果有明显的作用
第四级	主要	此职位直接影响和控制结果

资料来源:王小刚(2010)。

根据海氏系统法的职位评价模型,我们可以进行简单的总结:

其一,职位评价模型由若干要素构成。海氏评估模型由三个要素组成,即"智能水平""解决问题能力"和"风险责任"。

其二,每个要素又有两个以上的维度。海氏评估模型中"解决问题能力"就由"思维环境""思维难度"两个维度组成。

其三,每个维度根据程度不同,又从低到高划分成不同的等级。例如,海氏评估模型中"专业理论知识"这个维度就分为基本的、初等业务的、中等业务的、高等业务的、基本专门技术的、熟练专门技术的、精通专门技术的和权威专门技术的八级。

其四,每个评估要素都会对应一个评估分值对应表。评估分值对应表格就是职位价值评估的标准,详细内容请参阅本章最后所附的海式评估模型职务职责评估分值对应表。

7. 美世国际职位评估系统

美世咨询公司开发出来的 IPE 系统(International Position Evaluation System)是职位评架系统,是国际上最通用的方法之一。它包含了对各行业职位进行比较的必要因素,并通过不断改进以配合机构的需要。这套职位评估系统原先的职位评价模

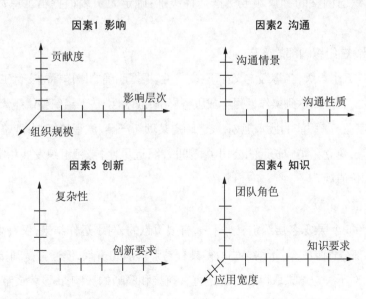

资料来源:于彬彬,蒋建军(2015)。

图 4.3 美式咨询的职位评价模型四项因素

型共包括七个评价因素,包括:对企业的影响、监督管理、责任范围、沟通技巧、任职资格、解决问题和环境条件。2000年美世咨询公司兼并了全球另一个专业人力资源管理咨询公司CRG(国际资源管理咨询集团)后,将它的评估工具升级到第三版,成为目前市场上最为简便、适用的评估工具,即国际职位评估系统(IPE),它不但可以比较全球不同行业不同规模的企业,还适用于大型集团企业和各个分公司的职位比较。IPE系统一共有四个因素(影响、沟通、创新、知识),十个纬度,一百零四个级别,总分为1 225分;评估的结果可以分成四十八个级别。

(1)因素一:影响。

影响(Impact)因素考虑的是,职位在其职责范围内、操作中所具有的影响性质和范围,并以贡献作为修正。影响因素主要分成三个维度:组织规模、职位在组织内部的影响、职位的贡献度。

① 组织规模。

组织内所有的岗位均按照确定的相同大小的组织规模进行评估。为了确定组织规模的级别,企业需要进行如下四项工作:确定本身属于哪一类型的组织;用组织类型旁的数字乘以组织的销售额、资产或成本/预算;用经济表列每个程度的范围根据组织已调整的销售额或资产选择级别;确定人员表根据员工总数目选择程度。

② 职位在组织内部的影响。

其分成五个等级,各等级定义如下:交付性,根据明确的操作标准交付工作成果;操作性,独立工作以达到操作性目标或服务标准;战术性,基于组织整体经营策略,制定和实施某业务/职能的战术规划,或者确定某项新产品、流程的规划;战略性,根据组织的愿景,建立和实施长远的公司中长期成略;远见性,带领组织发展和实现其使命、愿景和价值观。

③ 职位的贡献大小。

其分为5个层级.各层级定义如下:a.有限贡献的,对于运作结果,仅有难以辨认的贡献;b.部分贡献的,对于结果的取得具有易于辨别的贡献,但通常是间接的;c.直接贡献的,对于决定结果取得的行动过程有直接和清晰的影响;d.显著贡献的,对于结果的取得具有显著的或根本的影响;e.首要贡献的,对于结果的取得有着决定性的作用。

(2) 因素二：沟通。

沟通(Communication)因素着眼于职位所需要的沟通技巧。首先,决定任职者所需的沟通类型;其次,再选定对职位最困难和最具挑战性的沟通的描述。沟通因素主要考虑两个维度:沟通性质、沟通情境。

① 沟通性质。

维度分为五个层次:a.传达,通过陈述、建议、手势或表情等进行信息传递;b.交互和交流,通过灵活的解释、表述,使对方理解;c.影响,通过沟通而非命令或外力使对方接受或改变;d.谈判,通过磋商和有技巧的相互妥协而把握沟通过程,最终达成一致;e.战略性谈判,控制对组织具有长期战略意义和深远影响的沟通。

② 沟通情境。

维度分为四个层次:a.内部共享,在组织内部,有对某问题达成一致的共同意愿,为了达成共同的特定目标和组织内部人员进行沟通;b.外部共享,在组织外部,有对某问题达成一致的共同意愿,与组织外部意愿或立场相符的人员进行沟通;c.内部分歧,在组织内部,目标或意愿的冲突使双方难以达成一致,与组织内部目标或角色有根本性冲突的人或团体进行沟通;d.外部分歧,在组织外部,目标或意愿的冲突使双方难以达成一致,与组织外部目标或角色有根本性冲突的人或团体进行沟通。

(3) 因素三:创新(Innovation)。

创新因素着眼于职位所需的创新水平,主要考虑以下两个维度:创新要求、复杂性。

① 创新要求。

创新要求是指岗位要履行职责所需要的对流程、方法、技术的调整、修改、创造的能力。维度分为六个层次:a.跟从:和既定的原则、流程或技术对比,不要求变化,要求遵守既定的清晰的指导原则、流程或技术,不要求对现有的内容进行任何改变;b.核查:基于既定的原则、流程、技术解决个别问题,要求在既定的原则、流程和技术框架下,纠正或解决某些环节的问题;c.改进:加强或改进某一技术、流程中环节的性能或效率,要求对现有的流程、产品、技术进行环节性的更新、修改以持续改进和提高效率、性能;d.提升:提升整个现有的流程、体系或方法,作出重大改变,要求对现有的流程、体系或方法进行整体性的提升,使其发生显著性的变化,以达到性能、效率提升的目标;e.创造概念化:创造新的概念或方法,要求创造市场上原本不存在的新方法、技术和产品;f.科学技术的突破:在知识和技术方面形成并带来新的革命性的变革,要求开发新的、未使用过的科学的、技术性的思想或创新性的方法。

② 复杂性。

创新的复杂性指岗位任职者创新的时候,需要自己解决的问题的复杂程度。问题可能是简单的问题,也可能涉及多个不同方面。复杂性分为四个层次:明确的,不要求调查分析;困难的,需要调查分析;复杂的,需要在许多方面进行广泛的分析;多维的,需要考虑各项业务层面的因素并且提出解决方案。

(4) 因素四:知识。

知识(Knowledge)是指工作中为达到目标和创造价值所需要的知识水平,可通过正规教育或工作经验获得。获得知识的步骤为:首先指定应用知识的深度,然后指出该职位是属于团队成员、团队领导还是多个团队经理,最后确定应用知识的区域。知识因素主要分成三个维度:知识要求、团队角色、应用宽度。

① 知识要求。

知识要求分为五个层次:a.有限的工作知识:掌握基本工作惯例和标准的基础知识,以履行狭小范围内的工作任务,仅需要通过短期的入职培训,则可以掌握岗位需要的知识;b.基本工作知识:需要掌握岗位特定的业务知识和技能,或者需要精通某种特定技术/操作;c.宽泛的工作知识:需要在一个专业领域内,具有多个不同方面的广泛的知识和理论,需要经过一段时间的实践之后广泛了解本领域内多个方面的知识;d.专业知识:在某个特定领域具备精通的专业技能和知识,并能进行公司的整合;e.宽广的职能领域:知识/资深专业知识,在一个职能内各个方面具备既深且广的知识和应用能力。

② 团队角色。

指工作岗位要求以何种方式应用知识:将知识运用到自己的工作中,通过领导一个团队来运用知识,还是通过领导多个团队来运用知识。团队角色维度分为三个层次:a.团队成员独立工作,没有领导他人的直接责任,只需在职者独立工作发挥专长;b.团队领导带领团队成员(至少 3 个)工作,担任分配、协调、监督职责;c.多团队经理指导 2 个以上团队,决定团队的结构和团队成员的角色。

③ 应用宽度。

应用宽度维度分为三个层次:a.本国的:指的是在一个国家,或者具有相似经营环境的相邻国家,要求只需在一个国家范围内运用知识和技能;b.区域的:要求负责一个大洲多个国家内业务的运作,在一个地区的几个国家内运用知识和技能。c.全球性的:负责全球所有地区业务的运作,要求在全世界所有地区运用知识。

美世(Mercer)咨询顾问公司的 IPE 职位评价模型与海氏(Hay Group)的职位评价模式有一些共同之处:评价的因素少、维度多,点数以及因素的权重不可随意更改;给人的印象是非常专业且复杂程度高。总体而言,不论采用哪一种职位评价模型,符合企业自身的需求及操作容易才是最主要的目的。

4.3 薪酬结构的设计

企业在决定自己薪酬结构的内容时应考虑企业本身的实际情况,并结合内外部环境以及公司的经营战略而定。薪资结构的设计非常多元化,随着时代的变迁许多不同的薪酬制度也随之产生,例如以年资为主的年功薪酬制、效率薪酬制、职能薪酬制、职务薪酬制等等。从薪酬结构来看,主要可以分为几个基本项目,包括:工资、福利、奖金以及股票期权。

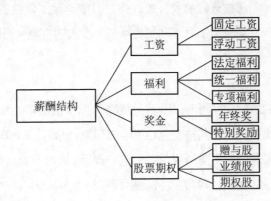

资料来源:陈泉豪(2014)。

图 4.4 薪酬结构的框架组成

4.3.1 工资

工资是员工因工作而按月(也可能按时或按周)经常性得到的薪资,具有基本性、经常性、固定性、个别性、财务性的特点,主要目的是满足生活、社会地位的基本需要。

工资一般可以分成三种:依据个人学历、年资、经验的年功薪给制、同工同酬以职位分析与职位评价的职务薪给制、依员工个人的能力或贡献度来决定的职能薪给制。工资可以分为以下几种形态。

1. 固定工资制

又称纯粹薪水制度、固定薪金制度,是指劳务提供人员在一定的工作时间之内都获得固定数额的报酬,即一般所谓的计时制。固定报酬的调整主要依据员工的工作表现及行为态度而定。每月发给员工的基本工资,不受公司月度经营状况影响,有的企业会将员工的每月工资与员工考勤挂钩。员工固定工资的计算公式为:员工固定工资=该员工固定薪资额×正常出勤天数/标准出勤天数。

正常出勤天数指按法定标准工作时间员工实际出勤的天数。正常出勤天数不包括延长劳动时间和国家法定休假日、节假日的出勤天数。

2. 浮动工资制

浮动工资制是指将员工薪资中的一定比例与公司经营状况和个人考核挂钩的一种工资形式。每月员工工资的金额会随企业经营效益的高低进行波动。月浮动工资的计算公式可以根据实际情况做相应变化,如果部门绩效考核结果影响员工浮动工资的话,也可以将部门考核分数纳入公式。公司月度浮动工资总额=月度实际工资总额-月度固定工资总额;员工月浮动工资=员工个人薪资额×员工月度考核分数。

4.3.2 福利

从管理层的角度看,福利可对以下若干战略目标作出贡献:协助吸引员工;协助保持员工;提高企业在员工和其他企业心目中的形象;提高员工对职务的满意度。与员工的收入不同,福利一般无需纳税。由于这一原因,相对于等量的现金支付,福利对员工就具有更大的价值。目前的趋势是福利在整个报酬体系中的比重越来越大。企业针对福利项目可以进行多元化的设计,包括带薪休假、健康检查、企业培训、员工餐厅、员工停车位、员工心理咨询辅导、员工旅游、良好的办公环境等项目。福利项目的特性又有以下两种:

(1)福利是间接报酬。

福利一般包括健康保险、带薪假期、过节礼物或退休金等形式,其被视为全部报酬的一部分,而总报酬是人力资源战略决策的重要方面之一。

（2）全员适用。

奖金只适用于高绩效员工，而所有员工均可享受公司福利。福利的内容很多，各个企业也为员工提供不同形式的福利，但可以把各种福利归为以下几类：员工福利、补充性工资福利、保险福利、退休福利、员工服务福利、物质福利。

4.3.3　奖金

奖金是依据公司的经营绩效或是公司内部所制定的其他激励管理制度所发生的报酬。因为员工对企业的特殊贡献，或是总体经营绩效达成年度所设定的目标，奖励额度由企业根据情况确定。常见的奖金项目有绩效奖金、年终奖金、全勤奖金、久任奖金、提案奖金等。奖金发放的原则有以下三点：

（1）获利原则。

企业在年终结算财务报表之后有营业利润时，才决定发放年终奖；如果企业通过一年的经营仍然没有获得应有的利润，则不建议发放奖金。

（2）分享原则。

奖金也是一种利润分享的概念，企业利润是全体员工共同创造的，所以员工有权分享企业的利润。企业在年终有利润的情况下，应当从利润中拨出一定额度发放给员工。企业利润越多，员工分享的额度也就越大，通过这种方法，可以有效增强员工对企业的承诺和忠诚。

（3）公平原则。

所有员工都有权利共同分享企业的利润，但是这种分享必须要建立在公平的基础之上。公平并不是指所有员工应当得到同样多的年终奖，而是指分配奖金时要考虑到不同员工对于企业的重要程度、贡献程度、工作绩效。

4.3.4　股权激励方案

股权激励方案不仅是针对员工的一种长期激励方式，更将员工的个人利益与组织的整体利益紧密相连；是优化企业治理结构的重要方式，是现代企业激励机制的重要组成部分。常用的股权激励方案有以下几种。

1. 股票期权计划

股票期权计划是指企业向员工提供的一种在一定期限内按照某一既定价格购买

一定数量本公司股份的权利。在股票期权计划中,包含受益人、有效期、行权价和期权数量等几个基本要素。

(1) 受益人:受益人须经由公司内部确定名单后才得以获得股票期权。

(2) 有效期:股票期权行权的有效期从 2 年到 10 年不等。国内企业所设定的行权期间往往在 3 到 5 年之间。

(3) 行权价:即期权受益人行使期权的价格,公司会设定某一特定的行权价格给予受益人,如果市场价格超过公司所设定的行权价格,受益人就可以行使期权。

(4) 期权数量:是指受益人所能够得到的期权的数量。

股票期权本身是一种权利而非义务,期权的数量会依据个人的工作绩效、组织位阶高低、服务年资、管理层人员与否、特殊人才留用等因素决定。股票期权大都是无偿给予受益人,如果期权受益人在未满期限之前离开企业,剩余的股权将无条件返还给企业。

案 例 **JD 集团股份公司 2010 年股票期权实施计划**

股票来源:深交所上市 JD 集团 A 股　　　　股票数量:9 937 万股

激励对象:公司董事／高管／核心业务人员　　授予价格:14.12 元／股

有效期间:自授予日起算 7 年　　　　　　　激励人数:224 人

JD 集团的股票期权实施条件如下

本计划下授予的股票期权,自授予日起 1 年内不得行权。自授予日起满 1 年后,在满足生效条件的前提下,股票期权按如下安排生效

(1) 自授予日起满 1 年(12 个月)时,每名激励对象获授的股票期权数量的 20% 生效,行权有效期至第 7 年最后一个交易日止;

(2) 自授予日起满 2 年(24 个月)时,每名激励对象获授的股票期权数量的 20% 生效,行权有效期至第 7 年最后一个交易日止;

(3) 自授予日起满 3 年(36 个月)时,每名激励对象获授的股票期权数量的 20% 生效,行权有效期至第 7 年最后一个交易日止;

(4) 自授予日起满 4 年(48 个月)时,每名激励对象获授的股票期权数量的 20% 生效,行权有效期至第 7 年最后一个交易日止;

(5) 自授予日起满 5 年(60 个月)时,每名激励对象获授的股票期权数量的 20% 生效,行权有效期至第 7 年最后一个交易日止。

2. 限制性股票计划

上市公司按照预先确定的条件授予激励对象一定数量的本公司股票,激励对象只有在工作年限或业绩目标符合股权激励计划规定条件时,才可出售限制性股票并从中获益。最重要的目的就是刺激、激励员工或管理者努力做好工作,这样才会从所给予的奖励中受益,如果做不到那些规定条件,这些限制性股票就是一张废纸而无法兑现。限制性股票实施条件同样也包含受益人、有效期、行权价和股票数量等几个基本要素。但前提是所设定的条件必须都达成后才能实施股权激励计划。

案例 WM 电缆股份公司 2013 年限制性股票实施计划

股票来源:深交所上市 WM 电缆 A 股　　　　股票数量:1 179 万股限制股

激励对象:公司董事/高管/中管/核心技术/业务人员　授予价格:2.23 元/股

有效期间:自授予日起算 48 个月内　　　　激励人数:111 人

WM 集团的限制性股票实施条件如下:

	2013 年	2014 年	2015 年
	第一次解锁条件	第二次解锁条件	第三次解锁条件
营业收入较 2012 年增长幅度	25.00%	50.00%	75.00%
净利润较 2012 年增长幅度	75.00%	90.00%	110.00%

※ 以上净利润均以扣除非经常性损益后的归属于上市公司股东的净利润作为计算依据。

解锁安排	时间安排	解锁数量占限制性股票比例
第一次解锁	自授予日起满 12 个月后的首个交易日起至授予日起 24 个月内的最后一个交易日当日止,由董事会决议确认满足第一次解锁条件的,为该部分限制性股票办理解锁事宜	30%
第二次解锁	自授予日起满 24 个月后的首个交易日起至授予日起 36 个月内的最后一个交易日当日止,由董事会决议确认满足第二次解锁条件的,为该部分限制性股票办理解锁事宜	30%
第三次解锁	自授予日起满 36 个月后的首个交易日起至授予日起 48 个月内的最后一个交易日当日止,由董事会决议确认满足第三次解锁条件的,为该部分限制性股票办理解锁事宜	40%

---

3. 股票增值权计划

增值权计划是指在规定一段时间(等待期)之后,公司与员工之间按照约定的指标,如每股净资产、股票价格或者某个综合公式等,计算出股票增值权的价值,并将收益支付给持有人。股票增值权计划不涉及实际的股权交易,因此不影响公司股权结构。股票增值权收益的计算公式为:股票增值权收益＝股票市价－授予价格

收益可以是现金支付或股票支付,也可以两者结合应用。由于股票增值权是由公司自行支付增值的部分,所以在实际中运用此方法的比例较低。

| 案　例 | DF 集团股份公司 2006 年股票增值权实施计划 |

股票来源:港交所上市 DF 集团股份有限公司 H 股

激励对象:公司董事／高管／中管／核心技术／业务人员

限制期间:自授予日起算两年内不得行使股票增值权

股票增值权:55 665 783 股　授与价格:2.01 港元／股

行权条件限制:

(1) 授予日期后第三年,可行使的已授股票增值权最多为 30%

(2) 授予日期后第四年,可进一步行使已授股票增值权的 35%

(3) 授予日期后第五年,可行使其余的 35%已授股票增值权

薪酬架构主要目的是界定组织中的每一项职务对于组织的贡献程度,并且直接反映在所给付的金额中。因此,薪酬架构的设计要合理地反映出职务与贡献的相对价值关系。薪酬架构的设计需要考虑的因素非常多,包括组织架构、职位体系、薪酬政策、劳动法令、企业经营范畴、地理涵盖范围、所属行业特性、产业技术含量、人力市场供需情况等。

4.4　薪酬效益衡量指标

4.4.1　薪酬均衡指标

薪酬均衡指标(Compa-Ratio)是一个有效衡量和评估薪资体系的指标,它被广泛地应用在人力资源管理的薪资制度诊断和管理中。薪酬均衡指标的公式为:

薪酬均衡指标＝薪酬／薪中点

如果计算员工个人的薪酬均衡指标,它反映的是员工的工资相对部门的工资范围比值,在这种情况下,公式中的分子就是个人的实际工资。计算公式如下:

个人薪酬均衡指标＝个人实际所得薪资／部门薪中点

部门员工的薪酬均衡指标反映的是该部门成员工资和企业工资范围中点值的比例,计算公式如下:

部门薪酬均衡指标＝部门平均薪资／企业薪中点

某企业在整个行业中的薪酬均衡指标反映的是该企业的工资水平在行业中的情况,计算公式如下:

企业薪酬均衡指标＝企业平均薪资／行业薪中点

薪酬均衡指标是一个相对的指标值,它计算简单,既能反映个体员工在不同团体中的薪资相对位置,又能反映不同的部门和企业的薪资相对位置。在同一个企业或者部门内部,员工之间的 Compa-Ratio 可以相互比较,在不同的部门和企业之间,Compa-Ratio 也可以进行对照,因此,它被广泛地应用于薪酬体系的衡量和评估,成为人力资源管理中一个有力的计划和控制工具。薪酬均衡指标有以下几种功能。

1. 了解员工工资分布状态

薪酬均衡指标可以用来了解并分析员工的工资分布情况。当薪酬均衡指标等于1时,表明员工被支付了等于他们工资范围中点值的工资;当薪酬均衡指标小于1时,则说明员工工资是属于偏低的情形,出现这种情况,要分析其原因并且找出解决方案;当薪酬均衡指标大于1时,表明员工被支付了高于工资范围薪中点的工资,代表员工属于较高薪位的状态,在提出工作要求或薪资调整时,对于该员工可以提出合理的要求或暂时不予调薪。在薪资管理的过程中,可以根据薪资均衡指标的数值状况,了解员工的工资分布规律,并且分析其原因,从而为人力资源管理决策服务。例如观察不同性别员工的薪酬均衡指标,判定是否存在工资的性别歧视;观察不同工龄员工的薪酬均衡指标,判断他们是否因为薪酬所处的位置不合理因而产生了消极与倦怠的行为态度。

2. 部门薪资均衡比较

薪酬均衡指标的部门分析主要用来观察不同部门之间的待遇是否公平,企业的薪资差距是过高还是接近。

3. 评估企业薪酬的外部竞争力

企业的薪酬均衡指标可以用来评估企业薪酬体系的竞争力。薪酬均衡指标计算结果如果等于1,则说明企业的薪资体系是中位政策,即企业薪资在市场中属于中间水平。如果薪酬均衡指标超过1,则说明该企业在薪资竞争力上是领先型的。而薪酬均衡指标如果小于1,则说明企业在薪酬政策是属于落后型的,对于人才竞争或吸引力来说,属于滞后政策。另外,也可以用薪酬均衡指标来考察企业的薪酬体系是否达到了人力资源管理的既定目标,从而判定企业的薪资竞争力,也可以从企业的某个职位进行薪酬均衡指标的分析比较,以判断企业的薪酬水平在市场当中所处的位置。

4.4.2 人均薪资增长率

人均薪资增长率反映了企业人力资本的增长情形,薪资增长是企业获利能力提升的表现。组织内部薪资增长的目的就是要经由利益分配机制,让员工增长收入,提升员工的组织敬业度与内外部的满意度,进而提升企业运营绩效。人均薪资增长率的计算公式如下:

$$人均薪资增长率 = \frac{新年度薪资总额}{新年度员工人数} - \frac{旧年度薪资总额}{旧年度员工人数}$$

正常情形下,员工的薪资会呈现上升的趋势,除非在极为特殊的情况之下人均薪资呈现负增长,这对于企业来说就是一种存在运营风险的状况。如果企业真的遇到经营困难,应进行组织的人力精进计划。

4.4.3 人均薪酬成本

提供薪酬是一种支付给员工货币价值以换取他所从事的工作成果的系统方法。薪酬可能达到几个目标,包括使员工对工作具有较高的满意度、确定较好的绩效水平以及有助于招聘过程的展开。所有这些都有利于公司的存续,它可能会根据特定的要求和经营目的以及获取的资源而进行调整。人均薪酬成本的计算公式如下:

$$人均薪酬成本 = \frac{薪资总额 + 奖金 + 其他福利项目}{员工总人数}$$

对许多雇主来说,招聘和留住最优秀的员工是一个最基本的目标。然而,获得适合的员工和确立恰当薪水结构可能会受雇主无法控制的市场因素的影响。公司有必要在其乐意支付的薪酬和员工自我价值感之间寻求某种平衡。如果员工的总薪酬成本高于行业标准,则表明公司的薪酬成本支出高于多数的竞争对手。如果这些成本高于公司给自己定的限度,那么很有必要降低成本以避免即将发生的管理难题。

4.4.4　薪酬费用销售贡献额

薪酬费用销售贡献额,是指企业销售额除以薪酬费用总额。薪酬费用销售贡献额代表的意义是每一元的薪酬费用投入能够创造的销售额,贡献额越高越好。

$$薪酬费用贡献额 = \frac{公司销售额}{薪酬总费用}$$

如果说将薪酬的投入视为人力资本的投入,那么薪酬费用销售贡献度也可以看成人力资本的贡献度。从资本的投入观点来看,每投资一元所能够带来的效益也就是资本贡献度。以目前的财务会计原则来看,薪酬仍然是以费用的科目进行处理,但若是从人力资本的观点来看,薪酬的投入也可以看作对于人力资本的吸引,因为能够引进良好的人力资本对于组织而言,其未来的效益就能预期提高。薪酬到底是否能够进行资本化还是该列为费用处理,在人力资本领域目前仍然存在不同的观点,但是从实务性管理工作来看,薪酬费用贡献度仍然可以给组织管理者提供一定的信息与意义。

4.4.5　薪酬费用利润贡献额

所谓薪酬费用利润贡献额,是指企业税前净除以薪酬费用总额。薪酬费用利润贡献额代表的意义是每一元的薪酬费用投入能够创造的税前净利额,利润的贡献额越高越好。

$$薪酬费用利润贡献额 = \frac{公司税前利润额}{薪酬总费用}$$

薪酬费用的投入所能够创造的税前净利额所代表的意涵也就是投资报酬率的高低。投资报酬率是指成本的投入所能带来的效益,人力资源工作者可以应用投资报酬率的概念,将薪酬费用与公司的税前利润进行分析,提供管理层人员在薪酬预算方面的投入程度评估。

4.4.6　员工生产力

员工生产力也可以称为人均产值,指的是企业的营业规模与总人数的关系。员工生产力的增加代表企业的效益提升、人力资本提高,会带来营业收入的增长。员工

生产力的计算公式如下:

$$员工生产力＝公司营业额／员工总人数$$

员工生产力可以用货币形式表现,所代表的是企业在一定时期内所生产的最终产品或提供服务活动的总价值量。员工生产力可以表现出企业的总规模水平,反映的是总量规模,但是并不说明经营状况的好坏和经济效益。企业的经营效率与效益,还是要看利润总额的增长。企业的利润总额集中反映企业生产经营活动各方面的效益,是企业最终的财务成果。从薪酬管理角度来看,将员工生产力与人均薪酬费用相结合,可以判断公司所采取的薪酬策略是否真的能够带来员工生产力的提升。

4.4.7　员工生产力与人均薪酬费用比值

员工生产力与人均薪酬费用比值可以看成组织的产出与投入之间的关系。这项指标应该是越高越好,所代表的意义也就是用比较少的投入能够创造出来比较高的产值,每一元的薪酬费用投入能够创造的员工生产力越高,也就是每一元产值中的薪酬费用所占比例越低。

$$员工生产力与人均薪酬费用比值＝\frac{员工生产力}{人均薪酬费用}$$

若是再将人均薪资增长率、员工生产力结合本项指标进行分析,就可以了解企业目前的经营状况是否良好。如果员工生产力提高,员工薪资增长幅度也提高,而且员工生产力与人均薪酬费用比值也提高,所代表的意义是员工生产力所增长的幅度大于薪酬费用增加的幅度。此种现象对于企业来说是有帮助的,从管理的角度来看也就是达成双赢的效果,资方的要求(生产力提高)与劳方的关注(薪酬增长)都能满足双方的需求。这样的一种状态也可以称为薪酬管理最佳状态,也代表着企业目前的薪酬结构设计处于合理的动态均衡。

以上所介绍的薪酬衡量指标,可以协助部门主管以及人力资源管理者在薪酬管理领域内的分析工作,也可以有效地进行薪酬预算分析。当然还有许多的衡量指标也可以协助薪酬管理人员进行绩效的衡量,例如加班费占薪酬总额的比率、奖金占薪酬总额的比率、福利费占薪酬总额的比率、红圈区比率(Red Circle Rate)、薪酬满意度调查等,从业人员可以依据自身的需求进行衡量指标项目的调整与设计。

4.5　薪酬预算规划管理

4.5.1　薪酬预算的意义

从财务管理的角度看,薪酬是指员工因为雇佣关系的存在而从雇主那里获得的各种形式的经济收入以及有形服务或福利。预算是指国家机关、企事业单位和各类团体等对于未来的一定时期内的收入和支出的计划。对于任何一类组织而言,通过预算来进行成本控制都是其运行过程中的重要环节。

薪酬预算是组织规划过程的一部分,其目的是为了确保未来企业的财政支出的可调性和可控制性。它要求企业的管理者在进行薪酬决策时,必须把企业的财务状况、所面临的市场竞争压力以及薪酬预算、薪酬控制等问题放在一起加以综合考虑,包括对未来薪资系统总体支出的预测和工资增长的预测。

薪酬预算的规模大小可以很清晰地反映出企业的人力资源的战略重心,它同时也是企业整个人力资源方案中的重要组成部分,直接关系到企业的经营成功和员工们的心理感受。在这种情况下,企业如果在薪酬预算方面没有正式的制度,而是任由管理者们自由决定,就很可能出现整体的财务预算的负担,降低企业的市场竞争力。

薪酬预算是一项较为复杂的工程,它通过成本—收益分析控制企业成本支出,表明企业必要的管理路径,强调薪酬预算的量化尺度,增加薪酬预算对企业管理的价值。在进行薪酬预算时,企业一般会希望凭借这一举措实现以下三方面的目标。

(1) 合理控制员工流动率,同时降低企业的劳动力成本。

发生在企业和员工之间就劳动力和薪酬所进行的交换也要遵循经济学中最基本的规律:双方都想在提供最小投入的情况下从对方身上获得最大的产出。具体到企业方面,当从员工方面得到的收益逐渐增多的时候,企业在购买劳动力时需要支付的成本也在逐渐上升。因此,在企业劳动力成本的变动过程中,一定会出现能够满足企业的边际劳动力成本等于它所获得的边际劳动力收益,即达到所谓的均衡状态的一点。而薪酬预算最为重要的目标就在于找到这一均衡点,以实现劳动力成本和企业收益之间的平衡,保证企业所有者的收益最大化目标得以实现。

(2) 有效影响员工的行为。

具体说来,薪酬预算能够施加影响的员工行为主要包括两个方面,即员工的流动率和他们的绩效表现。

① 薪酬水平是员工的流动率影响的重要因素。

企业期望与大多数员工建立起长期而稳定的雇佣关系,以充分利用组织的人力资源储备,并节约在招募、筛选、培训和解雇方面所支出的费用;而员工通常会要求得到至少等于、最好超过其自身贡献的回报,否则就有可能会终止与企业的雇佣关系。鉴于此,企业在进行薪酬预算的时候,必须考虑如何才能有效地控制劳动力成本,同时还能保持一个较合理的员工流动率,满足员工对于薪酬分配公平的要求。

② 员工的绩效表现对于企业而言也至关重要。

为促使员工表现出优良的绩效,一种最简单的方法就是直接把绩效要求与特定岗位结合在一起,员工在与企业建立起雇佣关系的同时就已经明确了其需要达到的绩效标准。从薪酬预算的角度来说,如果企业在绩效薪酬或者浮动薪酬方面增加预算,而在基本薪酬的增长方面则注意控制预算的增长幅度,然后再根据员工的绩效表现提供奖励,那么,员工们必将会重视自身职责的履行以及有效业绩的达成,而不是追求岗位的晋升或者是加薪方面的盲目攀比。将薪酬预算作为一种沟通工具,可调和组织内各部门之间冲突,传递组织的管理风格和权威,形成特定的组织气质,从而完善人力资源管理技术,达到激励员工,提高绩效的目标。

(3) 作为下一年度薪酬和财务分配的基础。

为管理者提供从一个年度至另一个年度的员工薪酬分配信息,有助于管理者制定下一预算年度新老雇员平均薪酬成本的详细计划,为企业成本支出的评估提供基础,从而合理地权衡和支出财务预算的比例,努力提高企业对人才的吸引力,以及企业的市场竞争力。

4.5.2 薪酬预算编列的方法

1. 预算编列的要点

预算编列的根据是由组织所设定的年度工作目标,经各部门共同协商制定出本年度的资金预算。但是在资金预算的执行中,由于财务部门不是预算的执行部门,只是预算的最终汇总部门,在预算执行中,各部门投入要按照预算给予的金额以及配比进行有效的花费,如果有超出预算的项目,则要向上级部门作出申请,上级部门在额外预算允许的范围内会作出批准或者不批准的指示。在进行预算编列时,需要注意的要点如下：

其一，必须较为彻底地了解各部门的运作情况，特别是各个部门的费用支出情况。在进行预算之前，应对前期发生的费用统计分析，找出费用开支的一个中间点，允许上下浮动，然后编制一个预算明细表，显示出各部门的具体支出。

其二，将编写的预算初稿交各部门主管阅读，发现其不足之处，集中信息进行重新编制，上交总经理，并详细解释，由总经理批准费用合适的控制标准，费用浮动比例在5%—10%。

其三，对公司员工公开，可以让员工知道公司在进行成本费用的控制，避免以后超支报销造成不愉快。

其四，在正式执行阶段应认真把握，使财务起到监督作用，及时发现可节约的成本与其中遇到的一些不足，在下月进行调整。

2. 预算编制的程序

企业在进行薪酬预算编列时往往也会将人力预算编列的程序纳入，而人力预算的需求来源会依据组织对于下一个年度的职能部门工作计划安排、组织规划、产品开发、生产计划、质量体系营销计划等编列。人力资源预算是人力资源规划的强有力工具，它表明在未来计划期内，在财务上各种人事活动要花费多少资金，可用来指导从事人事职能的人们的行动，而且在预算期末，预算还可以作为实际费用相比较的基础。因此，人力资源预算不仅有利于人力资源计划工作，也有利于人力资源的组织工作和控制工作。人力资源预算是企业预算的主要组成部分，主要包括三方面：

(1) 企业的人力成本。

就是薪酬费用，到底一年需要支付多少员工工资。

(2) 法令规定费用。

按照国家社会保障体系所要求的各种基金和保险费用，例如工伤保险、医疗保险、养老保险、生育保险、失业保险、住房公积金等法令规定所需要提拨缴交的部分。这也是人事费用当中一个重要的组成部分。

(3) 人力资源职能部门计划费用。

例如人员招聘费用，薪酬报告的调查费用，对员工知识技能的培训费用，劳动合同的认证费用，辞退员工的补偿费用，劳动纠纷的法律咨询费用，以及人力资源部门所直接发生的办公费用、通讯费用、差旅费用、办公设备费用、人力资源管理系统升级费用等。

当部门的人力预算编列完成之后,就会进入薪酬预算的编列,按照实务工作的惯例,企业一般会在本年度的九月或十月开始进行下一年度的薪酬预算编列,最迟也要在十一月份开始进行预算编列,否则会影响到下一年度的工作计划实施。薪酬预算编制的程序,可以依循以下步骤进行:

(1) 年度预算的编制。

需要成立预算委员会,委员会成员包括公司总经理、财务部、人力资源部、各职能部门负责人。职能部门负责人进行本部门的预算编列与计划报告,财务部负责费用预算的汇总,人力资源部门负责人力预算的汇总与组织结构计划,职能部门主管负责人进行下一年度的费用预算与人力预算报告说明,总经理、财务部门主管、人力资源部门主管评审把关预算的编制,并授权财务部与人力资源部进行预算的控制。

(2) 预算编列的细分。

年度预算编列在时间宽度上细分到月,预算科目可依据会计分类原则进行科目的细分。比较常用的分类方式包括研发费用类、销售费用类、管理费用类、制造费用类、其他费用类。

(3) 预算审核流程。

预算编列须制订一套完整的预算控制和修改流程,在流程中体现预算管理的内部控制作用,凡违反预算编列原则与要求的,将责令其调整改善后再进行二次或三次报告审查。

(4) 预算编列责任人。

预算编制时明确预算编制负责人,实务工作中预算编列的负责人都是部门经理。预算编列时总计划负责人(财务部主管)应告知年度预算编列时应注意的事项及预算执行时的考核指标,发挥其预算控制的主导作用,采用事前控制的方法进行预算管理。

(5) 预算数据信息提供人。

财务部每月及时提供预算执行情况分析给各职能部门预算负责人及预算委员会成员,以了解每个单位的预算执行情况。

(6) 预算执行审核。

财务部在付款前先审核该笔费用支出是否有进行预算编列或是否超出预算所编列的额度。若发现该笔费用超出之前的预算费用,财务部门应先暂停支付该笔费用,请费用部门主管进行超支说明并且进行预算增补的签核程序,交由预算委员会级别审批通过后财务部才予以支付。

(7) 预算实施检讨。

每月进行预算执行的检讨,年底根据预算执行情况进行部门的绩效评估。

3. 预算编列的方法

企业常用的薪酬预算编列方法有三种:自上而下法、自下而上法以及综合法。

(1) 自上而下法。

自上而下法即通过对企业经营数据(销售收入、企业增加值等)作出预测,结合企业人工成本历史数据,分析企业面临的环境和条件,对年度人工成本作出预测,并将人员配置及人工成本分解到各部门。在企业经营比较稳定的情况下,通过收入人工成本率以及劳动分配率来预算人工成本比较简单、易行。

如果企业经营业绩不佳,可以参考行业数据来进行薪酬预算,在这种情况下,企业收入人工成本率以及劳动分配率都会高于行业水平,因此用行业数据来进行预算得出的数值将小于用企业数据得出的数值。这样会给各级管理者带来一定压力,因此一定要具备有效的激励措施,才能提高员工的积极性,从而促使企业取得较好的效益;否则可能会带来员工的不满,不仅不能给企业管理带来改善,可能还会使企业业绩进一步下滑。

自上而下法的突出特点是与企业战略紧密相连,能够有效控制薪酬的总体水平,通过对下一年度企业的计划活动进行评估后,以企业过去的业绩和以往年度的薪酬预算作为预算的根据,按照企业下一年度总体业绩目标,确定出企业该年度的薪酬预算。常用的操作方法较多,企业一般可以根据本企业的实际情况来选择一种适合自身的薪酬预算方法。在企业经营业绩较稳定的情况下,通常可以采用比较简单便捷的方法,即根据企业以往的经营业绩和薪酬费用来估测出本企业的薪酬费用比率(薪酬费用比率=薪酬费用总额/销售额),并以此为依据对未来的薪酬费用总额进行预算(薪酬费用预算总额=预算年度预期的销售额×薪酬费用比率)。

如果本企业经营业绩不佳,可以参考同行业一般水平来确定薪酬费用比率,进而确定薪酬费用总额。薪酬费用比率会因企业规模和行业的不同而有所差异。其不足在于没有充分顾及市场环境及竞争对手的影响,未来薪酬成本的确定是历史数据的延伸,薪酬的激励效应滞后;确定薪酬总额的主观因素过多,导致预算准确性降低,缺乏灵活性,不利于调动员工的积极性。

(2) 自下而上法。

自下而上法是各部门根据企业制定的经营目标,提出本部门人员配置数量及薪酬水平,人力资源部门根据劳动力市场状况、企业内部条件、物价上涨水平等各方面因素对薪酬水平的影响,综合确定公司人均薪酬增长率,依据相关经营数据及各部门提交的建议,确定各部门的人员配置和薪酬水平,通过汇总各部门数据,就可以得出公司整体的薪酬预算。自下而上法是从企业的每一位员工在未来薪酬的预算估计数字,计算出整个部门所需要的薪酬支出,然后汇总所有部门的预算数字,编制公司整体的薪酬预算。自下而上法比较实际,可行性较高,部门经理按人力预算的编制人数进行薪酬费用的预算编列,以既定的分配原则计算出每个员工加薪幅度与薪酬总额,再汇总即可得到总体的薪酬费用预算。

(3) 综合法。

事实上,企业薪酬预算编制过程都是自上而下和自下而上的结合,只有坚持企业发展战略导向,将企业目标层层分解,同时充分尊重各级管理者和员工的意见与建议,企业才能对外部环境以及内部条件有更清楚的认识,这样的预算才更切合实际,被广大员工理解和接受,得到切实、有效的执行。

实务中可以考虑以综合法的方式进行预算管理的工作。首先,由企业高层进行总体财务预测并且给予总体的薪酬增加固定比率。接下来就由职能部门主管以此为参考,为部门内部的每位员工进行薪酬预算编制。然后在进行部门预算审核的时候对每个部门所提出的预算提议进行逐级汇总,每一层级的薪酬预算都应在本级目标下,结合对其他部门的影响进行重新检验。最终将全年度和部门预算分发给预算编制者,对改动的地方进行重点说明,如有不同意见,仍需持续进行沟通协调。因此,薪酬预算管理是一个持续反复调整、逐步趋向准确的过程。

4. 薪酬预算确认的方法

薪酬预算的确定可以表现为薪酬总额的确定,也可以表现为薪酬增长幅度的确定。薪酬总额的确定方法分别介绍如下。

(1) 薪酬比率推算法。

通常在企业经营业绩稳定增长的情形之下,可以用以往的营业额推导出适合本企业的薪酬费用比率,并以此为依据对未来的薪酬费用进行预算。若企业自身的经营状况不佳,则可以参考同行业的平均水平来确定合理的薪酬费用比率,根据薪酬比率推算合理的薪酬费用总额。计算公式为:

$$薪酬费用率＝薪酬费用总额÷销售额$$

由上述公式可知,如果要在维持一个合理薪酬费用比率的前提下使薪酬费用总额有所上升,就必须增加销售额,也就是薪酬增长必须处在销售额的增长范围之内。这是企业薪酬预算方法中最简单、基本的方法之一。对于经营业绩稳定且适度的企业,可使用本企业过去的经营业绩推导出适合的薪酬比率。

【案例 4.6】 假设某公司根据上一年度的销售营业额计算出公司的合理薪酬费用比率为 15%,公司现有员工 100 名,每人平均总薪酬水平为 5 000 元/月,则本年度的薪酬费用总额和本年度销售总额应该是多少?

解答:

上一年薪酬费用总额 = 5 000 × 12 × 100 = 600(万元)

上一年销售额 = 600 ÷ 15% = 4 000(万元)

假设公司预测本年销售额可以增加 10%:

本年度的销售额 = 4 000 × (1 + 10%) = 4 400(万元)

本年度薪酬费用总额 = 4 400 × 15% = 660(万元)

薪酬费用计划增长率 = (660 − 600) ÷ 600 = 10%

即今年度的销售额需要做到 4 400 万才能满足 10% 的薪资增长率。

(2) 盈亏平衡点推算法。

盈亏平衡点也可称为损益两平点(Break-Even Point),是指在该点企业销售产品和服务所获得的收益恰好等于其总成本(包含固定成本和变动成本),而没有额外的盈利(这里所说的盈利,是指没有经济利润,并不是指没有会计利润,它已经包含了机会成本的概念)。也就是说,企业处于不盈不亏但尚可维持的状态。这里需明确三个概念:

① 盈亏平衡点:该点处企业销售收益恰好弥补其总成本而没有额外盈利。

② 边际盈利点:该点处销售收益除弥补总成本外还能支付股东适当的股息。

③ 安全盈利点:该点处销售收益在确保股息之外还存有一定盈余。

根据以上三个点的销售额可以推断出企业支付薪酬成本的各种比率:

$$盈亏平衡点 = 固定成本 ÷ (1 − 变动成本率)$$

$$边际盈利点 = (固定成本 + 股息分配) ÷ (1 − 变动成本率)$$

$$安全盈利点 = (固定成本 − 股息分配 + 企业保留盈利) ÷ (1 − 变动成本率)$$

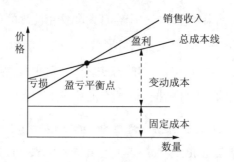

资料来源:作者整理。

图 4.5 盈亏平衡点与收入成本关系图

根据上面三个公式,我们可以推断出企业支付薪酬费用的各种比率:

最高薪酬比率＝薪酬总额／盈亏平衡点销售额

可能薪酬比率＝薪酬总额／边际盈利点销售额

安全薪酬比率＝薪酬总额／安全盈利点销售额

盈亏平衡点推算法有助于企业将薪酬比率较为准确地定在安全薪酬比率和最高薪酬比率之间,但具体薪酬比率还需企业根据经营状况自行确定。在确定薪酬比率后,结合推算法最终推算出薪酬总额。总体来说,用盈亏平衡点的方法来估计薪酬总额非常实用,它给企业划定了安全的薪酬成本底限。

【**案例 4.7**】 假设某公司的固定费用是 3 000 万,其中薪酬费用为 1 000 万,变动成本率为 50%。①请计算该公司的盈亏平衡点销售额和最高薪酬比率。②如果公司预估有 300 万盈余支付股东利息,请计算边际盈利点销售额和可能薪酬比率。③该公司除了估计 300 万的盈余股息,还希望能为企业留下 200 万的保留盈余,请计算该公司的安全盈利点销售额和安全薪酬比率。

① 盈亏平衡点的销售额 ＝ 3 000 ÷ (1 － 50%) ＝ 6 000(万元)

最高薪酬比率 ＝ 1 000 ÷ 6 000 × 100% ＝ 16.67%(四舍五入)

② 达到 300 万盈余的销售额 ＝ (3 000 ＋ 300) ÷ (1 － 50%) ＝ 6 600(万元)

可能薪酬比率 ＝ 1 000 ÷ 6 600 × 100% ＝ 15.15%(四舍五入)

③ 达到 500 万盈余的销售额 ＝ (3 000 ＋ 500) ÷ (1 － 50%) ＝ 7 000(万元)

安全薪酬比率 ＝ 1 000 ÷ 7 000 × 100% ＝ 14.29%(四舍五入)

若是采用成本中心管理方式,薪酬比率应该在 14.29% 比较安全,若是超过 16.67%,就代表企业的薪酬支付会有较大的问题,会影响整体的盈利状况。

（3）劳动分配率推算法。

劳动分配率指的是企业在一定期间内所创造出来的附加价值，可以分配给人工成本的比率。

附加价值是由折旧、税收净额、企业利润、劳动收入构成的。如果可以明确地计算出企业劳动分配率，那么也就可以推算出薪酬费用的总额及薪酬的增长幅度。用劳动分配率来估算薪酬费用的总额，其计算公式为：

薪酬费用总额＝劳动分配率×当期附加价值总额

劳动分配率方法的本质是确定净产值在资本和人力资源之间的分配比率。其优点在于薪酬成本控制能和企业的净产值挂钩，充分考虑了企业的支付能力和盈利能力。劳动分配率比率过高则表示两种情形：

（1）相对附加价值而言人事费用过高，如果不是因为人均费用过高，就是因为组织的冗员太多；

（2）如果人事费用符合行业内的一般水平，那就是组织所创造的附加价值偏低。至于如何判断劳动分配率偏高与否，可以搜集同行业内的企业平均值当作比较基准来判断本公司的状况。

【案例 4.8】 某公司决定今年以劳动分配率决定本年度的薪资总额。该公司今年度的销售额为 5 000 万元，附加价值率为 40%，劳动分配率为 45%，则本年度的薪资预算总额是多少？若薪资总额比预算额高出 100 万，那销售额必须要到达多少？

薪酬费用总额 ＝ 45% × 5 000 × 40% ＝ 900（万元）

薪资总额 1 000 万的销售总额 ＝（900 ＋ 100）/ 0.4 / 0.45 ＝ 5 555（万元）

新的销售额需增加 ＝ 5 555 － 5 000 ＝ 555（万元）

也就是薪资总额从 900 万增加到 1 000 万，销售额需要增加 555 万，才能满足薪酬总额多出 100 万的预算。

至于薪酬增长幅度的确定，可以由组织内部自行决定，也可以参考同行业的平均水平来确定。幅度增长的原则可以依据以下的方式进行：

（1）平均增加幅度及最大/最小增幅原则。

规定平均加薪水平，如整体薪酬平均 5% 的加薪，同时规定最低和最高增长幅度，如最低 2% 的调整幅度，最高不得超过 10% 增幅。对于没有完善绩效评价系统的企业而言,这是最简单、最实用的指导原则。

(2) 绩效薪酬增长原则。

将绩效结果与薪酬增长幅度直接联系,如某位员工的绩效评估结果为"超过预期",对应加薪比例10%。这种薪酬增长幅度的确定依赖于组织内部已经有了完整的绩效评估制度,比平均及最大最小原则更有指导意义。它将绩效水平与加薪幅度相对应,能够较好地体现绩效与薪酬的一致性,有利于组织建立起绩效导向的企业文化。

(3) 强制分布原则。

通过规定绩效评估中分布在某一绩效水平的员工比例,确定获得相应加薪幅度的比例,如表4.12所示。表中给出了大致5%左右的总加薪幅度,想要调整非常方便。比如,有的企业认为员工素质很高,那么可以适当减少分布在"不合格"一栏中的比例,增加其他栏的比例。这种方法提供了相对严格的加薪原则,最容易控制,也能在各部门之间保持最大限度的一致。同时,它也很难应用在较小的部门里。

表4.12　加薪比率分布表

绩效评估结果	人数分布比例(%)	给予加薪比例(%)
A:超出预期	10	10
B:表现优秀	20	6—9
C:符合期待	50	3—5
D:需要改善	15	0.1—2
E:不符要求	5	不予调整

资料来源:作者整理。

4.6　薪酬策略的应用

4.6.1　薪酬策略的意义

公司制定薪酬战略的目的就是明确薪酬设计的方向。薪酬战略需要回答以下关于薪酬管理的问题:(1)公司的薪酬目标是什么? (2)它支持未来怎样的人力资源目标,是吸引人才,还是保留人才,抑或激励人才? (3)如何确保公司薪酬分配的相对公平？具体使用什么方法？(4)如何确保薪酬的外部竞争力？竞争对比的区域范围有多大？竞争水平如何？(5)薪酬结构如何与竞争要求相匹配？(6)如何激励业绩突出者？(7)选择什么样的薪资模式以适应战略核心能力培养的要求？

企业的薪酬体系必须与企业经营战略目标相适应,这是企业薪酬设计最基本的原则。不同的发展阶段企业经营战略的重点不同,与完成企业战略重点相对应的企业的核心人力资源的范围或对象也是不同的。企业薪酬体系在为所有员工提供相应激励的同时,应对这些核心人力资源采取有区别、有重点的薪酬政策,在薪酬体系设计中体现特定发展阶段核心人力资源的贡献和价值。只有这样,才能最大限度地发挥核心人力资源的潜能和智慧,推动企业发展战略的实施。

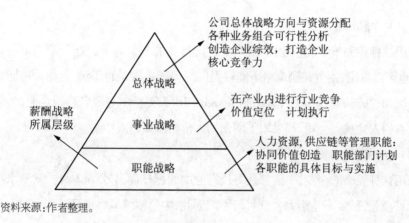

资料来源:作者整理。

图 4.6　薪酬战略在企业战略中的层级

4.6.2　薪酬策略的分类

企业的薪酬策略既要反映组织的战略需求,又要满足员工期望,同时也要在人才市场当中具备一定的吸引能力,我们可以将薪酬策略简要分为三大项进行说明,分别是:薪酬水平策略、薪酬结构策略、薪酬组合策略。

1. 薪酬水平策略

一般而言,薪酬水平策略主要是将企业自身薪酬水平与相同或类似产业薪酬水平,企业所处的当地市场薪酬行情,及竞争对手的薪酬水平进行比较。企业选择的薪酬策略包括:主位薪酬策略、中位薪酬策略、滞后薪酬策略、混合薪酬策略,图 4.7 代表着薪酬政策线,对相同职务下企业所采取的政策方式,分别说明如下。

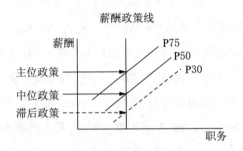

资料来源:作者整理。

图 4.7　薪酬政策线

(1) 主位薪酬策略。

采用这种薪酬策略的企业,薪酬水平在同行业的竞争对手中处于领先地位。从图 4.7 也可以看出,主位薪酬策略所能够提供的薪酬是最高的,因此也称为市场领导策略。例如,韩国的三星电子,美国的 Google、IBM、英特尔等著名跨国企业,为了吸引最优秀的人才加入公司,都采取了所谓的主位薪酬策略。

(2) 中位薪酬策略。

采用这种策略的企业,一般都是寻找行业内的标杆企业,公司本身的薪酬水平也趋近标杆企业,只要不差距太大就可行了。因此,中位薪酬策略也可以称做随位薪酬策略。

(3) 滞后薪酬策略。

即企业在制定薪酬水平策略时不考虑市场和竞争对手的薪酬水平,只考虑尽可能地节约企业生产、经营和管理的成本,这种企业的薪酬水平一般较低,也称成本导向薪酬策略。

(4) 混合薪酬策略。

混合薪酬策略即依据组织中不同部门、不同岗位、不同人才,采用不同薪酬策略进行混合搭配应用。对于紧缺性的人才可以采用主位薪酬策略,对于人力供需平衡的人才且具有一定的专业性的人才可以采用中位薪酬策略,对于劳动力供给大于需求的人员可以采用滞后薪酬策略。混合式的薪酬策略在实务工作中应用得十分频繁,也可以有效地依据不同的人力要求在人力供需市场当中进行人力引进与留用。

2. 薪酬结构策略

薪酬结构策略首先是指薪酬由哪些部分构成,各占多少比例。可以选择的策略有:

(1) 高绩效—低本薪薪酬模式。

这是一种激励性很强的薪酬模型,绩效薪酬是薪酬结构的主要组成部分,基本薪酬等处于非常次要的地位,所占的比例非常低。销售人员就是采用这种弹性薪酬结构。

(2) 高本薪—低绩效薪酬模式。

这是一种稳定性很强的薪酬模型,基本薪酬是薪酬结构的主要组成部分,绩效薪酬等处于非常次要的地位,所占的比例非常低。如后勤服务支持人员的薪酬结构基本上都属此类。

在实务工作的应用当中,一般都是绩效薪酬和基本薪酬各占一定的比例。当两者比例不断调和变化时,这种薪酬模式既可以演变为以激励为主的模式,也可以演变为以稳定为主的薪酬模式。薪酬结构策略也指薪酬分为多少层级,层级之间的关系如何。一般来说,属于高阶层级人员的薪酬差距会因为差异性比较大,故薪酬结构跨度也会比较大;而基层人员因为同构型较高差异性低,故薪资结构层级差距会较小。

3. 薪酬组合策略

薪酬组合策略是指企业向员工支付的总薪酬有哪些薪酬形式,这些薪酬形式之间以怎样的形态组合。企业在不同员工的薪酬形式上各有侧重,如销售人员实行以绩效薪酬为主的策略,就会采用低底薪高业绩奖金的组合方式;行政人员实行以职位薪酬为主的薪酬策略,就会采用高底薪,固定奖金的方式作为薪酬组合,这是属于薪酬结构比例组合的方式。有些企业在设计薪酬时,除本薪之外,还会有其他的薪酬项目,包括职务津贴、房屋津贴、额外的商业保险、休假奖金、医疗保险等,这是属于薪酬项目比例的组合。总之,企业会依据其主要的薪酬策略规划决定采用何种薪酬组合方式,以符合自身的需求。

4. 战略性薪酬管理

战略性薪酬管理是以薪酬战略为核心的薪酬体系的设计与制定、薪酬体系的贯彻与实施、薪酬体系的协调与变革,使之与企业战略相匹配的薪酬管理活动。包括薪酬体系的设计、薪酬水平的定位、薪酬结构的选择、薪酬策略的制定、薪酬管理机制的管理。企业薪酬模式的设计一般建立在价值评价的基础上。按照 3P 理论模型,存在着职位(Position)、能力(Personal)、绩效(Performance)三种不同的衡量维度,因而也就产生了三种不同的薪酬模式。

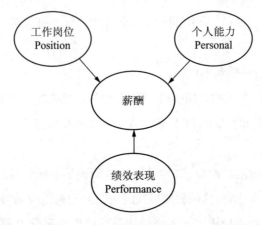

资料来源:作者整理。

图 4.8 薪酬设计的 3P 理论模型

(1) 基于工作岗位的薪酬模式。

它是通过员工的职位来确定员工为企业创造的价值,进而确定其薪酬的多少。其基本思想在于:不同职位对知识、技能有不同的要求,承担职责的大小也不一样,所以不同职位对企业的价值贡献不同。

(2) 基于个人能力的薪酬模式。

它是通过对员工的能力,即员工所具备的与工作相关的知识、技能、经验等因素进行评价,来确定其为企业所创造的价值并进行付酬。基于能力的薪酬体系的特点是关注和尊重员工个人能力的发展,鼓励员工通过不断提高自身的任职能力和工作经验,实现薪酬水平的不断提高。这种基于能力的薪酬体系特别适合高新技术企业和知识型企业,符合企业建立学习型组织的要求。

(3) 基于绩效的薪酬模式。

它是通过对员工工作业绩进行评价,即通过对员工的任务完成情况、工作行为、态度等一系列考核指标的评价来确定其薪酬。基于业绩的薪酬体系在企业中被普遍使用,尤其是市场化程度比较高、竞争比较激烈的行业。三种薪酬模式的比较如表 4.13 所示:

表 4.13 三种薪酬模式比较

薪酬模式	职位为基础	能力为基础	绩效为基础
适用对象	职能人员 管理人员 一般操作人员	研发人员 技术人员及工人 其他靠知识、技能创 造价值的员工	销售人员及工人 其他业绩易于衡量的员工
表现形式	职位、职务工资	知识、技能、能力工资	佣金制、计件工资制、绩效工资、奖金

资料来源:作者整理。

4.6.3 企业战略与薪酬战略之间的匹配性

一般来说,企业的战略主要包括三个层面:即公司层战略、事业层战略和职能层战略。公司层战略(也称公司战略、发展战略)主要描述一个公司的总体发展方向,主要包括一家公司如何建立自己的业务组合、产品组合和总体增长战略。公司战略所要解决的是企业是否扩张、稳定还是收缩的问题。公司战略通常包括增长型战略、稳定型战略、紧缩型战略三种。事业层战略(也称竞争战略、经营战略)主要发生在某个具体的战略事业部(比如事业部或者子公司),具体是指该战略事业单位根据战略优势和市场范围,是采取创新、成本领先、还是客户中心的竞争手段来获取自己的竞争优势,保持本战略事业单位的成长与发展。竞争战略所要解决的是如财务战略、研发战略、营销战略、生产战略等方面采取何种具体措施来支持组织的发展战略与竞争战略。在不考虑具体的职能战略情况下,企业采取不同的发展战略与竞争战略,其薪酬水平和薪酬结构也必然会存在差异。

1. 公司战略与薪酬战略

(1) 增长型战略。

增长型战略是一种关注市场开发、产品开发、创新以及合并等内容的战略,它又可以被划分为内增长型战略和外增长型战略两种类型。其中前者是通过整合和利用组织所拥有的所有资源来强化组织优势的一种战略,它注重的是自身力量的增强和自我扩张;而后者则试图通过纵向一体化、横向一体化或者多元化来实现一体化战略,这种战略往往是通过兼并、联合、收购等方式来扩展企业的资源或者强化其市场地位。

对于追求增长型战略的企业来说,它们所强调的重要内容是创新、风险承担以及新市场的开发等。因此,与此相联系的薪酬战略往往是:企业通过与员工共同分担风险,同时分享企业未来的成功来帮助企业实现自己的目标,同时使得员工有机会在将来获得较高的收入。这样,企业需要采用的薪酬方案就应当是:在短期内提供水平相对较低的固定薪酬,但是同时实行奖金或股票期权等计划,从而使员工在长期中能够得到比较丰厚的回报。比如,在 IT 行业中的许多企业都采用这种报酬策略。此外,成长型企业对于灵活性的需要是很强的,因此它们在薪酬管理方面往往会比较注意分权,赋予直线管理人员较大的薪酬决定权。同时,由于公司的扩张导致员工所从事的工作岗位本身在不断变化,因此,薪酬系统对员工的技能比对他们所从事的具体职位更为关注。当然,内增长型战略与外增长型战略之间的差异决定了两者在薪酬管理方面也存在一定的不同。其中,采用内增长型战略的企业可以将薪酬管理的重心放在目标激励上,而采用外增长型战略的企业却必须注意企业内部薪酬管理的规范化和标准化。

(2) 稳定型战略。

稳定型战略是一种强调市场份额或者运营成本的战略。这种战略要求企业在自己已经占领的市场中选择出自己能够做得最好的部分,然后把它做得更好。采取稳定型战略的企业往往处于较为稳定的环境中,企业的增长率较低,企业维持竞争力的关键在于是否能够维持自身的能力。从人力资源管理的角度来看,以稳定的、已经掌握相关工作技能的劳动力为主,这对企业内部薪酬一致性、薪酬的连续性及标准化有比较高的要求。

(3) 紧缩型战略。

紧缩型战略通常会被那些由于面临严重的经济困难因而想要缩小一部分经营业务的企业所采用。这种战略往往与裁员、剥离以及清算等联系在一起。根据采用紧缩型战略的企业本身的特征,不难发现,这种企业对于将员工的收入与企业的经营业绩挂钩的愿望是非常强烈的。除了在薪酬中稳定薪酬部分所占的比重较小之外,企业往往还会实施员工股计划,以鼓励员工与企业共同分担风险。

2. 竞争战略与薪酬战略

（1）创新战略。

创新战略是以产品的创新以及产品生命周期的缩短为导向的一种竞争战略。采取这种战略的企业往往强调风险承担和新产品的不断推出,并将缩短产品由设计到投放市场的时间看成是自身的一个重要目标。这种企业的一个重要经营目标在于充当产品市场上的领袖,并且在管理过程中常常会特别强调客户的满意度和客户的个性化需要,而对企业内部的职位等级结构以及相对稳定的工作评价等不是很重视。

（2）成本领先战略。

所谓的成本领先战略也就是低成本战略,即企业在产品服务本身都大体相同的情况下,以低于竞争对手的价格向客户供应产品的一种竞争战略。因此,追求成本领先战略的企业是非常重视效率的,对操作水平的要求尤其高;此外,这种企业通常会比较详细地对员工所从事的工作进行描述,强调员工工作岗位的稳定性。在薪酬水平方面,这种企业会密切关注竞争对手所支付的薪酬状况,本企业的薪酬水平既不能低于竞争对手,最好也不要高于竞争对手,宗旨是在尽可能的范围内控制薪酬成本支出。

在薪酬构成方面,这种企业通常会采取一定的措施来提高浮动薪酬或奖金在薪酬构成中的比重。这一方面是为了控制总体的成本支出,不至于由于薪酬成本失控而导致产品成本上升;另一方面也是为了鼓励员工提升生产效率,降低成本。

（3）客户中心战略。

客户中心战略是一种通过改进客户服务质量、服务效率、服务速度等来赢得竞争优势的战略。采取这种战略的企业所关注的是如何取悦客户,它希望自己以及自己的员工不仅能够很好地满足客户所提出来的需要,而且能够帮助客户发现一些他们自己尚未明晰的潜在需要,并且设法帮助客户去满足这些潜在需要。客户满意度是这种企业最为关心的一个绩效指标。为了鼓励员工持续发掘服务于客户的各种不同途径,以及提高对客户需要作出反应的速度,这类企业的薪酬系统往往会根据员工向客户所提供服务的数量和质量来支付薪酬,或者根据客户对员工或员工群体所提供服务的评价来支付奖金。

附表:海式评估表

一、知识技能评分量表

管理技能 / 人际关系 / 专业知识	起码的			相关的			多样的			广博的			全面的		
	基本	重要	必须	基本	重要	必须	基本	重要	必须	基本	重要	必须	基本	重要	必须
基本业务	50	57	66	66	76	87	87	100	115	115	132	152	152	175	200
	57	66	76	76	87	100	100	115	132	132	152	175	175	200	230
	66	76	87	87	100	115	115	132	152	152	175	200	200	230	264
初等业务	66	76	87	87	100	115	115	132	152	152	175	200	200	230	264
	76	87	100	100	115	132	132	152	175	175	200	230	230	264	304
	87	100	115	115	132	152	152	175	200	200	230	264	264	304	350
中等业务	87	100	115	115	132	152	152	175	200	200	230	264	264	304	350
	100	115	132	132	152	175	175	200	230	230	264	304	304	350	400
	115	132	152	152	175	200	200	230	264	264	304	350	350	400	460
高等业务	115	132	152	152	175	200	200	230	264	264	304	350	350	400	460
	132	152	175	175	200	230	230	264	304	304	350	400	400	460	528
	152	175	200	200	230	264	264	304	350	350	400	460	460	528	608
基本技术	152	175	200	200	230	264	264	304	350	350	400	460	460	528	608
	175	200	230	230	264	304	304	350	400	400	460	528	528	608	700
	200	230	264	264	304	350	350	400	460	460	528	608	608	700	800
熟练技术	200	230	264	264	304	350	350	400	460	460	528	608	608	700	800
	230	264	304	304	350	400	400	460	528	528	608	700	700	800	920
	264	304	350	350	400	460	460	528	608	608	700	800	800	920	1 056
精通技术	264	304	350	350	400	460	460	528	608	608	700	800	800	920	1 056
	304	350	400	400	460	528	528	608	700	700	800	920	920	1 056	1 216
	350	400	460	460	528	608	608	700	800	800	920	1 056	1 056	1 216	1 400
权威技术	350	400	460	460	528	608	608	700	800	800	920	1 056	1 056	1 216	1 400
	400	460	528	528	608	700	700	800	920	920	1 056	1 216	1 216	1 400	1 600
	460	528	608	608	700	800	800	920	1 056	1 056	1 216	1 400	1 400	1 600	1 840

二、解决问题能力评分量表

思维环境	思维难度				
	重复性的	模式化的	中间型的	适应性的	无先例的
高度例行性的	10—12	14—16	19—22	25—29	33—38
例行性的	12—14	16—19	22—25	29—33	38—43
半例行性的	14—16	19—22	25—29	33—38	43—50
标准化的	16—19	22—25	29—33	38—43	50—57
明确规定的	19—22	25—29	33—38	43—50	57—66
广泛规定的	22—25	29—33	38—43	50—57	66—76
一般规定的	25—29	33—38	43—50	57—66	76—87
抽象规定的	29—33	38—43	50—57	66—76	87—100

三、承担职务责任评分量表

职务责任 大小等级		微小 金额范围				少量 金额范围				中量 金额范围				大量 金额范围			
职务对后果形成的作用	责任	间接			直接	间接			直接	间接			直接	间接			直接
		后勤	辅助	分摊	主要	后勤	辅助	分摊	主要	后勤	辅助	分摊	主要	后勤	辅助	分摊	主要
工作自由度 有规定的		10	14	19	25	14	19	25	33	19	25	33	43	25	33	43	57
		12	16	22	29	16	22	29	38	22	29	38	50	29	38	50	66
		14	19	25	33	19	25	33	43	25	33	43	57	33	43	57	76
受控制的		16	22	29	38	22	29	38	50	29	38	50	66	38	50	66	87
		19	25	33	43	25	33	43	57	33	43	57	76	43	57	76	100
		22	29	38	50	29	38	50	66	38	50	66	87	50	66	87	115
标准化的		25	33	43	57	33	43	57	76	43	57	76	100	57	76	100	132
		29	38	50	66	38	50	66	87	50	66	87	115	66	87	115	152
		33	43	57	76	43	57	76	100	57	76	100	132	76	100	132	175
一般性规范的		38	50	66	87	50	66	87	115	66	87	115	152	87	115	152	200
		43	57	76	100	57	76	100	132	76	100	132	175	100	132	175	230
		50	66	87	115	66	87	115	152	87	115	152	200	115	152	200	264
有指导的		57	76	100	132	76	100	132	175	100	132	175	230	132	175	230	304
		66	87	115	152	87	115	152	200	115	152	200	264	152	200	264	350
		76	100	132	175	100	132	175	230	132	175	230	304	175	230	304	400
方向性指导的		87	115	152	200	115	152	200	264	152	200	264	350	200	264	350	460
		100	132	175	230	132	175	230	304	175	230	304	400	230	304	400	528
		115	152	200	264	152	200	264	350	200	264	350	460	264	350	460	608

续表

职务责任	大小等级	微 小				少 量				中 量				大 量			
	责任	金额范围				金额范围				金额范围				金额范围			
职务对后果形成的作用		间接		直接		间接		直接		间接		直接		间接		直接	
		后勤	辅助	分摊	主要	后勤	辅助	分摊	主要	后勤	辅助	分摊	主要	后勤	辅助	分摊	主要
工作自由度	广泛性指导的	132	175	230	304	175	230	304	400	230	304	400	528	304	400	528	700
		152	200	264	350	200	264	350	460	264	350	460	608	350	460	608	800
		175	230	304	400	230	304	400	528	304	400	528	700	400	528	700	920
	战略性指导的	200	264	350	460	264	350	460	608	350	460	608	800	460	608	800	1 056
		230	304	400	528	304	400	528	700	400	528	700	920	528	700	920	1 216
		264	350	460	608	350	460	608	800	460	608	800	1 056	608	800	1 056	1 400
	一般性无指导的	304	400	528	700	400	528	700	920	528	700	920	1 216	700	920	1 216	1 600
		350	460	608	800	460	608	800	1 056	608	800	1 056	1 400	800	1 056	1 400	1 840
		400	528	700	920	528	700	920	1 216	700	920	1 216	1 600	920	1 216	1 600	2 112

专业名词速记

职位评价(Job Evaluation)

是指在工作分析的基础上,采取一定的方法,对岗位在组织中的影响范围、职责大小、工作强度、工作难度、任职条件、岗位工作条件等特性进行评价,以确定岗位在组织中的相对价值,并据此建立工作职位价值序列的过程。

职位评价委员会(Job Evaluation Committee)

是职位评价工作的领导和执行机构,在企业内部会有专业的薪资管理人员以及各部门主管来担任职位评价委员。

因素比较法(Factor Comparison Method)

取得工作数据,选择特定的标杆工作,针对各报酬因素,排列各工作顺序,依报酬因素分派薪资待遇,汇总得到每项工作的本薪。

因素计点法(Factor Point Method)

将薪资的可酬因素确立作为评价基准,确立可酬因素的条件定义,厘定彼此之间的权值进行评价,求出各因素的总分予以加总,建立工作价值体系。

薪资等幅(Salary Span)

各职等中的最高薪(maximum)减去各职等中的最低薪(mimimum),再除以各职等的最低薪的百分比。

薪资等距（Midpoint Progression Rate）

相邻的上一薪等中点减下一薪等中点再除以下一薪等中点的百分比。

薪等重迭（Over Lap）

相邻两职等下一职等与上一职等的薪资等幅彼此相同的部分，也就是下一职等的最高薪减去上一职等的最低薪，再除以下一职等的最高薪减去下一职等的最低薪之间的差距。

薪酬均衡指标（Compa-Ratio）

薪酬均衡指标是一个相对的指标值，能反映个体员工在不同团体中的薪资相对位置，又能反映不同的部门和企业的薪资相对位置，可以作为薪酬分析的依据。

股权激励方案（Stock Motivation Solutions）

是针对员工的一种长期激励方式，更将员工的个人利益与组织的整体利益紧密相连，是优化企业治理结构的重要方式，是现代企业激励机制的重要组成部分。

股票期权计划（Stock Option Plan）

股票期权计划是指企业向员工提供的一种在一定期限内按照某一既定价格购买一定数量本公司股份的权利。

限制性股票计划（Bounded Stock Plan）

上市公司按照预先确定的条件授予激励对象一定数量的本公司股票，激励对象只有在工作年限或业绩目标符合股权激励计划规定条件的，才可出售限制性股票并从中获益。

股票增值权计划（Stock Value-Add Plan）

增值权计划是指在规定一段时间（等待期）之后，公司与员工之间按照约定的指标，如每股净资产、股票价格或者某个综合公式等，计算出股票增值权的价值，并将收益支付给持有人。

薪酬预算（Compensation Budget）

薪酬预算是组织规划过程的一部分，其目的是为了确保未来企业的财政支出的可调性和可控制性。要求企业的管理者在进行薪酬决策时，必须把企业的财务状况、所面临的市场竞争压力以及薪酬预算、薪酬控制等问题放在一起加以综合考虑。

自上而下法（Top-Down）

是通过对企业经营数据作出预测，结合企业人工成本历史数据，分析企业面临的环境和条件，对年度人工成本作出预测，并将人员配置及人工成本分解到各部门。

自下而上法（Bottom-Up）

各部门根据企业制定的经营目标，提出本部门人员配置数量及薪酬水平，人力资源部门根据劳动力市场状况、企业内部条件、物价上涨水平等各方面因素对薪酬水平的影响,综合确定公司人均薪酬增长率,通过汇总各部门数据得出公司整体的薪酬预算。

盈亏平衡点(Break-Even Point)

是指在该点企业销售产品和服务所获得的收益恰好等于其总成本,而没有额外的盈利。(这里所说的盈利,是指没有经济利润,并不是指没有会计利润,它已经包含了机会成本的概念。)

劳动分配率(Labor Distribution Ratio)

企业在一定期间内所创造出来的附加价值,可以分配给人工成本的比率。

第 5 章
绩效管理实务

Functional Administration To Business Partner

5.1 绩效管理的意义与作用

5.1.1 绩效管理的意义

绩效管理(Performance Management)是指各级管理者和员工为了达到组织目标共同参与的绩效计划制定、绩效辅导沟通、绩效评估、绩效结果应用、绩效目标提升的持续循环过程,绩效管理的目的是持续提升个人、部门和组织的绩效。绩效评估(Performance Evaluation)是为了正确评估组织或个人的绩效,以便有效进行激励,是绩效管理最重要的一个环节。从定义不难看出,绩效评估只是绩效管理的其中一项环节,是主管与下属交流沟通的流程,在绩效管理过程中员工会得到主管的辅导和支持,绩效考核结果反馈使下属知道自己的缺点和不足,从而提高个人能力素质和业务水平。

威廉姆斯(Richard Williams, 2001)在所著《管理员工绩效》一书中把绩效管理系统分成以下四点:

(1) 为员工确定评价绩效标准和绩效目标的指导与计划阶段;

(2) 管理和监督员工绩效的管理与支持阶段,在这个阶段需要帮助员工排除障碍,提供支持和反馈;

(3) 对员工进行评估和考核;

(4) 根据考核结果对员工进行相应的奖励、培训和安置。

因此,绩效管理是一种管理手法,目的是通过持续改善提高个人绩效,提高部门和整个组织绩效,进而提升企业在整个行业中的竞争力。绩效管理的整个过程包括绩效计划制定、绩效辅导沟通、绩效考核评价、绩效结果应用、绩效目标提升,这几个部分又和管理循环 PDCA 框架相匹配。

从管理循环 PDCA 的意义与绩效管理的过程可以了解到:P(Plan,计划)就是绩效计划的制定和绩效的沟通过程。制定绩效计划及完成这些计划所应采取的措施是通过从上至下,又从下至上,以及从上至下和从下至上相结合这三种方式来完成的,只有这样才能制定出较为科学的、为上下级认可的、既能完成终级总体目标的个体绩效计划。D(Do,执行)就是实施的过程,即对绩效计划的完成过程。C(Check,检查)是绩效评估、绩效结果应用过程。绩效评估即对绩效计划中的内容按照检查标准对照,对其完成情况进行检查,评估哪些做得好,哪些做得欠缺,找出其问题所在,并对其结果进行应用,以达到激励效果。A(Action,行动)是如何使绩效目标完成和提升。对成功的经验加以肯定,并予以标准化,对失败的教训,要找出根源所在,并制定改进措施,使其得以解决。

绩效管理的焦点在于员工个人能力的发展、自我学习计划的实施以及个人目标与企业目标的结合。绩效管理与工作管理、员工发展及薪资报酬的流程也具有相关性,将这些管理程序紧密结合在一起成为企业内部所有管理者都需要实施的基本人力资源管理职能,而非仅仅只是人力资源部门的工作范畴。绩效管理有几个重要的观念:

(1) 绩效管理活动与直线部门主管有关。

绩效管理是管理者在从事管理活动时的必要程序,而不是高阶主管或是人力资源部门强加在直线主管身上的责任。

(2) 共同认定绩效要求与标准。

绩效管理的基础观念是要求管理者与员工必须在绩效标准上达到一致认同。

(3) 绩效管理是一种流程。

绩效管理并非仅仅是一个单纯的管理规范或程序,而是一个完整的系统流程。这些流程与员工为达成目标或提升绩效所采取的行动有关。

(4) 管理与发展员工能力。

绩效管理的重点在于管理者如何与部属有效率地共事,员工如何提升个人的知识、技术、专业能力以达到组织所要求的绩效水平。

所以绩效管理是一种持续的循环流程,绩效管理与企业的经营战略有着紧密的连结,个人绩效需要通过部门团队目标才能与企业的目标结合,支持企业经营目标的达成。绩效管理是企业管理相关理论的重要核心之一,其运作的成败也直接关系着企业运作绩效的成果。

人才发展(Talent Management)、方针管理(Policy Management)、关键绩效指标法(Key Performance Indicator, KPI)、平衡计分卡(Balance Score Card, BSC)、关键目标结果法(Objective Key Result, OKR)等理论与分析模式的发展也都对绩效评估的内涵及实务操作产生了重大的影响。双向沟通、持续评估、360度评估(360 Degree Appraisal)、事前规划、评估结果的回馈乃至员工的学习、激励、成长等,也成为现代组织内部职能单位的绩效评估多元面向的重点。企业的绩效评估已经超越过去单纯为员工考核其工作表现的作法,进一步发展为绩效管理(Performance Management)制度。

5.1.2 绩效管理的作用

绩效管理在人力资源管理中处于核心地位。首先,组织的绩效目标是由公司的发展规划、战略和组织目标决定的,绩效目标要体现公司发展战略导向,组织结构和管理控制是部门绩效管理的基础,岗位工作分析是个人绩效管理的基础;其次,绩效考核结果在人员配置、培训开发、薪酬管理等方面都有非常重要的作用,如果绩效考核缺乏公平公正性,上述各个环节工作都会受到影响,而绩效管理落到实处将对上述各个环节工作起到促进作用;绩效管理和招聘选拔工作也有密切联系,个人的能力、水平和素质对绩效管理影响很大,人员招聘选拔要根据岗位对任职者能力素质的要求来进行;通过薪酬激励激发组织和个人的主动积极性,通过培训开发提高组织和个人的技能水平能带来组织和个人绩效的提升,进而促进企业发展目标的实现。

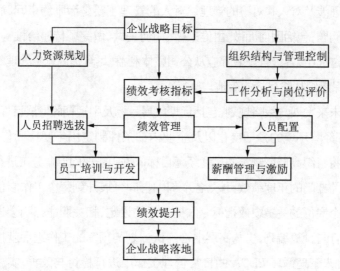

资料来源:作者整理。

图 5.1 绩效管理与企业战略人力资源管理关联性

(1) 促进组织和个人绩效的提升。

绩效管理通过设定科学合理的组织目标、部门目标和个人目标,为企业员工指明了努力方向。管理者通过绩效辅导沟通及时发现下属工作中存在的问题,给下属提供必要的工作指导和资源支持,下属通过工作态度以及工作方法的改进,保证绩效目标的实现。在绩效评估环节,对个人和部门的阶段工作进行客观公正的评价,明确个人和部门对组织的贡献,通过多种方式激励高绩效部门和员工继续努力提升绩效,督促低绩效的部门和员工找出差距改善绩效。

在绩效反馈面谈过程中,通过评估者与被评估者面对面的交流沟通,帮助被评估者分析工作中的长处和不足,鼓励下属扬长避短,促进个人得到发展;对绩效水平较差的组织和个人,评估者应帮助被评估者制定详细的绩效改善计划和实施举措;在绩效反馈阶段,评估者应和被评估者就下一阶段工作提出新的绩效目标并达成共识。在企业正常运营情况下,部门或个人新的目标应超出前一阶段目标,激励组织和个人进一步提升绩效。

此外,绩效管理通过对员工进行甄选与区分,保证优秀人才脱颖而出,同时淘汰不适合的人员。通过绩效管理能使内部人才得到成长,同时能吸引外部优秀人才,使人力资源能满足组织发展的需要,促进组织绩效和个人绩效的提升。

(2) 促进管理流程和业务流程优化。

企业管理涉及对人和对事的管理。对人的管理主要是激励约束问题,对事的管理就是流程问题,包括因何而做、由谁来做、如何去做、做完了传递给谁等四个方面。在绩效管理过程中,各级管理者都应从公司整体利益,尽量提高业务处理的效率。

(3) 确保组织战略目标的落地与执行。

组织的未来发展与战略规划,包括远期发展目标及中短期的发展目标,在此基础上,根据外部经营环境的预期变化以及企业内部条件制定出年度目标与经营计划。部门管理者将组织高层所制定的年度经营目标依据职能部门专业分工进行层层的目标分解就成为部门的年度绩效目标,各个部门再向下展开到每个工作岗位分解的目标就成为每个岗位的关键绩效指标。依据目标的设定,相关职能部门会进行详细的工作计划制订与预算编列,当与高层主管确认计划与预算的工作之后就按照计划执行,工作就进入管理循环 PDCA 的日常管理工作中进行检讨与改善,实施的结果再由下往上反馈,与组织所设定的目标进行比较确认。

5.2 绩效管理实施的程序

绩效管理的目的在于建立权责相符、人人负责的管理文化。首先,建立良好的绩效文化,促使公司总体绩效全面、持续提升。其次,使绩效评估制度成为各级管理者有效激励员工、进行精细化管理的工具。最后,促进员工能力不断成长,提高员工的满意度和成就感,实现公司的目标、个人发展目标的高度结合。

绩效管理实施需要经过良好的规划、设计与执行。因此绩效管理一般可以分为以下程序来进行:

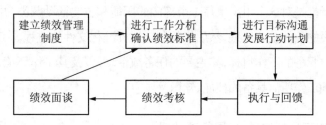

资料来源:作者整理。

图 5.2　绩效管理实施程序

5.2.1　建立绩效管理体系

要执行绩效管理,必须制定管理制度以及流程,让参与绩效管理的成员了解执行绩效管理的程序与步骤,及相关的执行表单。完整的绩效管理体系应包括绩效管理框架(包括组织绩效、部门绩效、个人绩效)、绩效指标项目(针对工作项目的评估以及针对个人能力的评估)、绩效管理文件(包括绩效管理制度、绩效管理流程)。绩效管理体系如图 5.3 所示。

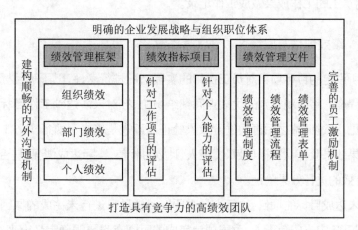

资料来源:冉斌、水藏玺(2008:215)。

图 5.3　绩效管理体系图

5.2.2 进行工作分析,确认绩效标准

工作分析(Job Analysis)就是确定职位所需承担的工作职责以及这些职位需要具有哪些特征的任职者来承担的过程。简而言之,就是描述及记录工作各个层面的系统过程。岗位分析的结果由岗位说明书及岗位规范这两个信息体现出来。

工作分析就是对这个组织里每一个部门的职能和主要活动归类,并将部门所需面向招募人员的条件整理出来,然后将其制定成标准化文件的过程。工作说明书包括了一项工作职务的工作目标,其主要的任务或活动,以及其工作环境;工作规范则列出执行此项工作所需具备的技能、知识及能力。

5.2.3 进行目标沟通,发展行动计划

与员工讨论工作目标有哪些,需要衡量的方面与标准在哪里,使员工明确知道主管对于自身的工作要求有哪些,并讨论达成目标的可行计划。进行沟通的目的在于取得双方的共识,让员工有参与感,进而能够提高目标达成的几率,提升员工的组织承诺。

5.2.4 执行

定期进行执行成效并给予员工执行过程回馈与工作教导,定期观察员工的工作表现,并将员工的工作成果做成工作记录。

5.2.5 绩效评估与回馈

依据所设定的目标项目对员工执行的实际情况进行考评,以了解目标与实际情况的差异程度。将所观察到的优缺点回馈给员工,针对未能达到工作目标的项目提出改善意见,经过调整之后再次进行效果验证。下表是笔者于执行实务工作所应用的执行结果效果验证从目标项目、责任人、计划目标值、实际达成情况、是否达成目标等项目,有效的进行效果验证。

对于未达成目标的项目,执行人员需要针对该项目进行未完成的原因分析并制定改善对策,指定专门负责人,改善预计完成的时间点也要明确定义出来,做到确实地执行改善活动。

表 5.1　绩效目标效果验证表

编号	效果量测指标 (KPI)	汇整单位 (DEPT)	责任人 (OWNER)	1Q计划 (GOAL)	实际达成情况				是否完成目标	
					1月	2月	3月	1Q累计	是	否
P1-1-a	培训合格内部讲师(人)	HRD	Ben Lee	20 人	30			30	V	
P1-1-b	课级以上主管授课(人/时)	HRD	Ben Lee	2 小时	0.6	1.2	0.6	2.4	V	
P1-2-a	教育训练学时(人/时)	HRD	Andy Hsu	6 小时	2.5	2.1	3.2	7.8	V	
P1-2-b	教育训练计划执行(%)	HRD	Andy Hsu	82%	80%	75%	60%	71.67		V
P2-1-a	员工留任率(%)	HRM	Lucy Wang	90%	88%	92%	94%	91.33	V	
P2-1-b	员工日出勤率(%)	HRM	Baby Tang	98.5%	98.2%	98.7%	97.4%	98.1		V
P2-1-c	迟到/旷工(人次/月)	HRM	Baby Tang	6 人/月	4.3	5.2	4.5	4.6	V	
P2-2-a	社会保险投保率(%)	HRM	Lucy Wang	80%	78%	83%	84%	81.66	V	
P2-2-b	薪资作业准确率(%)	HRM	Lucy Wang	99.5%	99.6%	99.7%	99.7%	99.67	V	
P2-2-c	人员招募周期(天)	HRM	Carol Lin	15 天	14.2	15.6	13.3	14.36	V	

资料来源:作者整理。

表 5.2　原因分析与改善对策表

序号	效果量测指标	教育训练计划执行	未完成原因	改善对策
1	编号	P1-2-b	1. 教育训练空间不足 2. 专业讲师人数欠缺	1. 加快训练中心完工 2. 第 2Q 培训内部讲师 30 人
	计划目标	82%		
	实际(累计)	71.67%		
2	效果量测指标	员工日出勤率	1. 各部门人员请假过多 2. 人员常忘记刷卡	1. 通知各部门主管控制请假人数 2. 执行未刷卡记缺失列入出勤考核纪录
	编号	P2-1-b		
	计划目标	98.5%		
	实际(累计)	98.1%		
	效果量测指标			
	编号			
	计划目标			
	实际(累计)			

资料来源:作者整理。

5.2.6　绩效面谈

主管与部属就一定期间内所完成的工作实际成效与目标进行面谈，就执行过程中的优缺点以及改善计划交换意见，且针对下期的工作目标进行讨论，就执行计划达成共识。进行面谈并非毫无准备，管理者与员工都需要进行事前的相关准备。笔者整理出绩效面谈主管与员工需要进行准备的项目，如图 5.4 所示。

主　管	部　属
1. 检视原定的工作目标 2. 检查项目完成的情况 3. 搜集关于本员工工作表现的情况 4. 针对工作成果进行讨论 5. 进行差异分析与改善计划 6. 了解部属的问题点与需要协助之处 7. 为下一阶段的工作设定目标 8. 提前通知员工做好准备	1. 检视原先设定的工作目标 2. 检查项目完成的情况 3. 整理自身的相关工作资料 4. 给自己工作成果评估 5. 哪些方面表现好？为什么？ 6. 哪些方面需要改进？行动计划为何？ 7. 为下一阶段的工作设定目标 8. 需要主管的支持和资源为何？

资料来源：作者整理。

图 5.4　绩效面谈主管与部属须准备项目

5.3　绩效评估的方法

5.3.1　衡量组织与部门绩效的管理工具

目前经常使用的绩效管理工具有四种，包括目标管理法（Management By Objective, MBO）、关键绩效指标法（Key Performance Indicator, KPI）、平衡计分卡（Balanced Score Card, BSC）、方针管理法（Policy Management, PM）、经济附加价值法（Economic Value Added, EVA）。这些管理工具都有其产生的背景，每种工具与运用手法都有其独特的优缺点以及应用范围。例如，比较适合用来衡量企业绩效管理的工具有平衡计分卡、关键绩效指标、目标管理和经济附加价值。针对个人考评的管理工具包括关键绩效指标、工作目标设定和行为态度指标。衡量组织的业绩和针对人员的考评是不一样的。组织绩效的衡量着重在定量方面的评估，所以在此介绍的绩效评估方法主要是以衡量组织绩效的管理工具进行说明。

1. 目标管理法

目标管理法(Management By Objectives, MBO)的概念最早由著名的管理大师德鲁克于 1954 年在其名著《管理实践》中提出。所谓目标管理,是一种程序或过程,即组织中的上、下级一起协商,根据组织的使命确定一定时期内组织的总目标,由此决定上、下级的责任和分目标,并把这些目标作为组织经营、考核和奖励的标准。目标管理的指导思想是以 Y 理论为基础的,即认为在目标明确的情况下,人们能够对自己的行为负责。目标管理法是众多国内外企业进行绩效管理的最常见的方法之一。目标管理的实施程序如下:

(1) 目标设定。

绩效目标的设定是目标管理程序的第一步,实际上是上下级共同确定各个层级所要达到的绩效目标。在目标管理法中,绩效目标的设定开始于组织的最高层,他们提出组织使命声明和战略目标,然后通过部门层次往下传递至具体的各个员工。目标主要指所期望达到的结果,以及为达到这一结果所应采取的方式、方法。

(2) 完成时间。

目标管理强调"自我控制""自我突破",但绝不是要放弃管理控制,只不过是用双向沟通代替了专制管理,通过确定绩效目标达成时间的有效约束,可以更有效地保证组织目标的实现。

(3) 结果与目标相比较。

目标管理的考核不是考核行为或其他,而是考核绩效。如果目标确立是具体的、可验证的,那么考核过程就简单。管理者与员工讨论他们是否完成了目标,并研究为什么能完成或不能完成,组织将这些检查考核工作情况记录下来并成为正式的绩效考核。

(4) 新目标设定。

新目标的设定是为了要达成更高的组织目标,所以当原有的目标已经达成之后,组织就会设定新的目标来追求企业更高的绩效表现。而那些没有达到原先设定目标的项目应由直接负责人与管理者直接进行沟通,找出妨碍目标达成的原因并制定相应的解决办法和行动改善计划后,持续进行改善。原先所设定的目标完成之后,才能参与新的绩效目标设定。

2. 关键绩效指标法

关键绩效指标法(Key Performance Indicator, KPI)是通过对组织内部的输入

(Input)、过程(Process)、输出(Output)的价值流程进行绩效衡量的一种萃取式目标量化管理,是把企业的战略目标分解为可操作的工作目标的工具,是绩效管理的基础。关键绩效指标法符合一个重要的管理原理——"八二原则"。企业在价值创造过程中,存在着"80/20"的规律,即 20%的骨干人员创造企业 80%的价值;而且在每一位员工身上,"八二原理"同样适用,即 80%的工作任务是由 20%的关键行为完成的。因此,必须抓住 20%的关键行为,对之进行分析和衡量,这样就能抓住绩效衡量的重点,在谈到 KPI 的同时,还必须要说明的是 KRA、KPA 与 KPI 之间的关系。

KRA(Key Result Areas,关键结果领域),是指企业为了达成总体的目标,必须在某些重要性的关键领域获得令人满意的绩效表现,也就是组织经营的过程中最有价值的部分。彼得·德鲁克(Perter Drucker)认为,企业应该关注的八个 KRA 包括:市场地位、创新、生产率、实物、金融资产、利润、管理者的培养、员工态度与公共责任。

KPA(Key Performance actions,关键绩效活动),是指在关键结果领域中的主要关键活动项目,关键绩效活动也指出了企业需要集中力量改进与解决问题的过程。KPA 的计划与执行对于 KRA 具有决定性的影响。也有人将 KPA 解释成为关键过程领域(Key Process Areas)。不论是绩效活动或是过程领域,都指出了企业的重要营运活动的范围。

KPI(Key Performance Indicators,关键绩效指标),是指对组织内部流程的输入与输出端的关键参数进行设置、取样、计算、分析,是衡量流程绩效的一种目标式量化管理指标,是对企业运作过程中关键成功要素的提炼和归纳。

从图 5.5 可以得知,在 KRA 之内可以包括了不同项目的 KPA,而每个 KPA 项目当中就可以提炼出衡量该 KPA 的 KPI。关键绩效指标(KPI)是对公司及组织运作过程中关键成功要素的提炼和归纳。因此,关键绩效指标具有以下特征:

(1) 将员工的工作与公司远景、战略与部门相连接,层层分解,层层支持,使每一员工的个人绩效与部门绩效,与公司的整体效益直接挂钩。

(2) 保证员工的绩效与内外部客户的价值相连接,共同为实现客户的价值服务。

(3) 员工绩效考核指标的设计是基于公司的发展战略与流程,而非岗位的功能。

所以,关键绩效指标与一般绩效指标相比,把个人和部门的目标与公司整体的成败联系起来,具有长远的战略意义。因为关键绩效指标集中测量公司需要的行为,而且,由于其简单明了,少而精,就变得可控与可管理。对于员工而言,关键绩效指标体系使得员工按照绩效的测量标准和奖励标准去做,从而可以真正发挥绩效评估的指标设定与目标导向作用。

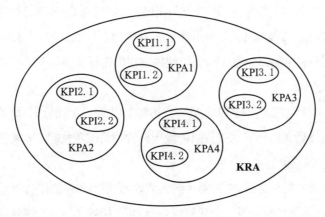

资料来源:作者整理。

图 5.5　KRA、KPA 与 KPI 的关系

表 5.3　关键绩效指标法与目标管理法比较

	关键绩效指标法	目标管理法
假设前提	假设人们会采取一切必要的行动以实现目标	假设人们不清楚或者不采取任何行动去实现目标;制定与实施战略与一般员工无关
评价的目的	以战略为中心,指标体系的设计和运用都是为战略服务的	以控制为中心,指标体系的设计和运用是为了控制个人的行为
指标的产生	在组织内部通过自上而下对战略目标进行层层分解	通过自下而上根据个人以往的绩效与目标产生
指标的来源	来源于组织的战略目标和竞争的需要	来源于特定程序,是对过去行为和绩效的修正
指标的构成及作用	通过财务与非财务的指标相互结合,体现了既关注短期效益,又关注长期发展的原则;指标不仅传递了结果,也传递了产生结果的过程	以财务指标为主,非财务指标为辅,注重对过去绩效的评价,对绩效存在的问题进行改进,但是改进行动与战略需要脱钩
收入分配体系与战略的关系	与 KPI 的值、权重相搭配。有利于推进组织战略目标的实现	与组织的战略目标关系不大,但是与个人的绩效的好坏息息相关

资料来源:作者整理。

关键绩效指标法的实施程序可以分成以下步骤进行:

(1) 设定战略性目标。

根据企业的战略目标,找出企业的业务重点,确定这些关键业务领域的关键业绩指标(KPI)，即企业级 KPI。

（2）建立各部门的 KPI。

职能部门主管需要依据组织层面的 KPI 建立部门的 KPI，并对相应部门的 KPI 进行分解，确定相关的要素目标，分析绩效驱动因数（技术、组织、人），确定实现目标的工作流程，分解出各部门级的 KPI，以便确定评价指标体系。

（3）目标分解。

各部门的主管和部门的 KPI 人员一起再将 KPI 进一步细分，分解为更细的 KPI 及各职位的业绩衡量指标。这些业绩衡量指标就是员工考核的要素和依据。

（4）设定考核标准。

当界定了绩效指标之后，要针对不同的绩效考核指标设定相应的绩效考核标准。对于数量化的指标，一般设置一个数值或一个范围，用被考核者的绩效表现与标准相比较，对于非数量化的指标，则利用定性衡量的方法进行衡量。

（5）对关键绩效指标进行审核。

在设定了关键绩效指标和标准之后，还需要进一步对这些关键绩效指标进行审核。对关键绩效指标进行审核的目的主要是为了确认这些关键绩效指标是否能够全面、客观地反映被评估对象的工作绩效，衡量的方式是否合理，目标设定达成的可能性，以及能否在实际的工作当中操作与执行。具体包括指标与标准的客观性、指标与标准的全面性、指标与标准的可操作性、是否可以提供反馈及修正信息。

关键绩效指标法可以用计算公式计算出员工经营活动的量化结果，侧重考察员工对经营结果有直接控制力的工作，它考察的是当期绩效和最终经营结果；工作目标是上级领导以打分的形式，定性评价员工完成不易量化的主要工作情况，侧重考察员工对经营成果无直接控制力的工作，它考察的是长期工作和工作的过程。使用工作目标完成效果评价，可以弥补仅用完全量化的关键绩效指标来考核的不足，以便更加全面地反映员工的工作表现。

3. 方针管理法

方针管理（Policy Management）的理念由日本石桥（Bridgestone）轮胎公司在 1965 年提出的，又称为 Hoshin Kanri、Hoshin Planning、Policy Management、Policy Deployment、Management by Policy(Stark, 1998)，或 Management by Planning(Hutton, 2002)等。方针管理就是一套综合了公司使命、经营理念、公司价值、远景、方

针、目标、策略、方案、执行计划以及公司资源的全面管理系统。

　　方针管理涵盖策略规划与年度方针展开两个层面。策略规划层面是从总公司经营理念、使命、范围、政策至远景的形成,经由环境与趋势分析制定中长期策略规划而成为全公司的基本方针;年度方针展开层面是根据经营方针订定事业单位(或公司)年度目标展开,各机能与各部门根据上一阶段的目标逐次展开到执行计划的负责人,据此将策略依序展开到行动对策与战术上。方针管理是要在维持现状到某阶段后再打破现状,向更高的目标跃进的管理方法。因此,须将日常管理做好,稳定维持现有实力后,再进行方针管理以打破现状,使企业整体水平提高。

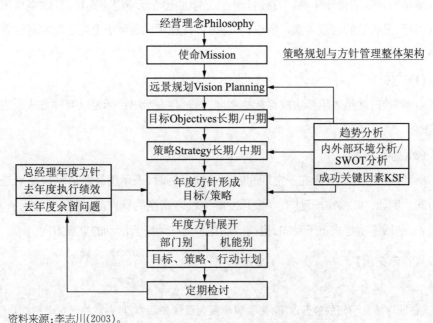

资料来源:李志川(2003)。

图 5.6　策略规划与方针管理结构关系

　　企业的经营环境随着世界形势在变化着,缺乏全球化竞争实力的企业,将很难因应变局,终究会有被淘汰的一天。为应对这种世界性规模的变局,最有效的经营管理体系就是推行全面质量管理(Total Quality Management, TQM)。所谓 TQM,就是"公司的最高经营者亲自领导,结合公司内所有部门全体人员协力合作,建构一个能共同认识,易于实施并且有效果的管理体系并使工作标准化,且使所订定的各种事项能确实实施,有效转动 PDCA 管理循环,使自市场调查、研究、开发、设计、采购、生产、检查、试验、出货、销售、服务为止,每一阶段的质量,都能有效加以维持、改善、改革,确实能以最经济、最有效的方法做好质量保证,达成顾客满意的目的。"要让TQM体系的每一阶段都能有效地加以维持、改善、改革,并能以最经济、最有效的方法达成目的,就必须实施方针管理,提出能达成目的的一贯方针。

全球化的今天,公司年度经营计划常会发生的问题是:(1)中长期经营计划的展望不明确,缺乏经营战略的思考;(2)年度经营方针目标太分散;(3)经营方针目标无法落实地展开到基层末端;(4)实施经营计划时无有效的追踪方法,很多年度经营目标均无法达成。上述各项问题之所以发生,主要就是因为企业体制不健全,没有一套可以遵循的有效的管理体制。方针管理正是能因应经营环境的变化,有效率地达成经营目标,最有效的管理体系。所以,实施方针管理可说是解决上述各项问题的重要手段。

(1) 方针。

所谓方针,就是表示要达成目标的程度,同时并表示出目标要以何种方式来达成的策略。

(2) 指示。

所谓指示就是经营者在一定期间内要达成目标时,表示出经营活动应重点进行的方向。例如,"掌握市场动向,积极开发能使顾客满意的新产品,提高产品竞争力"的指示,是指要将重视市场动向,提高产品竞争力作为经营活动的重点方向。

【指示范例】

1. 向一流企业挑战

长期保持且积极的展开改下,更要以质量为最优先活力、具创意的气氛下挑战。

2. 推行TQM健全企业体质

重视企业伦理,塑造一流企业形象,贯彻执行力、改善、改革。

3. 充分运用新设备,强化软实力

推动TQM,贯彻质量至上的质量保证,提供顾客满意的好质量。

开拓海内外市场,朝国内纸业市占率40%迈进。

4. 全公司上下一体,同心协力

掌握市场动向,积极开发使顾客满意的新产品,开拓国际市场,达成利润目标。

资料来源:修改自钟朝嵩(2009)。

（3）目标。

目标就是以具体且能测定的指标与数值，表示管理者在一定期间必须要达成的水平。目标一般包括目标项目、目标值、期限等三项，目标值要实际能收集的数据，最好是未经修改的原始数据。

【目标范例】

目标项目	目标值	完成日期
年度营业额	亿元	年　月　日
营业毛利率	% 以上	年　月　日
客户满意度	% 以上	年　月　日
质量合格率	PPM 以上	年　月　日
交期达标率	% 以上	年　月　日

资料来源：作者整理。

（4）方策。

方策就是达成目标的手段或方法，其并不只是一种愿望或希望，必须是有实施可能的具体手段与方法。虽然是同样一个目标，但要达成目标的手段有很多，将这些手段逐一分解再组合为一个能达成目标的、最佳的且有办法实施的手段，就是我们所要设定的方策。企业的经营资源是有限的，所以经营者必须要充分掌握内外形势或条件的变化，看清楚新的形势，正确地进行价值判断，才能决定最适当的方策。

【方策范例】

1. 提高市场占有率：掌握市场动向，做好新商品开发与上市。

2. 提高业绩：维护现有客户，开发潜力客户。

3. 降低失败成本：提升制程能力，精进工艺流程。

4. 提高生产力：以合理化及 IE 改善手法缩短流程时间。

5. 确保交期达标率：改善供应链管理体系。

简而言之，方针管理的逻辑性就是上级人员的方针目标也就是下级人员的方针目标，以此方式所进行的目标展开。

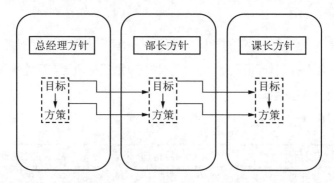

资料来源:作者整理。

图 5.7 方针管理目标展开程序

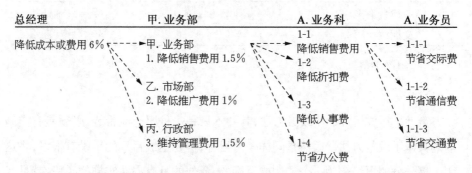

资料来源:作者整理。

图 5.8 总经理的目标与业务部门方针管理目标展开程序

企业经营时,如果只重视日常管理而忽略方针管理,虽然企业的经营管理能获得一时的稳定,但在长期的竞争中将会很难突破或超越对方,而无法赢得竞争。若只重

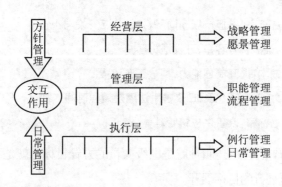

资料来源:修改自李志川(2003:36)。

图 5.9 方针管理与日常管理关系图

视方针管理而忽略日常管理,即使一时之间能获得突破或超越竞争对手,但在日常业务上常会发生失误或不良,造成管理难以稳定,而产生竞争上的弱点,也将无法赢得竞争。方针管理或日常改善活动所获得的改革、改善的结果,一般采取标准化与再发防止措施,再纳入日常管理活动。

4. 平衡计分卡

平衡计分卡(Balance Score Card)是 1992 年由美国的卡普兰(Robert Kaplan)与诺顿(David Norton)二人所提出的战略性绩效管理模型。平衡计分卡是将经营者所思考的愿景(战略)以学习成长(Learning)、流程(Process)、顾客(Customer)、财务(Finance)四个构面来掌握,并有效地展开到各部门,使愿景(战略)转换为具体的关键绩效指标(KPI),与各部门的日常业务互相结合。在绩效评估的指标运用方面,长期以来,以财务信息及其衍生而来的种种财务比率是最常见的绩效指标。然而,财务指标所显示的企业营运表现属于落后指标,并无法反映当前的价值创造活动。因此,诺顿设计了平衡计分卡,希望绩效指标能够由四个构面回答四个不同的问题:

(1)消费者如何看待我们?(顾客的观点)

(2)我们应该在哪里取得优势?(流程的观点)

(3)我们是否能持续进步并创造价值?(学习与成长的观点)

(4)股东如何看待我们的表现?(财务的观点)

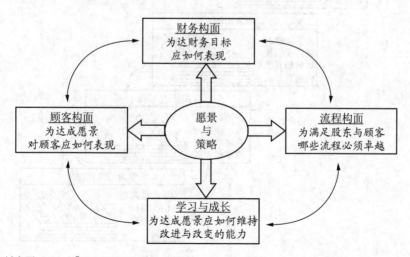

资料来源:Kaplan & Norton(1992:71—79)。

图 5.10 平衡计分卡四大构面

经由四个面项的均衡发展,平衡计分卡除了提供已完成结算的财务性指标之外,同时还以客户的观点、内部流程的观点、学习与发展的观点,补足财务性落后指标的不足,使得企业能够做到事中与事后管理,进而提升未来的整体绩效。通过平衡计分卡的设计,使管理者得以厘清愿景与策略,沟通联结策略目标与衡量的基准,规划与设定绩效指标,并在目标展开的同时,经由绩效面谈、双向沟通并调整行动方案,以及加强策略性的回馈与持续的员工培训发展,来达成绩效管理发展的最终目标。平衡计分卡是将企业战略目标逐层分解转化为各种具体的相互平衡的绩效考核指标体系,并对这些指标的实现状况进行不同时段的考核,从而为战略目标的完成建立起可靠的执行基础的绩效考核体系。平衡记分卡包括以下六种要素:维度、战略目标、绩效指标、目标值、行动方案和具体任务。并且其把对企业业绩的评价划分为四个部分:财务角度、客户、经营过程、学习与成长。这种方法反映了财务与非财务衡量方法、长期目标与短期目标、外部和内部、结果和过程、管理业绩和经营业绩等方面的平衡,能反映组织综合经营状况,使业绩评价趋于平衡和完善,利于组织长期发展。

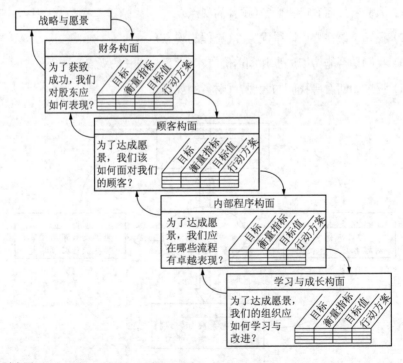

资料来源:Kaplan, R. and D.Norton(2000:77)。

图 5.11 平衡计分卡的因果关系图

设计平衡计分卡的目的就是要建立战略导向式的绩效管理系统,从而保证企业战略得到有效的执行。因此,平衡计分卡是加强企业战略执行力的最有效的战略管理工具。平衡计分卡观念的提出,除了使企业在制定战略及衡量其绩效时,兼顾长期与短期、财务与非财务、内部与外部、领先与落后、有形与无形指标之外,更重要的是,它同时主张将企业的战略主题在四大执行层面上展开为具有因果关系的战略目标,并进一步发展各自对应的量度及指标,以及实现该战略目标的必要行动方案。

平衡计分卡可以从以下五个方面发挥平衡作用:

(1) 财务与非财务。

平衡计分卡源自解决单一财务指标的弊端,它要求从财务和非财务的角度去思考公司战略目标及考核指标。财务指标只是一种滞后的结果性指标,它只能反映公司过去发生的情况,不能告诉企业如何改善业绩。财务与非财务的平衡强调的是企业不仅要关注财务绩效,更要关注对财务绩效产生直接影响的驱动因素。

(2) 短期与长期。

平衡计分卡既关注短期的经营目标和绩效指标,也关注长期的战略目标与绩效指标,使企业的战略规划和年度计划得到有效的结合,使企业的年度计划和企业的长远发展方向保持一致。

(3) 前置与滞后。

平衡计分卡中强调领先与滞后的平衡主要涉及两个层面:一方面,强调企业不仅要关注事后的结果,更要关注影响结果的因素和过程。另一方面,强调企业既要关注那些能反映企业过去绩效的滞后性指标,也要关注能反映、预测企业未来绩效的领先指标。

(4) 内部与外部。

平衡计分卡将评价的视线范围由传统上的只注重企业内部评价,扩大到企业外部,包括股东、顾客。此外,平衡计分卡还把企业管理层和员工的学习和成长视为将知识转化为发展动力的一个必要渠道。

(5) 有形资产和无形资产之间。

传统财务管理有三种报表,资产负债表、损益表、现金流量表,分别反映了企业的静态资产负债状况、盈亏状况与现金流量变化。三种会计报表对有形资产的增值、企业现金流量的变化起了很好的监控作用。但是对于客户满意度、内部业务流程能力以及企业学习与创新的能力缺乏有效考核与检测。平衡计分卡对企业的有形资产与无形资产进行有效的度量与监测,有利于及时发现企业发展面临的问题,并实施相应的调整。

在了解了平衡计分卡的概念和内容等基本知识后,经营管理层可以经由财务、客户、内部流程、学习和成长等四个维度(Dimensions)明确制定组织整体性战略目标,并且为每个战略目标确立相应的 KPI。平衡计分卡的四个维度衡量指标范例如表5.4所示,组织可以依据所关注的绩效衡量指标自行设计。

表 5.4 平衡计分卡绩效衡量指标范例

财务面衡量指标	客户面衡量指标
• 资产报酬率 • 投资报酬率 • 营业利润率 • 营业金额 • 营业费用率 • 人均营业额 • 人事费用率 • 营业毛利率 • 产品单位成本	• 顾客满意度 • 客户抱怨次数 • 员工抱怨次数 • 员工满意度 • 新客户开发比率 • 旧客户维持率 • 市场占有率 • 问题解决时效达标率 • 产品退货率
流程面衡量指标	**学习面衡量指标**
• 新产品开发时效 • 原材料周转率 • 品质不良率 • 设备稼动率 • 产品周转率 • 交期达标率 • 在制品周转率 • 产能利用率 • 库存周转率 • 直通率 • 盘点准确率	• 员工士气指数 • 员工流动率 • 培训计划达标率 • 员工出勤率 • 高绩效员工留任率 • 薪酬比率 • 培训满意度 • 员工提案件数 • 内部晋升比率 • 专业人员比例 • 招聘达标率

资料来源:作者整理。

5. 目标与关键成果法

OKR(Objectives & Key results, OKR)即目标与关键成果法,是一种目标设定与工作完成情况的管理方法。最早由 Intel 公司提出,事实上也是延伸彼得·德鲁克的 MBO 的管理手法,所以 OKR 在 Intel 公司被称作 IMBO(Intel Management by

Objectives)。OKR 主要的核心概念就是以制度来要求每个部门甚至每个员工,每季度都要设定工作目标和主要成果,同时对每个工作目标都要有明确的评估方法。在每季度结束后,公司都会评估每位员工是否确实完成了每项工作,是否达成季度目标。在目标式管理中,最重要的是要有成果管理的观念,也就是强调确实、可量化的方法,以此鞭策员工专注于应该达成的目标,不要陷于过程中的琐碎事件而忽略最终结果。

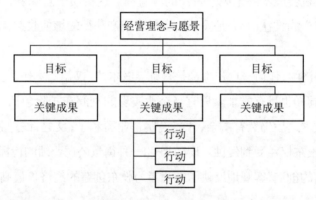

资料来源:作者整理。

图 5.12　OKR 的管理结构层次

　　制定 OKR 的主要重点在于设定的目标务必是确切的、可衡量的,不能含糊地说"让客户满意度更高",而是要提出"客户满意度比现在的水平再提高 30%"的具体目标;然后依据工作的职责设定出 3—5 个可以量化的关键结果(Key Results),用来帮助自己实现目标。也有观点认为 OKR 并不是绩效评估的工具,是一种个人工作进度的追踪与反馈表。对个人来说,OKR 可以起到很好的工作自我回馈作用。

表 5.5　OKR 目标设定范例

目　　标	关键成果	权重	分值
本季度官网点击率超过 12 000 次	1. 4—6 月份促销广告点及人次不低于 5 000 次	40%	
	2. 5 月份官网直访人数达到 5 000 人次以上	40%	
	3. 青年节假日访问人次达 2 000 人次以上	20%	

资料来源:作者整理。

6.经济附加价值法

经济附加价值法(Economic Value Added, EVA)的价值管理于 20 世纪年代开始盛行欧美。追求未来 EVA 净现值的最大化即股东价值最大化是经营者的最终目的。利用 EVA 指标系统评估企业经营业绩的理论前提是:投资者在对不确定的经济系统进行投资组合时,可以根据各种风险资产的收益率与风险程度之间的关系自由地将投资总额分布于各风险资产。因此,投资者所要求的收益率至少应不低于其投资的机会成本或无风险资产的收益率。这实质上意味着,从经营利润中扣除无风险资产的收益后,才是股东投资风险资产获得的增值收益,即承担风险的报酬。

在现代经济中,任何一项资本都是有机会成本的,权益资本作为企业的一项重要资本来源,同样也具有成本。只有当企业实现的利润在扣除包括权益资本在内的所有资本成本之后仍然有剩余,才能说明企业盈利了;反之,该企业不但没有盈利,甚至还使股东权益受到侵蚀。EVA 作为一种衡量公司业绩的指标,最直接地关系着股东财富的创造,客观地反映了经营者为股东创造的经济价值高低,其计算公式如下:

经济附加价值=税后净利润-资本成本

=税后净利润-资本占用×加权平均资本成本(WACC)

其中,税后净营业利润等于税后净利润加上利息支出部分;资金占用是指所有投资者投入公司经营的全部资金的账面价值,包括债务资本与股本资本。为避免由会计准则导致的短期行为,并准确反映价值创造的真实情况,在计算税后净营业利润与资本占用时要进行必要的会计账目调整。加权平均资本成本(Weighted Average Cost of Capital, WACC)是指企业以各种资本在企业全部资本中所占的比重为权数,对各种长期资金的资本成本加权平均计算出来的资本总成本。加权平均资本成本(WACC)可用来确定具有平均风险投资项目所要求的收益率,其计算公式如下:

加权平均资本成本(WACC)=(债务资金成本率×债务占融资总额比例)×(1-所得税率)+(股权资本成本率×股权占融资总额比例)

其中:债务资本成本率反映的是公司在资本市场上的债务融资成本;股权资本成本率

反映的是在不同风险下,股东对其投资所要求的最低回报。债务融资双方的和约规定了借款的利率,而股权投资却不能直接观察到其所要求的回报。因此,在计算股权资本成本率时,可借助资本资产定价模型 CAPM(Capital Asset Pricing Model)来进行股权资本成本率的推算:

$$Re = Rf + \beta \times (Rm - Rf)$$

其中:Re 为股权资本成本率;Rf 为无风险利率,通常认为国债收益率为无风险利率;β 为企业股票相对整个资本市场的风险系数,可由统计分析得出;$(Rm - Rf)$ 为市场风险溢酬(Risk Premium),是在 β 的系统风险下市场的风险溢酬。

EVA 的本质是企业经营产生的经济利润。相对于人们重视的企业会计利润而言,EVA 认为企业所占用股东资本也是有成本的,所以在衡量企业业绩时,必须考虑到股本的成本。

5.3.2 衡量个人绩效的管理工具

关于个人绩效衡量的方法可分为工作结果评估以及行为态度评估。工作结果评估的方法包括目标管理法、关键绩效指标法、方针管理法、平衡计分卡等,都可以应用在工作结果的定量衡量。而行为态度的评估主要是针对员工的行为态度层面观察,偏重于素质层面的评估。常用的行为态度评估方法包括图解式评估量表、关键事件法、行为观察法、行为锚定评等尺度法、360 度评估法、胜任力行为评估法等。

1. 图解式评估量表

图解式评估量表(Graphic Rating Scale, GRS)列举出达到良好绩效表现所需要具备的行为特质层次,如工作态度、领导能力、工作动机、工作质量等,每一项特质给出的分数可以是由一分到五分或七分或九分,分数可以自行制定。在进行行为评价时,首先针对每位员工从每一项评价要素中找出最能符合其行为状况的分数。然后将每一位员工所得到的所有分值进行汇总,即得到其最终的行为评价分数。这种方法适用广、成本低廉,几乎可以适用于组织内部大部分的工作和员工。它的缺点是针对的是某些特质而不能有效地给予行为引导;不能提出明确的反馈。

【图解式评估量表范例】

姓　　名		岗位名称		评估日期		
				上次评估日期		
不满意	勉强通过4	表现好6	非常好8	非常出色10		
1.工作质量—主要考查工作的准确性、全面性及技巧性					考评得分	备注
2 经常犯错误工作表现让人难以接受	4 偶尔有马虎和出错的时候	6 管理者在场时,工作表现令人满意	8 工作表现高于一般人的水平	10 无不准确的工作,一般情况无需监督		
2.工作数量—考查工作完成的数量以及完成工作所需的时间						
2 不能完成所分派工作,低于最低要求	4 有时需要别人帮助才能完成	6 通常能按照完成所分派的任务	8 产量通常能超过一般水平	10 是效率特别高的员工,不需要任何帮助		

2.关键事件法

关键事件法(Critical Incident Techniques, CIT)是通过对工作中最好或最差的事件进行分析,对造成这一事件的工作行为进行认定从而作出工作绩效评估的一种方法。这种方法的优点是针对性比较强,对评估优秀和劣等表现十分有效;缺点是对关键事件的把握和分析可能存在某些偏差。

【关键事件法案例】

小张是M公司的采购专员,专职于采购合约报价的审查与报价数据管理。近期M公司内部进行管理工作内部审查例行作业,发现在2015年5月份的包装纸箱采购议价报价过程当中,内部成本数据被泄漏给参与报价的厂家。经过内部审查部门人员的调查后发现是小张将内部信息泄漏,而且参与报价的供货商中有一家企业的老板就是小张的舅舅。因此公司决定取消该厂家的报价资格,同时也对小张进行内部惩处,调离原工作岗位。

3.行为观察法

行为观察法(Behavior Observation Method, BOM)也叫行为观察量表法,是各项评估指标给出一系列有关的有效行为,将观察到的员工的每一项工作行为同评价标准比较进行评分,看该行为出现的次数频率的评估方法,每一种行为上的得分相加,得出总分结果比较。可以由公司的人资部门开发出各种行为衡量项目,表上所列的行为项目即为员工被评估的项目,评估者只需在表上对所列的行为项目与观察到的员工行为进行比较,评估所列出的行为即可。

【行为观察量表范例】

职位:银行授信按揭专员

良好的行为表现

1. 提供准确有效的信用报告

几乎没有	很少	平均水平	经常如此	总是如此
1	2	3	4	5

2. 面对按揭贷款申请者态度良好积极

几乎没有	很少	平均水平	经常如此	总是如此
1	2	3	4	5

不好的行为

1. 未能事前准备有效准确的信用文件

几乎没有	很少	平均水平	经常如此	总是如此
1	2	3	4	5

2. 对于客户拜访的行程频率低

几乎没有	很少	平均水平	经常如此	总是如此
1	2	3	4	5

---

4. 行为锚定评等尺度

行为锚定评等尺度(Behaviorally Anchored Rating Scale,BARS)也称为行为定位评分法,是比较典型的行为导向型评估法。BARS侧重的是具体可衡量的工作行为,通过数值给各项评估项目打分,只不过评分项目是某个职务的具体行为事例,也就是对每一项职务指标做出评分量表,量表分段是实际的行为事例,然后给出等级对应行为,将工作中的行为与指标对比做出评估。BARS的优点是评估指标有较强独立性,评估尺度较精确;对具体的行为进行评估,准确性较高。它的缺点是评估对象一般是从事具体工作的员工,对其他工作适用性较差;另外,一个员工的行为可能出现在量表的顶部或底部,科学设计有助于避免这种情况,但实际中难免出现类似情况。可在量化的绩效尺度上加注叙述性的绩效评估标准,以解决评等尺度法中不同评估者对评估等级的认知误差。

【行为锚定评等尺度量表范例】

锚定值	行为锚描述
5( )超出期待	对于工作计划制定完善,执行力强,经常提前完全完成计划并且对于项目实施的过程进行分析与建议
4( )表现良好	对于工作计划制定完善,执行力强,并且对于项目实施的过程进行有效沟通与分析,提出可行方案
3( )符合要求	可以按照所交付的工作任务于计划时间内完成;对于自身的工作项目与工作理解可以胜任
2( )需要改善	对于工作计划进度欠缺,只有少许工作按时完成;对于自身的工作方向不了解,缺乏主动沟通交流
1( )无法接受	很少按时完成计划,对于进度掌握度差;对于工作进度计划缺失,十分被动,不主动进行改善

5. 360 度评估法

360 度评估法(360 Degree Evaluation Method)是一种从多角度获取组织成员工作行为表现的观察资料,然后对获得的资料进行分析评估的方法,包括来自上级、同事、下属及客户的评价,同时也包括被评者自己的评价。这种方法的优点是比较全面,易于作出比较公正的评价,同时通过反馈可以促进工作能力提升,也有利于团队建设和沟通。它的缺点是评估来自各方面,工作量较大;也可能存在非正式组织,影响评价的公正性;此外,还需要员工有一定的知识来参与评估。

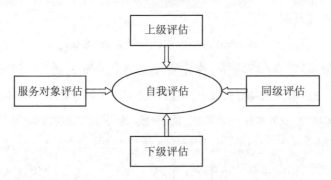

资料来源:作者整理。

图 5.13　360 评估方式示意

6. 胜任力行为评估法

胜任力行为评估法(Competency-based Behavior Evaluation Method)中的胜任力

一词,是由美国哈佛大学心理学者麦克莱兰(David McClelland)在 20 世纪 70 年代初期所提出的,他强调的是应该更注重实际影响学习绩效的能力(Competency)而非智商(IQ)。麦克莱兰同时指出这项新的研究可以用来预测人类的工作绩效,同时亦能减少因采用传统智力和资质测验所产生的测量偏误。胜任力包括深层次特征、因果关联和参照效标三个方面,是区别绩效高低的重要指标。

胜任力可以包括以下内容:(1)是学历、知识、经验、能力等几个方面的集合体;(2)行为是可以被观察以及被衡量的;(3)与员工工作绩效有直接关联性的;(4)可以经过培训与开发被提升的。

胜任力行为评估法即以关键的胜任能力作为评估的基础进行个人的行为考核。不同的专业岗位或管理岗位都有不同的胜任力要求,比如中层管理人员所要求的胜任力包括团队建设、员工激励、计划组织、绩效管理、沟通协调、人际互动等项目;业务人员所要求的胜任力项目包括客户导向、沟通表达、主动积极、抗压力、问题解决等。因此,需要先建立胜任力模型并且定义每一项胜任力的关键行为及行为层级,才能够进行胜任力行为评估。

例如表 5.6 中的胜任力项目为团队合作能力。对于该项胜任力的定义为:为达到既定的目标所体现出来的自愿合作、协同努力和共同决策的精神。依据定义将该胜任力行为分成三个层级,每个层级的行为都有针对性的描述与分数区间定义。由于个体的行为可以经由日常工作当中被观察到,所以管理者可以依据所观察的个体行为展现与评估表所描述的行为进行比较,选择最接近的行为描述进行评估。

表 5.6　胜任力行为描述层级划分

团队合作能力	指为达到既定的目标所体现出来的自愿合作、协同努力和共同决策的精神	1 级	1—4 分	意识到自己是团队一员,为团队目标而工作,能提出自己的建议并善于接受他人的建议。
		2 级	5—7 分	利用自己的特长为团队做奉献,积极与团队成员交流自己的建议、方案及观点等。
		3 级	8—10 分	能以自己的专业及素养建立团队信任,在最短时间内找到对团队的最佳贡献区。

资料来源:作者整理。

5.4 绩效面谈的实施

绩效面谈在绩效管理的程序中是一个非常重要的部分。通过绩效面谈,管理者可以有效地了解员工对于工作的实际执行情况,经由面谈的过程进行沟通以及目标确认,了解员工在执行的过程中是否偏离原来所制定的目标。

5.4.1 绩效面谈的目的

绩效面谈的目的可以分为以下三点。

1. 目标值与实际成果评估

依据绩效评估的周期所应当完成的工作项目实际执行成果与目标值之间的差异进行评估,从而了解员工实际执行的工作达成情况;在绩效面谈的过程中就目标值与实际值之间的差异与部属进行沟通与讨论。

2. 改善计划

在进行差异分析以及了解问题点之后,部属应该提出相应的改善计划,而主管的责任则是了解这些改善计划的有效性以及可行性对于目标达成的几率。此外,应与部属讨论要如何去执行这些改善计划,结合前一个绩效周期内部属的工作项目实际达成情况,规划下一个绩效周期应该达成的目标。

3. 提供协助与教导

针对部属在绩效周期内的实际绩效表现和行为态度的表现,为部属提供其所需的工作指导及协助。

5.4.2 绩效面谈的准备工作

绩效面谈前管理者与部属都要做好准备。管理者与部属都需要就各自所负责的项目内容进行数据的整理,等到面谈进行时才能够有针对性的沟通与讨论。

管理者需要准备的项目包括:检视原定的工作目标;检查项目完成的情况;搜集关于本员工工作表现的情况;针对工作成果进行讨论;进行差异分析与改善计划;了解部属的问题点与需要协助之处;为下一阶段的工作设定目标;提前通知员工做好准备。部属需要准备的项目包括:检视原先设定的工作目标;检查项目完成的情况;整理自身的相关工作资料;给自己工作成果评估;哪些方面表现好及原因;哪些方面需要改进,行动计划是什么;为下一阶段的工作设定目标;需要主管的支持和资源是什么。

5.4.3 绩效面谈的内容

绩效面谈一般包括四个部分的内容。

1. 工作结果

工作执行的结果是管理者进行绩效面谈时最为重要的内容,在面谈时应将评估结果及时告知部属。若是对于绩效评估的结果有认知差异,要与部属一起讨论关于绩效标准的设定是否合理、执行计划是否有效,详细地说明绩效结果的理由。

2. 行为态度

除了绩效结果以外,管理者还应该要对于部属的行为态度层面进行交流,对工作态度和工作能力的重视可以帮助部属更好地调整个人在软性层面的能力,并提高情商指数以及自我管理能力。

3. 改善方向

绩效管理最终的目的是改善工作绩效。在绩效面谈过程中,针对部属未能有效完成的工作项目,主管应该与部属共同讨论与分析绩效未能达成的原因,针对未能达成的原因制定改善计划。

4. 新目标设定

绩效面谈是绩效管理流程中的最后步骤,管理者应在面谈的阶段结合前期的绩效周期所完成实际情况,并结合部属新的工作任务,共同提出后续的绩效管理周期工作目标和标准。

5.4.4 绩效面谈应有的行为态度

绩效面谈是一项正式的管理活动,虽然可以自然轻松一些,但管理者还是要注意自己的行为态度:(1)维护员工自尊,增强自信;(2)认真倾听部属的陈述与建议,适当地给予响应;(3)鼓励双向讨论,不要将一场原本应由双方讨论的会议变成管理者的个人政见发表会;(4)在绩效面谈中,管理者要适当与部属的目光接触;(5)管理者要进行重点的摘要,将重要的意见与想法留下来;(6)善于提问,发现部属在执行工作过程中的症结;(7)复述或重复对方的话,明确掌握谈话内容;(8)总结面谈结论。

总之,绩效面谈本身是一种参与式管理,也是一种沟通的活动。企业应加强各级管理者对于绩效管理的培训,从执行层面上安排部属和管理者进行面对面的交流沟通,使绩效面谈发挥真正的意义,协助部门以及组织的目标达成。

案　例　　IBM公司绩效管理的六大原则

1. 双向沟通原则:在执行环节需要持续不断的沟通,在其他环节同样如此。计划需要管理者与员工共同参与,达成共识,形成承诺;评估需要就绩效进行讨论,形成评估结果。

2. 透明原则:对员工来说,管理上的透明,首先可以满足员工的"知情权",能让员工知道目前成就及如何做得更好,容易让员工有成就感并愿意接受挑战,激发大家的工作热情和斗志。

3. 正面激励原则:考核的目的是为了更好的激励,因为并非所有员工必然地正确、勤奋地在合适的时间做正确的事情。员工需要被肯定和激励——因为他们给企业创造了价值做出了贡献而受到奖励,并被鼓励去改进其他有待改善的业务和流程。

4. 指标精练原则:复杂的事情简单做,最简单的往往是最本质的。设定三五个绩效指标所得到的绩效结果远比设定十个或者更多无所不包的绩效指标效果要好。

5. 强调执行原则:永远根据员工所完成的承诺进行评估,而不仅仅是报告上所说的。注重看结果,而较少关注过程表达。

6. 绩效导向原则:绩效管理是一种结果导向的管理活动,其最终目标是建立高绩效导向的企业文化,营造具有激励作用的工作氛围。

专业名词速记

绩效管理(Performance Management)

将一系列评估过程,整合后建立一套制度,用以评估员工在某一段时间内的工作绩效,进而提供改善计划。

目标管理(Management By Objective)

企业的使命与任务必须转化成为部门或是个人的目标。目标需要经过有效的分解转换成为部门以及个人的分项目标。管理者经由目标对于部属进行管理并且依据目标完成的状况对部属进行评估与奖惩。

关键绩效指标(Key Performance Indication, KPI)

关键绩效指标是对组织的价值流程进行绩效衡量的一种萃取式目标量化管理,是把企业的战略目标分解为可操作的工作目标的工具,是绩效管理的基础。

关键结果领域(Key Result Areas, KRA)

企业为了达成总体的目标,必须在某些重要性的关键领域获得令人满意的绩效表现,也就是组织经营的过程中最有价值的部分。

关键绩效活动(Key Performance Action, KPA)

在关键结果领域中的主要关键活动项目,关键绩效活动指出了企业需要集中力量改进与解决问题的过程。KPA 的计划与执行对于 KRA 具有决定性的影响。

平衡计分卡(Balance Score Card, BSC)

Kaplan & Norton 所提出。提供企业关注面向更为均衡的绩效指标,让企业在进行绩效管理的时候能够平衡地看待各项职能发展运作,而非仅仅以财务指标作为绩效衡量的依据。平衡计分卡的四个方面包括财务、流程、客户、学习与成长。

方针管理(Policy Management)

依据公司经营理念与中长期经营计划,制定达成质量、利益、生产量、交易期等经营目标的新年度的方针,并将方针确实展开至各部门、各单位,使公司内所有成员朝一致的方向来努力,有计划地进行改善、改革活动,以期有效达成经营目标的管理活动。

目标与关键成果法(Objectives & Key Results, OKR)

是企业进行目标管理的一个简单有效的系统,能够将目标管理自上而下贯穿到基层。OKR 的核心就是设定的目标必是确切的、可以被衡量的。

经济附加价值法(Economic Value Added, EVA)

追求未来 EVA 净现值的最大化,即股东价值最大化是企业经营者的最终目的。EV 是一种衡量公司经营绩效的指标。EVA 强调只有企业的净利润大于资本成本才算是真正为股东创造价值。

胜任能力(Competency)

胜任能力是个体所具备的某些特质,而这些特质就是导致和影响个人在工作上能否表现出更好、更有效率的工作绩效和结果的基本关键特性。

图解式评估量表(Graphic Rating Scale, GRS)

图解式评估量表是列举出达到良好绩效表现所需要具备的行为特质层次,如工作态度、领导能力、工作动机、工作质量等的行为特质项目，每一项特质给出的分数可以是由一分到五分或七分或九分，分数可以自行制定。

关键事件法（Critical Incident Techniques，CIT）

关键事件法是通过对工作中最好或最差的事件进行分析，对造成这一事件的工作行为进行认定从而作出工作绩效评估的一种方法。

行为观察法（Behavior Observation Method，BOM）

将观察到的员工的每一项工作行为同评价标准比较进行评分，看该行为出现的次数频率的评估方法，每一种行为上的得分相加，得出总分结果比较。

行为锚定评等尺度（Behaviorally Anchored Rating Scale，BARS）

在量化的绩效尺度上加注叙述性的绩效评估标准，以解决评等尺度法中不同评估者对评估等第的认知误差。

360 度评估方式（360 Degree Evaluation）

从多角度获取组织成员工作行为表现的观察资料，然后对获得的资料进行分析评估的方法，包括来自上级、同事、下属及客户的评价，同时也包括被评者自己的评价。

绩效面谈（Performance Interview）

主管与部属就一定期间内所完成的工作实际成效与目标进行面谈，就执行过程当中的优缺点以及改善计划交换意见，并且针对下期的工作目标和执行计划进行讨论，达成共识。

第 6 章
员工关系管理

Functional Administration To Business Partner

6.1 员工关系的意义与目的

6.1.1 员工关系的意义

随着企业环境变迁的加速与市场竞争的激烈,人才管理已经成为企业能否维持竞争优势的关键因素。能否管好人、用好人是企业成败的重要因素。因此,人力资源管理已成为现代企业管理中非常重要的一环。现代企业的生存与发展受众多因素影响和制约。但是在实际操作中,许多企业更关心的可能是它的资金和市场问题,人力资源管理常常为其所忽视。然而恰恰可能是人力资源的瓶颈阻碍了企业的进一步发展。很多企业在进行人才管理的过程当中,以事物为中心,要求人去适应事,始终强调个人服从组织需要,服从事业的需要,而很少考虑以个人的专长、兴趣及职业发展需求为重点管理方向。"以人为本"的管理理念就是将人才当成组织中最具活力、能动性和创造性的主要要素,而且人是组织得以存在和发展的决定性的资源。

现代化的人才管理就是以人为中心点,为个体创造各种能充分施展才能的条件与环境,由组织建设一个开放性的平台,提供各种各样的机会,使每个人都能在一种和谐的环境中尽其所能。以人为核心的管理,就是要尊重人、关心人,树立为人服务的观念。勒林(Roehling, 2000)等人将传统的员工关系与新型态的员工关系进行了

表 6.1　传统型态与新型态员工关系比较表

传统型态的员工关系	新型态的员工关系
工作保障 职涯发展(组织内晋升) 加薪承诺	参与决策制定 奖酬与风险的共同分享 提供员工工作与生活上的平衡需求 依工作表现给予奖酬 职场上的社会网络 外部就业能力 尊重与公平性地对待

资料来源:Roehling, Cavanaugh, Moynihan and Boswell(2000:305—320)。

分类。传统的员工关系包括工作保障、职业生涯发展、加薪承诺。而新型态的员工关系内容则包括参与决策制定、奖酬与风险的共同分享、依工作表现给予奖酬、职场上的社会网络、外部就业能力、尊重与公平对待。

从以上的分类来看,新型态的员工关系更多的是强化社群关系网络以及对于人性的自主性尊重,与传统的员工关系有所差异。以马斯洛的需求层级理论来看,传统的员工关系所重视的仅仅是生理与安全的需求满足,而新型态的员工关系层次则是提升到了社交关系、自尊与自我实现的高层次需求。

从员工关系的广义定义或狭义的观点来看,可以发现沟通管理是一项非常重要的环节,组织与员工之间的沟通、员工与员工之间的沟通、管理者与员工之间的沟通,都是员工关系管理的重点。所以,沟通管理不仅是信息传递的重要手段,还是建立良好员工关系的主要方法。组织中沟通的形式一般有以下几种:

(1) 新进人员沟通。

这种沟通有助于减少新员工刚进入企业的不安感和忧虑,经由组织者进行组织概况的解说以及双向交流,从而迅速提升新进人员社会化的程度,降低离职率。

(2) 组织内部门会议。

部门会议沟通方式在企业是非常普遍的,有利于更快地传播信息。经由会议的沟通方式,可以有效地传递组织内部信息。

(3) 内部刊物发行。

很多企业会发行企业的内部刊物,这种方式可能是一个主要的沟通工具,但不是唯一的工具,而且可能不是最重要的一种沟通手段,因为公司刊物不能替代面对面的口头交流。

(4) 企业内部网络布告栏。

随着网络应用普及,企业也都有内部网,建立电子布告栏也可以在网络应用普及的年代,发挥迅速传递信息与沟通的作用。

(5) 员工反馈。

定期的员工态度调查和反馈可以作为一种工具,用来预测可能导致绩效问题的员工不满感。如果要征求员工的反馈,那么员工需要知道反馈意见如何被采纳。他们需要明白整个过程,知道他们的反馈意见是否在企业决策中扮演重要作用。

6.1.2 员工关系管理的目的

员工关系管理源于西方人力资源管理体系,又称雇员关系。员工关系强调的是以员工为主体和出发点的企业内部关系,注重个体层次上的关系和交流,和谐与合作,及企业与个人的双赢。员工关系管理是在企业整个人力资源体系中,各级管理人员和人力资源职能管理人员通过拟定和实施各项人力资源的政策,采取柔性、激励性和非强制性的管理方法和手段,调节企业与员工,员工与员工之间的相互联系和影响,从而实现组织目标的管理方法。对任何一个企业来说,建立积极正向的员工关系可以吸引且留住优良员工,提高员工生产力,增加员工对企业的忠诚度,提升工作士气,提升公司绩效,降低旷工和缺席率。员工缺勤率提高,增加了由于员工福利、补充员工、培训和绩效损失带来的企业经营成本。员工离职率提高,增加了由于招聘、培训和绩效损失带来的企业经营成本。建立和谐的员工关系,是企业文化建设的重要方面,也是良好企业形象的重要方面。和谐的员工关系是上级与下级之间、平级同事之间、不同部门之间的润滑剂,是激励员工、减轻工作压力的重要手段之一,有利于员工之间的沟通;也是培养员工团队意识和平等合作精神的重要手段。

从广义的员工关系范围来看,我们可以将员工关系定义为员工与组织、员工与管理者、组织与相关政府机构之间的关系。如果从狭义的企业人力资源管理职能来看,员工关系则包括了整体的企业文化以及人力资源管理系统的建置,如企业文化的塑造、愿景、远景与价值观建立、组织设计与架构、企业流程化管理、内部管理制度设计、内部沟通程序方式、会议举行氛围、人力资源管理政策制定方向等,所有涉及的组织与员工之间、管理者与员工之间、员工与员工之间的互动关系活动,都属于员工关系的范畴。

员工关系的活动相当广泛,例如工会活动、员工参与、绩效管理、薪酬福利、员工发展、激励管理、教育训练、谘商辅导等,都是在管理实务上企业内部经常采用的方式。李诚和周子琴(2001)将员工关系活动分为员工协助方案、员工谘商、沟通、抱怨申诉以及福利措施等五项。而依据石逸凡(2004)的研究,在员工关系实务工作中,被研究次数最高的五项活动为员工参与与投入、团体协商、工会、弹性工作型态、沟通与谘商。

对企业来说,建立积极正向的员工关系行为可以吸引并且留住人才、提高生产力、增加对于企业的组织承诺与认同、强化组织内部员工士气、提升组织效率、改善出缺勤率等。员工的异动率或是缺勤率提高,会直接或间接地增加人员招募成本、员工福利费用、培训和绩效损失带来的企业经营成本。员工离职率提高,增加了由于招聘、培训费用和效率运作降低带来的企业经营成本。和谐的员工关系是上级与下级之间、平级同事之间、不同部门之间的润滑剂,是激励员工、减轻工作压力的重要方式,有利于员工之间的互动交流,沟通协调,也是培养和加强员工团队意识、合作精神,塑造良好的企业文化方法之一。在企业的管理实务,采用的具体做法如下所示:

(1) 直接财务性报酬。

直接财务性报酬即以有效的薪酬政策作为吸引员工的方式。此外,还包括年终奖金、绩效奖金、员工分红、盈余分享等。

(2) 间接财务性报酬。

间接财务性报酬包括四个方面:在经济福利方面,包括实行退休金、保险费用支付、婚丧喜庆补助、急难伤病救助等方式。在康乐福利方面,包括举办国内外旅游、家庭园游会、员工运动会等方式。在设施福利方面,包括特许商店与消费折扣、成立员工福利社等。在服务福利方面,大多数企业仍然重视基层员工申诉管道的作用,甚至做到家庭层面的沟通与互动。

(3) 非财务性报酬。

在非财务性报酬方面,以谘商参与式为主。在工作环境的部分,企业界普遍以落实奖惩考核的规定与办法、提供公平的升迁机会、采用弹性的工作时间等方式进行。

(4) 员工参与。

在员工参与方面,提案制度是企业采用得最多的方式之一,也取得了不错的成效。

(5) 组织沟通。

在组织沟通管道方面,如公布栏、电话、面谈、面对面会议与电子邮件为企业界极为普遍使用的沟通方式,尤其是后三项对于促进员工关系成效具有明显的影响。

(6) 劳资关系管理。

在劳资关系管理方面,设立工会组织和团体协商,远比外部的调解、仲裁、诉讼更有成效。

6.2 心理契约与员工关系

6.2.1 心理契约的意义

组织行为学家阿吉里斯(Argyris，1960)在其所写的《理解组织行为》一书中第一次使用"心理的工作契约"(Psychological Work Contract)来描述工人和工头之间的关系。阿吉里斯认为，随着职位的升迁，工头会逐渐意识到，要实现工人按自己所期望的方式工作的有效途径是维持非正式的员工文化和不偏离组织文化规范行事。而这种顺应被动式的领导风格致使员工和管理方的关系被"心理的工作契约"所主导。工人和工头之间的关系可以被称作"心理的工作契约"，如果工头保证并尊重工人非正式的文化规范(如不对工人过多干涉、保证其工作收入、为其提供稳定的工作保障等)，则工人会维持很高的生产率且抱怨较少。但是阿吉里斯仅仅提出了这样的一个观念，并没有对其进行明确的定义。

莱文森(Levinson)等学者在一项研究中，通过对美国一家工厂的 874 名员工的访谈发现，员工在工作中持有各种期望，且对于公司来说，似乎有责任帮助员工实现期望。在此基础上，莱文森等(Levinson et al.，1962)在《人、管理和心理健康》(*Men，Management and Mental health*)中引入了"心理契约"这一概念，并将其界定为："组织和员工之间的一系列的相互期望，这些期望可能并不是公开说明的，而是内隐的"。员工个体和组织对彼此怀有的具体期望就是心理契约的内容构成。莱文森等人认为，这些构成心理契约的相互期望有两个基本特征：(1)未公开说明或者内隐性；(2)先于组织和个体关系而存在。而正是因为期望比雇佣关系先形成，所以，当个体或组织需求出现变化时，心理契约也会随之演变。由于莱文森赋予了心理契约比较清晰的内涵，所以被称为心理契约之父(白艳莉，2010)。

心理契约这个起源于 20 世纪 60 年代的观念在 20 世纪八九十年代又重新受到组织行为和人力资源管理研究者的关注。越来越多的学者将心理契约作为组织与员工之间雇佣关系分析的重要理论框架(Zhao et al.，2007)。与以书面化形式明确雇佣双方责任和义务的法定契约行为完全不同，心理契约一般是指员工对自身和组织之间交换协议的理解或认知(Rousseau，1995)。具体地说，其内容是员工认为组织应该对自己负有什么责任,而自己又应对组织尽到什么责任或作出什么贡献。在心理契约理论体系中,员工认知到的责任是构成心理契约的基本要素(Robinson,Rousseau & Kraatz, 1994);心理契约本质上具有主观性和特异性,是经个体(员工)认知加工而形成的。心理契约的认知虽然没有写明在实际的劳动合同中,却是影响员工对组织态度和行为的强有力的决定因素[Schein, 1980; Rousseau & Schalk, 2000;引自白艳莉(2010)]。

心理契约理论将关注视角拓展至员工对雇佣双方交换关系的主观认知这一内隐层面,给了学者一个重新审视组织与员工关系的机会。大量的实证研究结果表明,员工认为组织没有充分履行其心理契约中组织应该对自己负有的责任,即心理契约破裂(Psychological Contract Breach)或心理契约违背(Psychological Contract Violation)是当代组织中普遍存在的现象(Lo, 2003)。

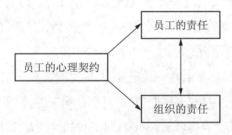

资料来源:修改白艳莉(2010:17)。

图 6.1　员工心理契约的层面

如果员工认识到企业未主动履行所承诺的义务,就会产生相应的认知评价与情感反应。一般认为,企业违背心理契约会产生负面影响:作为员工的一种情感体验,常以失望和愤怒为特征。因此,如果企业违背心理契约,员工会降低对企业的信任程度,减少对企业的义务和努力,降低角色内和角色外的工作绩效,从而导致退出意识(迟到、早退、旷工)增强,甚至产生离职意向。个体的差异、企业实践、劳动市场因素等在这个过程中起到中介作用。反之,如果企业能履行心理契约,会对员工的绩效产生正面影响,这是因为互惠会鼓励员工履行他们对企业的承诺。

6.2.2　心理契约的特性

心理契约(Psychological Contract)本身是一种个体的内在心理活动以及感知状

态。组织的员工心理契约承诺度高低,由员工对外部的观察以及心理活动的因素决定。而心理契约具有以下几种特性:

1. 可预测性

可预测性(Predictable)是心理契约得以建立的前提。在人际交往中,双方行为的可预测性是建立在信任关系之上的。只有建立了信任关系,双方才能对彼此关系的走向进行预测,也才能真正建立心理契约。心理契约的建立使这种可预测性得到强化。心理契约的达成乃至实现是一个员工和企业之间不断互动的过程。经过一段时间的磨合,双方可能达成较多的心理默契,这样双方的心理距离也越来越近,工作中也更容易达成默契。

在与企业关系上,员工往往要求企业制度规则保持一定的公平性和连续性;在与领导的关系上,员工往往期望领导是值得信赖的。如果员工认识到自己对企业和领导的期望是不现实的,往往容易出现心理契约的危机。企业可根据预测作好相应的调整和完善,以防止心理危机的出现而减少损失。

2. 主观性

主观性(Subjectivity)是指心理契约没有正式的文字记录,而是以心理期望的方式埋藏在契约双方的内心深处,期待着对方去理解、估测。由于这种心理期望是一种主观感觉,个体对于他与企业之间的相互关系就有自己的体验与见解,这往往就会造成自己的期望与企业的理解不一致。就员工来说,员工对企业的期望,不仅取决于企业的相关管理政策,而且也受到自身因素(如个人经历、心理特性等)的影响。很多员工在工资福利、培训、晋升等方面对企业寄予不同的期望,这就意味着心理契约有着很强的主观性。

3. 不确定性

正式契约的内容、职责、权利都是明确固定的,不能随契约一方的主观意愿的改变而发生改变。而心理契约的本质是一种心理期望,具有不确定性(Uncertainty),它会随着工作的社会环境以及个体心态的变化而发生改变。人们在一个企业中工作的时间越长,心理契约所涵盖的范围就越广;同时,在员工与企业之间的关系中,相互期望和责任的隐含内容也就越多。这也使心理契约的内容具有更大的不稳定性与不确定性。

4. 动态性

由于心理契约的主观性与不确定性,决定了心理契约具有动态性(Dynamic

Property)。这就要求心理契约双方根据环境变化和企业发展来确定心理契约的内涵,切忌一成不变。心理契约没有固定的模式与统一的标准,在一个企业适用的心理契约在另一个企业不一定适用。因此,应根据企业内外环境的变化和员工需求的变化作出相应的调整和完善。

5. 双向性

心理契约是企业与企业成员之间建立的一种双向(Two-way)交互性的联系。一方面是指员工对自己在企业中的权利、发展等方面的期望,另一方面是指企业对于员工的忠诚、责任等方面的期望。应该说,企业与企业成员双方在心理契约中都处于完全平等的主体地位。在向对方提出期望与要求时,应注意双向沟通,尽量去领会并满足对方对自己的期望。

6.2.3 心理契约在员工关系管理中的作用

企业清楚地了解每个员工的需求和发展愿望,并尽量予以满足;而员工也为企业的发展全力奉献,因为他们相信企业能满足他们的需求与愿望。员工心理契约的破坏会影响员工的满意度,从而给企业带来负面影响。因此,企业应当建立起与员工间良好的心理契约。心理契约对于员工关系管理的作用可以分成以下几点:

1. 管理风格的适应与转换

管理风格可以分为两种类型:一类是以工作为中心,强调规章制度的刚性管理;另一类是以人际关系为中心,注重人的情感需要。在企业管理实践中,单纯的刚性管理欠缺了对于人的情感需求成分。在这种高度的工作导向管理风格之下,可能发现命令越来越难以奏效,权威越来越难以维持。而人际关系导向的柔性管理风格恰恰弥补了刚性管理的不足。管理柔性化的心理契约本质上是一种"以人为中心"的管理,要求用"柔性"的方式去管理和开发人力资源;是在尊重人格独立和尊严的前提下,在提高广大员工对企业的向心力、凝聚力与归属感的基础上所实行的管理。

2. 对于员工激励的需求

每个人的需要和动机有很大的差异,即使是同一个人在不同时期的需求也不一样。有些人希望努力工作换取更高的薪酬和别人的尊重,有些人的满足感是来自挑战性的工作。但只有当满足了较高层次的需求后,才能使人感到最大的满足,这种满足在现代员工心理契约中是最重要的成分。

3. 提高员工的忠诚度

心理契约的无形规约的存在，能促使员工不断以心理期望来审视自己与企业的关系，促使员工在动态环境变化中不断调整自己的行为，以保持与企业的良好关系。同时将个人职业生涯发展与企业的发展紧密地联结在一起，提高对企业的忠诚度。

4. 员工职业规划的方式

在企业中，员工追求的不仅仅是一种经济利益，还将企业看作发展自我的舞台。在实践中，企业的管理人员要善于沟通引导，维持良好的心理契约，让员工参与其发展计划的商讨制定，在企业中找到一条满意的职业发展道路，主动把全部身心和情感融入企业发展。

6.2.4 建立与员工之间心理契约的方法

若想提高员工的敬业度或是对于组织的高承诺度，企业组织管理可以从以下几方面来建立与员工之间的心理契约：

1. 招聘时传递企业真实的信息

企业在招聘新员工的时候，就应传递真实有效的信息，使员工在获得这些信息的基础上选择企业。也就是说，企业招聘过程中应当将企业的文化，企业现状和发展以及企业的结构，产品特点，工资待遇，员工的工作内容，工资要求，工作条件，工作环境以及发展机遇，发展前途等都如实介绍给应聘者，让员工对企业有全面真实的了解和认识，同时也让员工感觉到企业的诚信。这样虽然可能会降低应聘者的接受率，但可以增强员工对企业的客观认知，降低员工对工作的期望值，增进工作满意度和对企业的忠诚度。

2. 制定完善的企业规范与管理制度

企业应制定完善的企业规范与管理制度，建立企业对员工承诺的制度性保证，让员工感觉到他为企业所做的贡献能得到认可并得到相应的回报。

3. 塑造企业的诚信度

企业想要提高心理契约的可靠性，必须做到"有令必行、言而有信"。如此企业和员工之间才能建立信任感，保证双方心理契约的达成。

4. 设计公平的薪酬体系

建立公正明确的、与员工愿望一致薪酬政策是使员工满意的重要因素。员工所期望的薪酬体系不仅仅是指工资,还包括工作地点、工作时间、工作条件、工作环境以及培训机会和晋升的政策等等,这些都是员工体验公平感觉的来源。当员工认为这些是以公正公平为基础的,他们就会从工作中体会到满足感,从而更加信任企业,心理契约也会更为牢固、长久。

5. 建立支持性的工作环境

员工对于工作环境的支持来自两个方面:一是软环境,即良好的人际关系;二是硬环境,即舒适的工作条件。人际关系对员工来说意味着社会交往的满足,因此,友好和谐的上下级和同事关系会提高工作的满意度。研究表明,与上级的人事关系是一个决定性的因素,当直接上级能善解人意、友好公正时,员工会更满意,会对企业更信任,更不愿意离开企业。

6. 及时与员工沟通

劳动合同签订后,伴随着员工职业生涯各阶段的发展,及员工对企业和自我的认识逐步加深,需求也随之发生变化。这些变化会带来心理契约内容的改变。如果这些改变没有被及时认识和重视,就会产生误解。轻则会影响员工的工作情绪,忠诚度和满意度下降;重则会造成心理契约的破裂,企业核心人才的流失。

由于企业环境条件的不断变化和人们对心理契约的理解歧义,心理契约违背几乎是不可避免的。当发生心理契约违背时,企业应该采取有效措施,对心理契约进行修补。首先要做及时沟通,如企业确实因为各种困难无法兑现当初对员工的承诺,管理人员不能推诿或遮掩回避,而应当及时地向员工作出解释和说明,以求得员工的理解和谅解。其次,应尽可能采取补救或补偿措施,减轻心理契约违背的负面影响。

7. 榜样人物的塑造

榜样式人物有着内在的感染、激励、号召、启迪、警醒等功能,发挥着重要的示范激励作用。当员工了解某些成功的员工发展轨迹后,会在思想上受到深刻教育,在精神上受到极大鼓舞,在感情上引起强烈共鸣。"一个榜样就是一面镜子",面对榜样,员工们首先会对企业的承诺充满期待,其次会对照、检查自己,做到自警自策,修身养德,使其对企业更为信任,对自我更有信心,从而使企业与员工的心理契约具有很强的说服力和约束力。

6.3 企业文化建设与员工关系

6.3.1 企业文化的定义

魏杰在《企业文化塑造——企业生命常青藤》中这样总结企业文化的定义："所谓企业文化，就是企业信奉并附诸于实践的价值理念，亦即企业信奉和倡导并在实践中真正实行的价值理念"。陈亭楠在《现代企业文化》一书中则认为："所谓企业文化，就是企业成员所培养的共同规范、共同信仰和共同追求，它具有强大的心理激发力、精神感召力和能量诱放力，并弥漫于企业文化群体之间，犹如一道无形的力量，把每个个体的力量整合起来，维系、主导并昭示着企业中的所有成员，引领他们朝着既定的目标去奋斗"。迪尔（Terrence E.Deal）和肯尼迪（Allan A.Kennedy）在《企业文化》(*Corporate Culture*)一书中给企业文化的定义是："用以规范企业人多数情况下行为的一个强有力的不成文规则体系。"

作为企业管理的一种新观念，企业文化（Business Culture）是指企业等经济实体在生产经营中，伴随着自身的经济繁荣而逐步形成和确立并深深植根于企业每一个成员头脑中的独特的精神成果和思想观念，是企业的精神文化。企业文化包括企业的经营观念、企业精神、价值观念、行为准则、道德规范、企业形象以及全体员工对企业的责任感、荣誉感等。

6.3.2 企业文化在管理中的作用

德勤大学出版社（Deloitte University Press）在 2016 年度所发布的《2016 全球人力资本趋势调查》中提到，企业文化已经成为 2016 年最重要的企业话题之一。首席执行官和人力资源领导者们认识到企业文化驱动了员工的行为、工作创新和客户服务：82％的受访企业相信企业文化是潜在的竞争优势之一。领导层的行为和奖励制度直接影响到企业业绩、客户服务、员工敬业度以及员工保留，领先的企业正在运用数据和行为信息来管理和影响它们的企业文化。

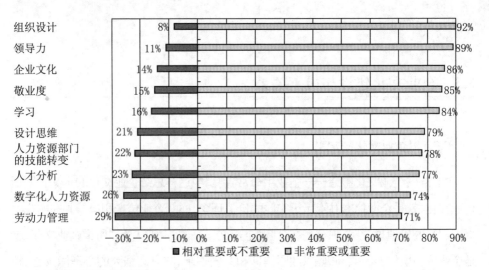

资料来源:德勤大学出版社(2016)。

图 6.2　全球企业文化趋势重要性调查

　　企业文化是一种组织文化,根据企业文化在社会文化中的地位,我们可以说它属于一种亚文化范畴,所在国的民族文化和社会文化是企业文化的根,个人的行为则在一定程度上成为企业文化的基本表现。企业文化的出现是有其必然性的。现代化大生产需要协作、纪律和严格的管理制度,但企业家们在实践中逐渐认识到,过于严格的管理制度会扼杀创新思想,在管理上,过于严格的控制不利于企业目标的实现,不利于企业的长远发展。再者,即使管理制度再严密,也不足以包括企业日常的各种活动和职工的日常行为。这样就要求一种既能调动职工的积极性,鼓舞职工士气,又能作为企业上下一致恪守的行为准则的精神因素来代替过于严格的控制。由此就产生了企业文化。企业文化对企业全体职工有潜移默化的强大凝聚力、感召力、引导力、约束力,并能增强职工对企业的信任感、归属感、荣誉感,它作为企业的上层建筑,是企业经营管理的灵魂,是一种无形的管理方式。

6.3.3　企业文化的层次结构

　　确立企业文化的层次结构是一项十分重要的工作,直接影响企业文化建设的完整性和有序性。有些学者将企业文化简单划分为精神文化、制度文化和物质文化三个层次;作者认为,企业文化应该包括精神文化、制度文化、行为文化和物质文化四个层次。

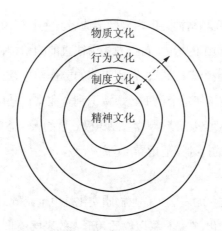

资料来源:作者整理。

图 6.3　企业文化结构层次

1. 精神文化层

企业的精神文化是企业文化的核心层,包括企业核心价值观、企业精神、企业哲学、企业伦理、企业道德等。企业的精神文化是企业广大员工在长期的生产经营活动中逐步形成的,并经过企业家有意识地概括、总结、提炼而得到确立的思想成果和精神力量,具有强大的号召力、凝聚力和向心力,是企业优良传统的结晶,也是维系企业生存发展的精神支柱。正如美国 IBM 的董事长小托马斯·沃森所说:"一个组织与其他组织相比较取得何等成就,主要决定于它的基本哲学、精神和内在动力,这些比技术水准、经济资源及组织机构、革新和选择时机等重要得多"。

2. 制度文化层

企业的制度文化是企业文化的中层。制度文化包括企业的各种规章制度以及这些规章制度所遵循的理念,包括人力资源理念、营销理念、生产理念等。企业的制度文化是企业文化的中坚和桥梁,把企业文化中的物质文化和精神文化有机地结合成一个整体。在企业文化的建设过程中,必然涉及与企业有关的法律和法规、企业的经营体制和企业的管理制度等问题。企业的法律形态体现了社会大文化对企业的制约和影响,反映了企业制度文化的共性;企业的组织形态和管理形态则体现了企业各自的经营管理特色,反映了企业制度文化的个性。

3. 行为文化层

企业的行为文化是企业文化的幔层。企业行为文化是一种动态的活动文化,是企业物质文化、制度文化和精神文化的直接塑造者。企业行为文化规范着企业的行为模式，激励企业全体员工的智力、向心力和勇往直前的精神，将员工个人的工作与人生目标联系起来，超越个人的局限，发挥集体的协作作用，进而产生 1＋1＞2 的效果。企业行为文化还应该使每个员工必须认识到企业文化是自己最可宝贵的资产，是个人和企业成长必不可少的精神财富，以积极处世的人生态度去从事企业工作，以勤劳、敬业、守时、惜时的行为规范指导自己的行为。

4. 物质文化层

物质文化是企业文化的表层。企业物质文化是由企业员工创造的产品和各种物质设施等构成的器物文化，它是一种以物质为形态的表层企业文化，是企业行为文化和企业精神文化的显现和外化结晶，包括企业环境、企业器物和企业标识。我们所说的企业环境一般包括工作环境和生活环境两个部分。企业器物包括企业产品、企业生产数据、文化实物等方面的内容，其核心内容是企业产品。产品通常被理解为人们应用生产工具而创造出来的具有使用价值的物品。它包含如下两个方面的含义：产品以市场为存在前提；产品的存在价值体现出企业精神。企业标识是企业文化的可视象征之一，是体现企业文化个性化的标识，它主要包括企业名称、企业象征物等方面的内容。

6.3.4　企业行为文化的重要性

人作为企业的构成主体，其行为当然蕴含着丰富的企业文化信息，是企业文化最真实的表现。一个企业的企业文化的优劣、企业文化建设工作的成败，通过观察员工的日常精神面貌、做人做事的态度、工作中乃至社交场合的行为表现，就可以作出大致准确的分析判断。精神理念说得再美，制度定得再完善，都不如做得实在。其次，从与其他三个层次的关系看，行为文化是企业文化中承上启下的中坚部分。

我们知道，精神文化是企业文化的核心、是指导一切的思想源泉；制度文化是精神理念的延伸，对行为产生直接的规范和约束力；物质文化更多是人的感官所能直接触及到的、企业文化最具体的表现形式。

但是，这三个层次都是通过行为来表现和实现的。行为是企业理念与制度作用力的真实结果，而物质又是行为的真实结果，有什么样的行为文化自然有什么样的物质文化。很多时候，精神文化和制度文化是隐形的、幕后的，而物质文化具有延迟性，当我们能够感知时,其后果已难改变。因此,在建设企业文化的过程中,如果我们不将行为文化作为一个相对独立的关注层面,不将行为文化的建设作为企业文化的重点,一味关注理念建立、制度完善和物质表现,则很容易让企业文化建设工作落入形式主义的教条之下,这也是很多企业文化无法落实,出现理念与实际行为双轨分离现象的重要原因。

行为文化不像企业精神文化、制度文化和物质文化,以既成的静态形式作为文化成果存在,而是以动态的形式作为文化成功存在,是创造其他文化的活动文化。行为文化一方面受精神文化的指导,另一方面又在各种活动中影响和创造着新的精神文化。行为识别与企业行为文化在各自系统中的作用是相同的。不注重行为识别,是不可能有完整的企业识别系统的,而不注重企业行为文化的建设,也形成不了优秀的企业文化。人们了解一个企业,很多情况是通过企业的行动给他们的印象。消费者来到企业购买商品,如果店员的态度和举止不佳,比如接待客人不够亲切,总机小姐应答电话不够礼貌、售后服务差等,不管企业怎么树立划一的标识招牌,穿着同一制式的标识服装,也不管该企业多么费心设计华丽的店铺外观和装潢,都无法使消费者留下良好的印象。

行为文化与企业制度文化也有密切的关系。如果企业理念是"心",那么行为识别实际上指的是企业的"行动"。这些"行动"相当广泛,除上述经营者及员工等人的活动和公共关系、广告、促销等信息传递活动之外,也包括企业体制、人事、人才开发等组织活动,还包括国内和国际等其他方面的所有企业行为。其中,员工的教育及企业体制等都与企业制度文化分不开。企业文化中的制度文化,是指企业在生产经营活动中所形成的,与企业精神、价值观等精神文化相适应的制度和企业管理制度。企业领导体制是企业领导方式、领导机构和领导制度的总称。企业组织机构是指企业为了实现企业目标而筹划建立的企业内部各组成部分及其关系。企业管理制度是企业为求得最大效益,在生产管理实践活动中制定的各种带有强制性的规定与条例,包括企业的人事制度、生产管理制度、民主管理制度等一切规章制度。从一些成功的CIS范例中,可以看到"行为识别"都是以一些企业制度作为保证的。

6.3.5　企业文化对企业竞争力的构筑

企业竞争力是基于企业一系列特殊资源而形成的相对于竞争对手的获得长期利

润的能力。这些特殊资源包括：企业的人力资本、企业声誉、营销技术、营销网络、管理能力、经营者驾驭财务杠杆的能力、研究开发能力和企业文化。组织若想要通过企业文化建设与推动来建构企业竞争力，可以从以下两方面着手进行。

1. 由企业制度层面着手

(1) 制度建设必须配套完备。

一个好的企业，在管理过程中必须保证有严格的制度约束，不能有制度控制不到的环节的疏漏和缺失。制度完备一般包括领导职责、现场管理规定、职工日常行为规范、服务标准、服务规范、跟踪服务制度、岗位绩效评估制度等。

(2) 制度建设必须上下顺畅、配合默契、奖惩分明、形成合力。

制度的制定既要符合企业自身发展的特点，又要保证机制运作有活力，相互关联顺畅。只有制度顺畅，才能使生产流程、服务流程、管理流程有效率。

(3) 实现制度的日常化过程。

一个好的制度不是墙上制度或记事本上的制度，而是要把制度日常化，内化为每一位员工的工作行为。首先，要加强教育，通过耐心细致的教育，使制度成为员工的日常化行为。其次，制度贯彻的前提是全体员工对制度的高度认可。为此，企业领导人在制定制度时，切忌坐在办公室里空想，应当深入一线做调查研究。没有员工广泛讨论为基础，制度只能是一纸空文。

2. 保证企业组织运作高效化的基本原则

(1) 统一性管理原则。

统一性管理原则按亨利·法约尔的管理理论，包括统一指挥原则和统一领导原则。统一指挥原则是一个重要的管理原则，按照这个原则的要求，一个下级人员只能接受一个上级的命令，以防混乱局面出现。在任何情况下，都不会有适应双重指挥的企业组织。与统一指挥原则有关的还有下一个原则，即统一领导原则，是指对于力求达到同一目的的全部活动，只能有一个领导和一项计划。统一领导原则与统一指挥原则既有区别又有联系：前者讲的是组织机构设置的问题，即在设置组织机构的时候，一个下级不能有两个直接上级；而后者讲的是组织机构设置以后运转的问题，即当组织机构建立起来以后，在运转的过程中，一个下级不能同时接受两个上级的指令。

(2) 例外原则。

这是管理的一项重要原则。例外原则就是领导者只管规章制度中没有规定的

"例外"的事,凡是已有规定的,就由下一级或职能部门按章办事即可。

(3) 团队组织理性原则。

维系企业中人员的关系:工作中有感情远近和亲疏是正常的,但不能形成派系,不能让感情来代替理性规则。最好的办法就是用严格的组织管理规范来约束。

(4) 恰当激励原则。

掌握激励理论是管理的一项重要的内容,激励有物质激励、精神激励、工作激励和成就激励等。我们重点了解一下成就激励。成就感一方面表现在对个人贡献的体验,个人贡献越大,成就感越强;另一方面表现为个人贡献的优势体验,比别人有优势也是一种成就。为此,管理中关键是如何提供竞争的平台。当需要大刀阔斧地开展工作时,就尽可能多地提供竞争的平台,当一个部门矛盾突出时,就少一点平台。成就激励原则要求我们工作中尽可能做到:尽量缩小工作团队;明确每一个人的职责;放手让员工自己干;构造公正透明的业绩平台。

从概念上看,企业文化非常简单;而通常的难度在于找到适合企业特色的文化理念和具体落实。良好的企业文化是企业整合更大范围资源、迅速提高市场份额的重要利器。好的企业领导者,一般首先把自己看作是某种特定文化的塑造者和支持者。他们认为,优秀的公司文化是自己公司领先于竞争对手的关键性力量。

6.4　人际沟通与冲突管理

6.4.1　人际沟通

人际沟通(Interpersonal Communication)包含了两个概念:一是人际关系(Interpersonal Relationship)部分,二是沟通(Communication)部分。本小节将就人际关系与沟通两项主题进行说明。

1. 人际关系(Interpersonal Relationship)

心理学将人际关系定义为"人与人在交往中建立的直接的心理上的联系"。人际关系即是人与人之间心理上的直接关系,也就是情感上的关系。表现为双方发生好感或恶感,对别人的行为容易接受或无动于衷、积极的交往或闭关自守、心理上与他人相容或不相容等。和谐、友好、积极、亲密的人际关系都属于良好的人际关系,对于一个人的工作、生活和学习是有益的;相反,不和谐、紧张、消极、敌对的人际关系则是不良的人际关系,对一个人的工作、生活和学习是有害的。卡耐基曾说过:"一个人的成功,只有百分之十五是来自于他的专业能力;其他的百分之八十五,来自他的人际关系与处事态度。喜欢别人,又能让别人喜欢,才是世界上最成功的人。"

人际关系与我们的工作和生活密切相关,生活当中的人际关系的发展可以视为一种非正式的人际关系,在非正式工作的时间里可以安排和亲朋好友间的互动,增加联系程度。而在工作场合当中的人际关系是属于比较正式的人际关系,不论是主管或是员工部属都有自身的角色扮演以及工作职责范围,职场中人际关系的主要目的是以达成组织所赋予的任务以及工作目标为前提。

虽然职场中的人际关系是比较正式的工作关系,但是在忙碌的工作中,还是可以利用工作中的互动机会建立非正式的人际关系,比如说和同事、上司可利用午饭时间或上班休息时间进行交流谈话,在平行部门之间的沟通与非相关领域的人员进行交流,在不影响达成工作目标的前提下,良好的交流定会促使工作更高效。在东方社会体系中,人际关系代表着资源、力量、生产力,因此建立良好的人际能力就显得格外重要。在职场工作中的人都知道要想获得事业上的成功,必须建立自己的人际关系网。Taylor(1973)提出了人际关系发展与建立的四个阶段,分别为:定向阶段、情感探索阶段、情感交流阶段、稳定交往阶段。

(1) 定向阶段。

我们并非同任何一个人都建立良好的人际关系,而是对人际关系的对象有着高度的选择性。在通常情况下,只有那些具有某种会激起我们兴趣的特征的人,才会引起我们的特别注意。在人际关系的定向阶段,其时间跨度随不同的情况而不同。邂逅相遇而相见恨晚的人,定向阶段会在第一次见面时就完成。而对于可能有经常的接触机会却彼此又都有较强的自我防卫倾向的人,这一阶段要经过长时间沟通才能完成。

(2) 情感探索阶段。

这一阶段的目的在于彼此探索双方在哪些方面可以建立真实的情感联系,而非仅仅停留在一般的正式交往模式。在这一阶段,随着双方共同情感领域的发现,双方的沟通也会越来越广泛,自我暴露的深度与广度也逐渐增加。但在这一阶段,人们的话题仍避免触及别人私密性的领域,彼此较为注意表现的规范性,自我暴露也不涉及自己的根本方面。

（3）情感交流阶段。

人际关系发展到感情交流阶段,双方关系的性质开始出现实质性变化。此时双方的人际关系安全感已经得到确立,因而谈话也开始广泛涉及自我的许多方面,并有较深的情感卷入。如果关系在这一阶段破裂,将会给人带来相当大的心理压力。在这一阶段,双方的表现已经超出正式交往的范围,正式交往模式的压力已经趋于消失。此时,人们会相互提供真实的评价性的反馈信息,提供建议,彼此进行真诚的赞赏和批评。

（4）稳定交往阶段。

在这一阶段,人们心理上的兼容性会进一步增加,自我展现程度也更广泛深入。此时,交往双方已经可以允许对方进入自己高度私密性的个人领域,分享自己的生活空间和私人拥有的物质或是财产。但在实际生活中,除非是非常亲近的双方比如说夫妻之间或是准备结婚的男女双方,否则很少有人可以达到这一情感层次的人际关系。

多数的人际关系并无法在第三阶段的基础上更进一步发展,而是在第三阶段的同一水平上不断重复。

作者从实际的工作经验以及日常生活对于人的行为观察中,也提出自己的人际关系发展过程观点,如图 6.4 所示。

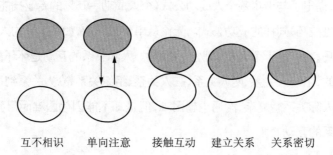

互不相识　　单向注意　　接触互动　　建立关系　　关系密切

资料来源:作者整理。

图 6.4　人际关系发展阶段

作者认为人际关系发展的阶段可以分成五个阶段:互不相识、单向注意、接触互动、建立关系、关系密切。

(1) 互不相识。指完全陌生,没有任何的交集与互动。例如,在一个大型的研讨会议中与会人员彼此不认识,没有任何交流互动,都是先进行报到然后就座。

(2) 单向注意。开始注意到哪些人引起自身的关注,进行目标锁定。

(3) 接触互动。初步沟通是在选定互动的目标对象之后,试图与此人建立某种联系的实际行动。目的是对当事人获得一个最初步的了解,以便使自己知道是否可以与对方有更进一步的交往,从而使彼此之间人际关系的发展获得一个明确的定向。例如,在研讨会议的中场休息时间,主动与目标对象进行交换名片、口头交流、专业方面的意见探讨等行为,希望藉由初步的接触能建立进一步的关系。

(4) 建立关系。当有了互动接触,就会逐步地交谈交往,进一步地让对方了解自己更多的实际情形,也希望在这个建立关系的过程中了解对方的状况。例如,当研讨会议结束之后,当事人双方都留下互相联系的方式并约定时间再次见面进行交流,从而可以更加了解双方的知识背景,专业研究方向,是否可以有共同相近的研究领域可以互相支持等,逐步开始建立起更进一步的关系。

(5) 关系密切。

建立起关系之后,有可能进入情感交往的阶段,也有可能仅止于一般性的社交阶段。这部分的深入程度需要依据上一个建立关系阶段的过程以及彼此认同的程度而定。

吉米·道南和约翰·麦克斯韦尔合著的《成功的策略》,花了超过 20 年的时间观察成功人士,提出了与卡耐基个人成功公式(个人成功=15%的专业技能+85%的人际关系及处世技巧)同样的成功公式。无论从事什么职业,如有良好的人际关系和正确的处世技巧,将有助于个人在事业上的成功。人际关系的互动是环环相扣、一层一层扩张开来的,由一人关系、两人关系、三人关系、组织关系、众人关系到社会关系,而越往外扩张人际关系越复杂,沟通也越困难,但是却不能因为困难而自我疏离,甚至停止人际关系的互动。

2. 沟通

在管理活动中,沟通(Communication)的技能显得非常重要。可以说,领导者和被领导者之间的有效沟通,是管理艺术的精髓。比较完美的企业领导者习惯用约 70%的时间与他人沟通,剩下 30%左右的时间用于分析问题和处理相关事务。他们通过广泛的沟通使员工成为一个公司事务的全面参与者。所谓沟通,是人与人之间的思想和信息的交换,是将信息由一个人传达给另一个人,逐渐广泛传播的过程。著名组织管理学家巴纳德认为:"沟通是把一个组织中的成员联系在一起,以实现共同目标的手段"。

沟通不仅是信息和思想的交流,同时还包括情感互访;至少涉及两个或两个以上的人,较多地采用双向交流;沟通可能通过直接的或间接的、正式的或非正式的方式进行;采用各种工具将信息变成易于传播的信息,如文字、身体语言;通过沟通来赢得共识,并不断强化企业目标。

沟通是一个非常复杂的信息处理过程。在沟通进行之前,必须要先有意图然后才能转换成信息再传达出去。信息由来源处传给接收者,在这过程中需要进行编码,通过适当的渠道进行译码,才能够将信息由一方传递给另一方,进而完成沟通的过程。图6.5为沟通过程的模式。

资料来源:S.P.Robbins(1986)。

图 6.5　沟通的过程

因为沟通的过程是如此得复杂,可以理解为何在组织当中会有各种各样的误解与冲突发生。从沟通的过程模型可以了解到,只要在过程当中的任何一个环节发生问题,都可能造成信息的扭曲而无法有效达成沟通的目的。这也可以说明为何信息的接受者所接收到的信息,很少是信息传递者真正的原意。造成沟通障碍的原因有以下几点:

(1) 过滤效果(Filtering Effect)。

指信息传送者为了让接收者高兴一些,在传送讯息时,故意操纵信息。例如,部属只跟上司讲一些他认为是上司喜欢听的话,而掩盖了其他信息,这就是他在"过滤信息"。这种事情在组织中发生的频率非常高,当一项信息要往上级主管处呈送时,必须先进行整理与调整,使上级主管不至于被太多的信息所淹没。正如通用汽车以前的一位副总裁所说,"通用汽车公司的沟通情形,经过层层的过滤作用之后,使最高管理当局几乎无法取得客观的信息,因为那些较低层的经理人,在提报信息的时候,所使用的方式,就是希望上面的人能够按照他们的意图做成决策。我以前处于低职位的时候,也常常这么做。"信息受到过滤的程度,主要决定于组织层级的数目。垂直方向的层级数目越多,信息受到过滤的机会越大。

(2) 选择性知觉(Selective Perception)。

在沟通的过程中,信息接收者基于自身的需求、认知、经验、背景及其他个人特质,会选择性地接收信息。并且在解码时,信息接收者也会把自己的期望加诸在信息上。例如,面试官如果认为女性的抗压性都比较差,那么不管来参加应聘的女性是不是真的抗压性很差,她在面试过程中所讲述的内容或是表现,很可能被面试主管认为是抗压性不足的表现。

(3) 情绪状态(Emotional Situation)。

接收者在何种状况下接收讯息,会影响他对于信息的理解。同样的信息,当你在生气或高兴的时候接收到,在感受上并不相同。极端的情绪,如节庆时的欢呼或失恋时的沮丧,最容易破坏沟通。因为在这些情况下,我们往往将理性及客观的思考抛在脑后,取而代之的是情绪化的判断。

(4) 语言差异(Language Gap)。

相同的文字,对不同的人而言,各有不同的意义。一位电机工程博士所使用的语言,显然不同于高中毕业的职员所使用的语言。事实上,后者对电机博士所使用的词语,在理解上很可能会有困难。当然,语言上的沟通困难,是来自双方面的。在组织里面,员工常来自不同的背景。此外,不同的工作部门,也常会使用该行的"行话"或专业用语。在大规模的组织里,其成员往往来自不同的地理区域甚至不同的国家,因此在语言词义的使用上,常常也会不同。

(5) 缺乏回馈(Lack of Feedback)。

回馈是沟通的过程中或沟通结束时的一个关键环节,不少人在沟通过程中不注意、不重视或者忽略了反馈,结果沟通效果打了折扣。其实,在双方沟通时,多问一句"您说的是不是这个意思"、"可以请您再将内容说一下吗",有的时候多做一个确认或是询问的动作,就可以有效地降低沟通障碍。

(6) 组织地位与阶级障碍(Organizational Level Barrier)。

在上级主管与下级部属沟通时,作为上级的管理人员会有先入为主的认知差异。再加上上级管理人员和下级部属之间存在组织地位、身份、信息来源的不对等,也导致下属在上级主管面前大都不敢真实地表达内在想法,影响了上下级的顺畅沟通。

沟通是人际关系的基础,企业和员工的沟通管理属于员工关系管理的范畴,沟通需要更多采用柔性的、激励性的、非强制的技巧,从而提高员工满意度,使企业拥有良好的人际关系和和谐的组织氛围,支持其他管理目标的实现。在此提供以下几种沟通方法:

(1) 有效的倾听。

倾听(Listening)是主动地搜集对方话语中的意义,需要进行思考,及高度的精神集中。有效的倾听能增加信息交流双方的信任感,是克服沟通障碍的重要条件。要提高倾听的技能,可以从以下几方面去努力:使用目光接触;展现赞许性的点头和恰当的面部表情;避免分心的举动或手势;要提出意见,以显示自己不仅在充分聆听,而且在思考;复述,用自己的话重述对方所说的内容;要有耐心,不要随意插话;不要妄加批评和争论;使听者与说者的角色顺利转换。

(2) 尊重对方与换位思考。

沟通的障碍来自以自我本身作为出发点的思考模型,若是能够从对方的立场与角度进行沟通,可以化解许多无谓的争执与冲突。企业内部所进行的岗位轮调制度除了进行员工多能力的培养,还有一项重要的功能,即希望员工可以学习在不同的部门之间所扮演的角色有差异。

(3) 建立健全有效的沟通渠道。

经营管理高层主管、部门主管可通过企业经营业务报告、定期部门会议、管理层会议、员工座谈会、家庭日聚会等方式,尽可能与下属员工进行正式或非正式的互动与交流,增进了解和信任,通过双向交流和信息互动反馈,使内部沟通渠道畅通无阻。目前即时信息软件非常方便,可以做到实时沟通交流。在电子信息化的时代,也可以通过内部刊物、内部网络系统等形式上情下达、下情上传,做到信息收集制度化、信息内容系统化、信息传递规范化、信息处理网络化。

(4) 语气与态度的表达。

语气与态度的表达,是有效沟通的关键因素。比如,说话时的语气所代表的意义是不同的,平铺缓和的口气代表情绪平稳;沉默通常表示不同意;声调的提升表示愤怒;如果对方对你说的话没什么反应,就说明他肯定没在听你说话。

组织中的沟通管理是对效益影响非常大的项目。作为管理者,应该要有主动与部属沟通的胸怀;作为部属,也应该积极与管理者沟通,说出自己心中的想法。

6.4.2 冲突管理(Conflict Management)

1. 冲突的定义

对于冲突的定义,有很多种说法。从心理学角度来看,冲突是指几种动机同时存在并相互斗争的心理状态;从人力资源管理的角度来看,冲突是个人或群体在实现目标的过程中,受到挫折时的社会心理现象。冲突主要包含以下几个方面内容:(1)冲突是不同主体对待客体的意见分歧,而产生的心理、行为相互矛盾和对立的状态;(2)冲突的主体可以是个人、群体或组织;(3)冲突的客体包括利益、权力、资源、目标、方法、意见等;(4)冲突是一个过程,它是在不同主体或部门之间相互交往、相互作用的过程中发展起来的,反映了不同主体的背景和需求。

2. 冲突的形成原因

对于冲突形成原因的研究,有利于管理者看到冲突产生的本质,从而更好地对冲突进行管理。在一个组织的日常活动中,存在着许多导致冲突的潜在因素:

(1) 个性差异的因素。

个性是指个体对于现实中客观事物的经常、稳定的态度以及表现出来的行为方式,包括性格和气质两个方面。笔者认为,组织内部成员个性特征的差异是导致冲突的重要原因,组织内部员工对于工作的不同态度以及行为方式的差异,使组织内部的冲突不可避免。

(2) 资源的有限性。

个体、群体与组织的发展始终离不开资源的支撑和利益的驱动。企业内部职位、资金等资源是十分有限的,这常常使企业内部出现"僧多粥少"的局面。组织内部成员为了维护各自利益、满足自身需要,势必会对有限的资源展开激烈的争夺,使企业内成员之间的冲突在所难免。

(3) 价值观认知。

价值观是指一个人对周围的客观事物(包括人、事、物)的意义、重要性的总评价和总看法。具有不同价值观的主体之间对同一事物或行为具有不同的价值取向和价值判断标准。价值观受到家庭背景、经历、文化层次、社会地位等多方面因素的影响,故价值观的差异是普遍存在的。与其他经济利益冲突不同,价值观的冲突通常不容易协调。

（4）角色差异。

组织中的个体由于承担的角色不同，各有其特殊的任务和职责，从而产生不同的需要和利益。由于在彼此的工作表现上有利害关系，所以人们在工作中对同事或上下级哪些该做、哪些不该做，都有自己的一套看法。因此，冲突常会因为角色的压力和对彼此的期望不同而产生。

（5）职责划分不清。

组织内部职责划分不清，容易使不同岗位员工之间对工作互相推诿或随意插手，为组织内部的冲突埋下隐患。

（6）沟通不畅。

沟通是组织管理的重要职能之一，而不同的组织结构划分又会影响沟通的方式与效果。由于强调组织功能的实现，一个完整的企业组织被分割成生产、采购、营销、财务等许多部门，这种分割不可避免地导致了企业信息沟通过程中的不畅或误解，从而导致信息的不完全，造成员工或部门之间的隔阂，引发组织冲突。

（7）组织文化因素。

组织文化是组织内成员共同认可的，被组织内部成员广泛遵守的价值判断和行为方式的总和。如果一个组织的文化氛围推崇组织的整体性，鼓励彼此尊重和信任，提倡相互合作、公平待人，那么在组织中冲突的建设性结果就会得到彰显；反之，冲突的破坏性结果就会遍布组织的各个角落。

在群体的互动过程中，冲突是一种司空见惯的正常现象，长期没有冲突的关系根本不存在。凡是人们共同活动的领域，总会产生不同意见、不同需求和不同利益的碰撞，或在个人之间，或在小团体之间，或在大组织之间。

因此，及时识别冲突状况，使改革顺利进行，将损失控制到最小，是当今管理人员事业有成最需要的能力之一。聪明的管理者应该知道合理地运用冲突，将某些冲突引导向对公司的健康发展和茁壮成长有利的方向上来。

3. 如何进行冲突管理

冲突管理是为了实现个人或群体目标而对冲突进行协调解决的过程。其目的就是将企业整体目标与个人或群体目标相统一。冲突管理表现为一种方法论，根据研究者提出的冲突二维模式，按照自己和他人关心点的不同满足程度，将处理冲突的策略划分为竞争、回避、迁就、妥协、合作五种类型。不同冲突策略的选择所得到的结果是不同的,对组织目标的实现和未来的发展也具有重要影响。图 6.6 所示为托马斯(K.W.Tomas,1976)所提供的五种冲突处理方式。它包含两个向度,即合作性(Co-operativeness)与独断性(Assertiveness)。合作性是指某一方试图满足对方需求的程度,而独断性则指某方试图满足自己需求的程度,两两相配结果,可以找出五种冲突处理方式:竞争、合作、回避、适应、妥协。

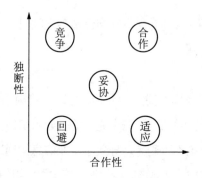

资料来源:K.W.Thomas(1976:900)。

图 6.6　化解冲突的策略

(1) 适应(Accommodation)——"我输你赢"。

当一个人希望满足对方时,可能会将对方的利益摆在自己的利益之上。为了维持彼此的关系,某一方愿意自我牺牲,我们称此种行为为顺应。例如,当管理者与员工之间意见不同时,常会有把管理层的利益置于员工自己本身利益之上的顺应行为产生。

(2) 回避(Avoidance)——"不跟你玩"。

一个人可能承认冲突的存在,却采取退缩或压抑的方式,即为回避。有时在明显的冲突情境之下,采取回避的方式可以让冲突双方都暂避激烈的情境,冷却处理,避免冲突事态扩大。

(3) 竞争(Competition)——"我赢你输"。

当一个人只追求达到自己的目标和获取利益,而不顾虑冲突对对方的影响时,此行为即为竞争(或支配)。在正式团体或组织中,非赢即输的生存竞争,常会导致居上位者利用职权支配他人。而与人发生冲突的个人,为了赢得胜利,也会利用自己的权力。

(4) 合作(Collaboration)——"我赢你赢"。

当冲突的双方都希望满足对方的需求时,便会合作,以寻求双方皆有利的结果。在合作的情况下,双方都着眼于问题的解决,澄清彼此的差异点而非顺应对方的观点。参与者会考虑所有的可能方案,彼此观念的差异部分也会越来越清楚。由于解决方案对双方都有利,所以合作被视为一种双方皆赢的冲突解决方法。

(5) 妥协(Compromise)——"不输不赢"。

当冲突的双方都必须放弃某些东西,则会因为分享利益而导致妥协的结果。在妥协时,没有明显的赢家或输家。妥协的特性是双方都需要付出某些代价,同时也会有一些收益。

对于职场中的管理人员而言,通过以下七种方式可以进行有效的冲突管理:

(1) 提高管理人员的素质和技能。

组织内部的冲突很多与管理者自身素质有关。管理人员的素质和管理水平不仅影响冲突发生的频率,而且对冲突的解决效果具有重要影响。当一个管理者具备较好的技能和素质时,能正确认识冲突,并选择恰当的策略来及时解决和运用冲突,达到员工与组织双赢的效果;而一个素质和管理水平较低的管理者可能会忽视冲突的影响,采取片面的解决方法,从而耽误冲突解决的最佳时机。

(2) 权责分工明确。

岗位与岗位之间、部门与部门之间权责不清是引起组织内部冲突的重要原因。应进一步明确内部分工,形成完善的制度流程体系,建立健全岗位职责与作业标准,使每个人对自己岗位职责及作业要求清晰明了,营造良好的竞争环境。

(3) 全方位沟通渠道的建立。

员工与组织之间信息的不完全常常是引起冲突的重要原因。应建立顺畅的沟通渠道,对员工进行动态跟踪管理,同时弱化等级观念,增强沟通双方的接受程度。

(4) 建立员工工作轮换制度。

在工作条件允许的前提下,让管理人员或基层员工从一个工作岗位轮换到另一个工作岗位,或者进行分公司之间或部门内的岗位互换,这种措施有利于不同部门、不同岗位的人员增加互相了解,促进双方坦诚交流,减少冲突。

（5）建立预警机制。

制定冲突预警和应急机制，预防冲突的发生，把冲突消灭在萌芽状态，是冲突管理的上策。由于冲突爆发的时间、地点、条件、环境等难以完全预测，具有突发性，因此，作为管理者，应协助公司高层制定冲突的预警和应急机制。

（6）鼓励组织内部合理的冲突。

适时适度激发冲突，保持企业活力。进行冲突管理要对可能发生的破坏性冲突及时进行处理并尽可能淡化；另一方面，应积极引导冲突向有利于组织发展的方向转变，并激发建设性的组织冲突，增加企业活力。

（7）塑造良好的企业文化。

一流的企业靠文化，二流的企业靠管理，三流的企业靠人才。公司内部可以通过塑造企业文化，以正向积极的管理规范来引导企业成员的行为，形成一种企业组织整体合力，防止破坏性组织冲突降低管理效益。

案　例　Intel 公司的冲突管理文化

在以纪律著称的半导体业霸主英特尔（Intel），第一门要学习的课程不是"服从"，而是"如何吵架"，也就是学会如何做"建设性的冲突"（constructive confrontation）。这正是英特尔为何能兼具纪律与创意两种极端特质，每年在美申请专利达上千个，四十年来在半导体产业居垄断地位的原因。直来直往，甚至有点火药味的跨阶层交谈，是建设性冲突展现的风貌之一。

英特尔让冲突具有建设性，包括：界定冲突本质、有效针对冲突进行沟通、明确达成协议与执行。"建设性对抗"的最终目标是解决问题，而不是把矛头指向个人。Intel 的高阶管理层认为冲突发生时一定要看到两方面，首先是"建设性"，然后才是"对抗"。"建设性对抗"的最终目标是解决问题，而不是把矛头指向个人。因此，在提出对抗之前一定要准备充分的相关数据来支持自己的反面观点，而且要以最及时的方式来实践，而不是等到事情失败之后。

英特尔鼓励员工要有"ADOPT"（Addressing、Direct、Objective、Positive、Timely）的观念，发现问题时，要以正面的心态，实时与明确地指出问题。

（1）冲突也要有效率，避免无目标的对抗。

提出反对意见的人，不能漫无目的，必须准备好充足的数据与论据，标的要明确，意图是为协助英特尔找到更好的解决方案。

(2)讨论时集思广益,执行时方向一致。

若此议题必须在会议中作出决定,英特尔也有"不同意但承诺"的传统,所有人都需要有共识,虽然你表达反对,但最后任务负责人作决定,你也须百分之百承诺支持,不能再私下表达不满。

(3)"对抗"文化的配套措施。

英特尔定期将对抗方法更新,例如,近期也增加倾听的技巧训练,以让被对抗者很快抓住重点,与反对者进行讨论。这些方式都能让员工"吵架"的方式更精进、更有效率。

专业名词速记

员工关系(Employee Relationship, ER)

员工关系指组织与员工之间的关系,包含了企业主与员工之间全面的互动与沟通,相互调整需要的过程。

员工协助方案(Employee Assistance Programs, EAPs)

组织为了照顾其员工及提高生产力,所提供的一种计划性活动,目的在于发现并解决有关影响生产与服务成效的个人问题。

弹性工作时间(Flexible Working Hours)

是指完成规定的工作任务或固定的工作时间长度的前提下,员工可以自由选择工作的具体时间安排,以代替统一固定的上下班时间的制度。

心理契约(Psychological Contract)

员工对于雇佣双方责任的理解经过个体认知所形成的一系列内隐性的协议内容,协议中具有一方希望另一方付出的内容和可以获得的内容。

企业文化(Business Culture)

就是企业信奉并附诸于实践的价值理念。也就是说,企业信奉和倡导并在实践中真正实行的价值理念。

精神文化层(Spiritual Culture Layer)

企业的精神文化是反映企业行为的价值理念,是对企业的现实运行过程的反映。

制度文化层(Policy Culture Layer)

企业的制度文化包括企业的各种规章制度以及这些规章制度所遵循的理念。

行为文化层(Behavior Culture Layer)

企业行为文化是一种动态的活动文化,它是企业物质文化、制度文化和精神文化的直接塑造者。企业行为文化规范着企业员工的行为模式。

物质文化层(Material Culture Layer)

企业物质文化是由企业员工创造的产品和各种物质设施等构成的器物文化,它是一种以物质为形态的表层企业文化,是企业行为文化和企业精神文化的显现和外化结晶。

人际关系(Interpersonal Relationship)

人与人之间心理上的直接关系,也就是情感上的关系。表现为双方发生好感或恶感,对别人的行为容易接受或无动于衷,积极的交往或闭关自守,心理上与他人相容或不相容等。

沟通(Communication)

人与人之间的思想和信息的交换,是将信息由一个人传达给另一个人,逐渐广泛传播的过程。

过滤效果(Filtering Effect)

指信息传送者为了让接收者高兴一些,在传送讯息时,故意操纵信息。

选择性知觉(Selective Perception)

在沟通的过程中,信息接收者基于自身的需求、认知、经验、背景及其他个人特质,会选择性地接收信息。

冲突管理(Conflict Management)

指为了实现个人或群体目标而对冲突进行协调解决的过程,其目的就是将企业整体目标与个人或群体目标相统一。

第 7 章
HRBP 应具备的专业能力

Functional Administration To Business Partner

7.1　HR 如何成为 BP

7.1.1　HRBP 的意义

HRBP(Human Resource Business Partner)在现在的人力资源管理领域似乎已经成了一个热门名词。不论是学术领域或是企业管理实务工作中,HRBP 这个名词出现的频率越来越高,也代表着人力资源管理的重新定位和再次转型。回顾人力资源管理发展的历史,从 18 世纪开始的工业革命所开端的人事管理,到 21 世纪人才管理的变迁,经过了 100 余年的时间。在这段漫长的时间中,人力资源管理的功能也在改变与调整,人事管理、人力资源管理、人力资本管理、人才管理等专业名词也被不断提出。从最初的人事管理(出勤、考核、加班等基层事务性工作),到人力资源管理(视人为组织的重要资源,关注人力发展),再到 HRBP 强调人力资源应成为业务伙伴(参与企业战略规划,将战略转换为人才管理方案实施),人力资源管理一直在寻找着更准确的定位和方向。如今 HRBP 的概念是将人力资源的位阶又往经营管理的层级提升,参与企业经营管理与战略规划的工作中,由被动地接受转为主动地参与,更强化了人力资源管理职能在组织中的重要性。

HRBP 的理念源自尤里奇(Dave Ulrich, 1997)所写的一本书:《人力资源最佳实务:下一个议程——增值和交付成果》(*Human Resource Champions*：*The Next Agenda for Adding Value and Delivering Results*)。书中首次提出了 HRBP 管理理念,将以往的人力资源职能仅局限于事务性功能的定位提升到组织事业伙伴的地位,大大推进了全球 HR 管理的发展,更是人力资源管理观念的革命性提升。人力资源管理工作者想要成为企业的事业伙伴,一定要有战略管理性的思维模式,要从企业经营者的观点出发来进行人力资源职能部门的工作。

管理大师彼得·德鲁克曾说过:"在 21 世纪知识经济时代中,员工是企业最大的负债,而人力资源却是企业最大的机会。"企业想要适应变动快速的环境,必须有敏锐的环境洞察能力,要有寻找解决方案并有效推动执行的能力。这些能力必须有良好的人力素质,有适应能力强的组织文化,还要有绝佳的规划、执行与控制能力。企业的核心竞争优势,不再仅来自实体资源的拥有,更重要的是对企业无形资产——人力资源的掌握与运用,因此,在变动快速的环境中,人力资源管理将成为企业组织胜败存亡的关键。

7.1.2 如何成为事业伙伴

尤里奇提出了组织结构重整的方法,即将以往的人力资源部门组织结构着重于功能分工的方式重新设计为三个模块:业务伙伴(Business Partner)、专家中心(Expert Center)、共享服务中心(Share Service Center)。事实上,不是所有的企业都具备将人力资源部一分为三的条件,人力资源管理的变革会受到行业发展、业务需求、企业性质和规模、管理基础和条件等多种因素的制约。实践中最好的方式就是量身订制,依据企业自身的实际情况制定符合现状的人力资源管理解决方案。但是,发挥人力资源部门业务伙伴的作用是人力资源管理未来发展的方向。HRBP可以是一种理念,可以是人力资源部的整体职能,也可以是一个工作岗位的职责,不论是理念、职能或职责,最终还是要能够转换为具体的行动计划与执行方案,产生实际的行为,才能分辨出是行政管理或是事业伙伴。尤里奇(Dave Ulrich, 1997)认为人力资源管理专业人员可以扮演四种角色——战略伙伴、变革代理人、员工斗士、行政专家。这一四象限模型对企业的人力资源实践产生了深远影响,几乎所有的优秀企业都按照这四种角色模型对人力资源职能进行了重塑。

资料来源:Dave Ulrich(1997:32)。

图 7.1　人力资源管理在建立竞争力组织中扮演角色

(1) 战略伙伴。

战略伙伴(Strategic Partner)重心在于将人力资源战略及实务和企业战略结合

在一起,协助实践企业战略。人力资源专业人员藉由履行这个角色,提高企业的战略执行能力。将企业战略转化为人力资源实务可为企业创造三大优势:第一,由于从战略制定到执行的时间缩短,企业更有能力因应变化;第二,由顾客服务战略转化为特定政策与措施,企业更能满足客户需求;第三,由于战略执行更有效,企业能够达成财务绩效。因此,战略伙伴的角色就是人力资源管理专业人员必须参与企业战略拟订,并协助企业经营战略的执行,以有效地使组织完成战略目标。

(2) 变革代理人。

变革指的是组织改进行动方案的设计与执行、缩短所有组织活动周期等方面的能力。人力资源部门主管可担任变革代理人(Change Agent),协助组织找出变革的方法,当其辨识出有助于长期维持企业竞争力的问题时,有必要提出整体的变革管理方案。变革代理人的工作包括辨识问题、建立信任关系、解决问题及拟定与执行行动计划,变革管理能力已经是人力资源专业人员成功与否的最重要的因素。

(3) 员工斗士。

除战略伙伴和变革代理人外,人力资源专业人员可担任员工斗士(Employee Champion),将员工的贡献和组织的成功链接在一起,其主要工作是倾听员工心声、响应意见,并设法提供能满足需求的资源。当公司对员工要求愈来愈高时,人力资源专业人员和部门经理人应该扮演员工斗士的角色,寻求可以让员工抒发意见并对公司产生归属感的方法,协助提高公司与员工之间的心理契约的程度、提升员工的能力以符合公司发展的期望。

(4) 行政专家。

人力资源专业人员可担任行政专家(Administrative Expert),设计和实行有效的人力资源流程,包括招聘、培训、评估、薪酬、晋升等行政工作。身为公司人力资源管理制度与流程建设的维护者,人力资源专业人员必须确保这些流程得以有效实行。人力资源专业人员通过两种途径提高效率:第一,确保人力资源流程的效率,例如通过人力资源流程的再造(BPM)。第二,招聘、培训、奖励那些有能力提升生产力、降低成本与浪费、改善工作效率的人员。藉由提升行政效率,人力资源专业人员得以强化行政专家的角色。

HsienYu Shun(2014)曾经针对上海地区 112 家中小企业在企业内部的人力资源制度建设进行实证研究调查,结果发现企业内部的人事管理制度(83.04%),招聘与任用制度(85.12%),以及薪资管理制度(85.71%)方面的完整性较高,显示出基本的人力资源管理制度建设相对比较完整,应有的制度建设项目达标率达到80%以上。但是培训与发展制度(64.58%)和绩效管理制度(75.22%)的完整性是比较欠缺的。

表 7.1　人力资源制度项目总体平均数

制度项目	制度完整性 次数(%)	制度完善性 平均数(mean)	标准误(STD)	样本数
招聘任用	85.12%	3.24	0.934 7	112
培训发展	64.58%	2.44	0.988 4	112
薪资福利	85.71%	3.13	0.958 9	112
绩效管理	75.22%	2.75	0.909 2	112
人事管理	83.04%	3.27	0.869 9	112

资料来源:HsienYu Shun(2014), The Empirical Research of SME's HRM Policies Construction-Compared with Different Capital Source, APMC。

德勤大学(Deloitte University, 2016)所发布的全球人力资本十大趋势当中,有六项分别与组织战略发展具有高度相关性,分别是组织设计、领导力、企业文化、敬业度、学习与设计思维,这代表了人力资本发展趋势与组织战略发展的高度契合性。而这十大趋势的发展也正符合了人力资源管理所扮演的四种不同角色。

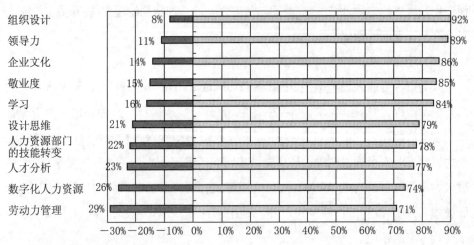

注:右侧代表重要或非常重要。
资料来源:Deloitte University(2016:4)。

图 7.2　人力资本趋势十大重要性排序

人力资源管理对组织发展以及组织战略规划的重要性相较于过去已有明显提高,但组织对人力资源管理专业的重视程度却不见得相对提升。部分原因可能来自高阶主管主观的认知、态度及价值观,认为人力资源管理的重要性相对财务、设备与研发技术而言得低;但另一方面也可能是人力资源管理人员自我的能力与定位并未随着组织经营环境的改变而调整,因此在组织中未能充分发挥应有的影响力。要让人力资源管理对组织绩效有重要的贡献,成为事业伙伴,首先人力资源管理人员要改变自己的定位,提升专业能力,人力资源管理的功能应从管理思维与做法上作出改变,而非只改变部门名称及专业名词。

观 点　人力资源部门应该存在吗?

2014 年 7 月份 Ram Charan 在哈佛商业评论发表了一篇文章:《是时候分拆人力资源部门(It's Time to Split HR)》。文章一经发表引起了组织管理学界的争论。Ram Charan 指的分拆人力资源部门不是撤销人力资源部门的职责,而是撤销人力资源部门这个组织。他说在与许多的企业 CEO 们交谈过后,这些 CEO 希望首席人力资源官能像财务长那样,成为很好的董事会成员和值得信赖的合伙人,并凭借他们的技能,将员工和业务数据联系起来,从而找出企业的优势和劣势、令员工与其职位相匹配,并为企业战略提供人才方面的建议。然而,很少有首席人力资源官能担此重任。多数 CHO 是以流程为导向的通才,熟知人员福利、薪酬和劳工关系,专注于参与、授权和管理文化等内部事务。但他们没能将人力资源与真正的商业需求结合起来,不了解关键决策是如何制定的,分析不出员工或整个组织为何没能达成企业的业绩目标。

Ram Charan 认为表现出色的 CHO 具有一些共通的杰出品质:他们曾在销售、服务、制造或财务等部门工作过。他列举了几位成功的 CHO 做为案例:通用电气著名的前首席人力资源官 Bill Conaty 在进入人力资源部门之前曾是一名工厂经理。Bill Conaty 在关键职位的选拔和接班人规划上起到了举足轻重的作用,并与 CEO Jack Welch 并肩推动企业的全面变革。Marsh 公司的 Mary Anne Elliott 除 HR 领域外,也曾在其他岗位担任过管理者。她正努力将具备商业经验的人士吸纳进人力资源部门。Santrupt Misra 于 1996 年离开印度联合利华公司,加入 Aditya Birla Group,主管一项价值达 20 亿美元的业务,并担任这个市值 450 亿美元集团的人力资源负责人。也就是说,CHO 应该要经过不同的专业领域历练与经验积累之后,才能成为一位称职的 CHO。

基于上述的原因,Ram Charan 提出的解决方案是减少首席人力资源官职位,将人力资源部门一分为二。一部分可以称之为行政人力资源(HR-Admin.),主要管理薪酬和福利,向 CFO 汇报。这样,CFO 便能将薪酬视为吸引人才的重要条件,而不是主要成本。另一部分称为领导力与组织人力资源(HR-Leadership & Organization),主要关注提高员工的业务能力,直接向 CEO 汇报。HR-LO 负责人由运营或财务部门非常有潜能的人担当,既有专业知识,又具备人际交往能力,令其能将二者融会贯通。HR-LO 负责人应分辨并培养人才,评估企业的内部工作,将社交网络与财务表现相结合。同时,他们还应从业务部门吸纳人才到 HR-LO 部门。几年后,这些负责人能够平级调动到其他部门,或在现有部门晋升。无论选择哪条路,他们都能继续升职,因此他们在 HR-LO 的经历将会成为个人能力拓展的一部分,而不是玩票性质。在文章后面 Ram Charan 也做出了批注:这个方案还只是个简单的提纲,估计它会招致大量反对。但 HR 的问题真实存在,无论采用哪种方法,HR 人员需要具备商业敏感度,帮助企业实现最佳业绩表现。

(资料来源: Harvard Business Review, 2014, 07)。

7.2　人力资源战略规划与执行

在互联网信息时代,企业生存环境瞬息万变,如何增强自身的应变能力,充分了解"人"的因素对企业可能产生的影响,及时采取相关的措施与方案,是人力资源战略规划的重要功能。完善的人力资源战略规划体系能够帮助企业发现现有人力资源与未来发展需要的差距,明确未来人力资源开发培养的方向和途径以及面临的潜在风险,设计和调整相应的政策和制度,保证及时适应未来的环境变化,为实现人员的合理配置和有效使用创造条件。

7.2.1　人力资源战略规划的定义

人力资源是企业获得竞争优势的重要因素之一,很多企业相当重视对人力资源的整体规划,希望通过有效的人力规划,使企业拥有足够数量和质量的人力资源,保证企业中长期发展战略的实现。因此,人力资源规划具有战略性功能。人力资源战略规划的意义即以人力资源具体管理工作为根本出发点,对人力发展、绩效管理、薪酬管理、培训管理等业务管理功能部分进行引导。朱国勇(2002)认为人力资源战略规划也是企业的管理人员对正在出现的问题的反应,是通过人员管理获得和保持竞争优势的计划,使人力资源管理与企业战略内容相一致。人力资源战略规划提出总体方向,包括各种不同的行动方案和活动,涉及相关的职能部门以及日后的执行成效,最终有效提升企业总体竞争力。

惠调艳等(2006)认为人力资源战略规划是企业人力资源管理的基础,为后续的企业招聘、职务调整、员工培训及其职业生涯规划等提供必要的信息依据,从而使各项工作有序开展。如果没有合理的人力资源战略规划,企业的人员补充、晋升、培训等都将出现很大的随意性和盲目性,最终致使人员短缺而影响工作开展,或因人员过剩造成浪费。

周欢(2007)则认为人力资源战略规划是指根据企业的战略规划,通过对企业未来的人力资源的需求和人力资源供给情况的分析和预测,采取职务编制、员工招聘、测试选拔、培训开发、薪酬设计及未来预算等人力资源管理手段,使企业人力资源与企业发展相适应的综合性发展计划。它源于战略,又涉及招聘、选拔、薪酬、培训等诸多板块。主要目的是为了使企业在适当的时间、适当的岗位获得适当的人员,最终获得人力资源的有效配置。

综合以上学者的定义与分析,作者认为人力资源战略规划的意义为:企业为达成经营目标,将人力资源管理功能与企业本身的战略发展相结合,进行一系列的管理与控制,在过程中给予支持与协助,通过人力资源功能体系的运作创造企业的附加价值,最终达成组织的任务。

7.2.2　人力资源战略的形成与人力资源战略规划的目标

企业组织制定人力资源战略时,必须要考虑到人资单位参与经营战略制定的层次。如果人力资源管理功能只是因应经营战略的需要支持经营战略目标的达成,这种单向连结的方式称为顺向战略(Downstream Strategy)。如果是参与协助经营战略的拟定,将经营战略与人力资源战略内容双向整合,这样的方式可称为逆向战略(Upstream)。经营战略与人力资源战略的双向结合正是人力资源战略形成的基础(李汉雄,2002)。

要形成人力资源战略,就需要从企业远景(Vision)及企业经营理念开始。舒勒(Schuler,1994)在企业远景之下用5个P来说明人力资源战略形成的概念这五个P包括:哲学(Philosophy)、政策(Policy)、方案(Programs)、执行方式(Practices)、流程(Process),其概念形成如表7.2所示。

表 7.2　人力资源战略的形成概念表

远景规划(Visioning)	未来企业希望达到的境界
哲学(Philosophy)	企业如何看待员工?员工像什么?
政策(Policy)	建立与人力资源有关的行动方针
方案(Programs)	形成各种人力资源管理战略方案
执行(Practices)	针对战略方案提出执行方式
流程(Process)	发展执行方式的操作流程

资料来源:Sculer(1994)。

由 5P 的概念来看,就可理解人力资源战略发展的程序。首先要由企业的远景规划出未来企业希望达到的境界、组织的用人理念、人力管理的指导方针,在指导方针引导之下,企业应该采用哪些战略以及方案与执行流程来达成企业目标。若是从战略伙伴逆向战略(Upstream Strategy)的角度来看,人力资源主管需要清楚地了解企业人力资源的优势(Strength)与劣势(Weakness),配合企业外部市场的机会(Opportunity)与威胁(Threats)提出企业战略规划的建议,例如从人力资源的分析当中提出哪些是企业的核心事业、哪些部分可以进行战略联盟(Strategy Alliance),依据组织内外部环境的变化提出人力资源变革战略、组织再造等。

那么企业进行人力资源战略规划到底需要实现什么目的呢?作者认为,企业的人力资源战略规划应当实现如下五个目标。

(1) 根据企业战略发展目标,制定人力资源发展战略。

企业战略发展在不同时期对人员有不同的要求,这包括人员的能力、知识管理能力、不同专业人员比例等。企业在不同的发展时期也会有不同的工作重点和不同组织形态,都需要有相应的人员要求。因此,人力资源战略规划要符合相应的企业发展规划的规模、组织结构的调整、技术与能力、产品开发和市场运营能力等方面的要求。

(2) 分析企业内外部环境、人力资源管理面临的问题和潜在风险,提出因应方案。

人力资源战略规划是对企业人力资源进行中长期的战略规划,要求人力资源管理部门针对总体的人力资源政策、制度、行业内的人力资源市场环境以及企业面临的潜在人力资源风险和危机等宏观层面进行深入研究分析,为企业人力资源政策和规划的制定提供重要依据。

(3) 对企业中长期人力资源需求和供给进行预估,进行人力资源职能发展规划。

人力规划的重点是人才的供需平衡,通过规划,管理人员努力让适当数量和种类的人,在适当的时间和适当的地点,从事使组织和个人双方获得最大的长期利益的工作。规划由五个步骤构成:确定组织目标与计划,预测人力资源需求,评价企业内部人员技能及其他内部供给特征,确定人力资源需求,制定行动计划与方案以保证适人适位。

(4) 建立核心人员职业发展体系,打造企业核心人才竞争优势。

企业对于人才的选拔,尤其是对核心人才的甄选、培养和使用至关重要,其数量和质量水平直接关系到企业核心竞争力的整体水平。建立企业核心人才的选拔和规划体系,是保证企业核心人才队伍持续发展的基础。因此,集团总部需要根据企业发展的客观需要,明确集团核心人才的范围和选拔标准,从而指导下属企业推荐或遴选核心人才。

(5) 因应环境,持续改善人力资源管理政策和制度。

为了实现企业人力资源发展战略,保障未来人力资源的有效供给,落实核心人才职业发展规划等,人力资源单位必须制定和完善企业中人力资源管理方面的相关政策和制度。对哪些政策需要修订或建立,主要的内容框架以及时间计划等都是人力资源战略规划的内容之一。这里所指的政策、制度是关系企业总体的人力资源政策、制度,诸如内外部招聘政策、薪酬政策、人才培养计划、绩效管理制度、接班人计划等等。

总结以上五项重点,作者将人力资源战略规划与企业战略的关系表示为图 7.3。

资料来源:作者整理。

图 7.3　企业战略与人力资源战略的关连性

7.2.3　人力资源战略规划的流程

了解到人力资源战略规划的形成以及目标之后,需要进行战略流程规划。本书提出人力资源战略规划流程模式作为实际执行的框架,并以此框架进行流程规划说明,如图 7.4 所示。

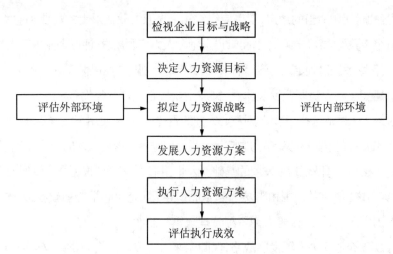

资料来源:作者整理。

图 7.4　人力资源战略规划流程

1.检视企业的战略与目标

企业战略及目标是企业经营的总体方向。所有单位在进行功能性的战略规划时,都需要先明确了解企业的总体战略与目标,依据大方向进行功能性目标及战略的展开。

2.决定人力资源目标

确定企业整体战略及目标后,人力资源管理者需要针对所属的功能分别进行目标的设定。目标应该直接来自人力资源战略所进行的分析,依据企业经营发展的战略确定具体的目标。无论是在任何背景之下所定的战略目标,都必须明确地订定出来,确保所有的管理活动都是朝向战略目标趋近。

3.内外部的环境评估

环境因素对于所有企业来说都是具有重要的影响。外部环境因素包括劳动力市场因素、经济环境、政府法令法规、社会的价值观、科技发展因素、工会与利益团体、国际总体环境等。内部环境因素,包括企业内部的人力供需情形、组织文化、员工士气、组织结构、招募甄选、训练发展、薪酬体系、绩效管理体系、劳资关系等。当面对这些内外环境因素时,人力资源管理如何应对,都需要经过审慎评估。

4.拟定人力资源战略

人力资源战略是指根据企业的战略规划,通过对企业未来的人力资源的需求和人力资源供给情况的分析和预测,采取职务编制、员工招聘、测试选拔、培训开发、薪酬设计以及未来预算等人力资源管理手段,使企业人力资源与企业发展相适应的综合性发展计划。人力资源的战略需要能与组织中的层级相互配合。

5. 发展人力资源方案

当确定人力资源的战略之后,战略方案就会被提出并确认。方案的项目可以依据人力资源管理功能划分,如人力规划、人才雇用、评估、薪酬、培训,如表 7.3 所示。

表 7.3　人力资源管理功能与战略方案议题

人力资源管理功能	战略方案议题
人力规划 （HR Planning）	• 正式 vs 非正式 • 短期 vs 长期 • 明确工作分析 vs 不明确工作分析 • 简单化工作 vs 复杂化工作 • 员工低度参与 vs 员工高度参与
人才雇用 （Recruitment）	• 内部征才 vs 外部征才 • 低度社会化 vs 高度社会化 • 通才 vs 专才 • 定期合同 vs 不定期合同 • 全时工作 vs 部分工时 • 无经验 vs 有经验
评估 （Appraisal）	• 薪酬为目的 vs 发展为目的 • 过程导向 vs 结果导向 • 个人绩效 vs 团体绩效 • 短期性指标 vs 长期性指标 • 高度参与 vs 低度参与
薪酬 （Compensation）	• 内部公平 vs 外部公平 • 固定薪酬 vs 弹性薪酬 • 低于产业平均 vs 高于产业平均 • 年功序列制 vs 绩效导向制 • 低底薪 vs 高底薪 • 短期诱因 vs 长期诱因
培训与发展 （Training & Development）	• 个体导向 vs 组织导向 • 在职训练 vs 脱产训练 • 短期需要 vs 长期需要 • 产量导向 vs 质量导向 • 计划性 vs 非计划性

资料来源:作者整理。

6. 执行人力资源方案与评估执行成效

在人力资源规划战略所形成的方案,最终还要在方案执行阶段付诸实践。方案执行阶段的关键问题在于必须确保有专人负责既定目标的实施,并且这些人要拥有保证这些目标实现的必要权力和资源。执行过程进展状况应该定期报告,以确保所有的方案都能在既定的时间里执行到位,且方案执行的初期成效与预测的情况一致。

7.2.4 如何有效执行人力资源战略

企业对人力资源应有足够的认识:人是企业发展的核心,是企业存在的基础。做好人力资源战略规划,才能使企业更好地生存和发展。关于如何实现人力资源战略规划的有效执行,本文在此提出以下论点作为参考:

(1) 经营管理者需要认知人力资源战略性规划与企业战略的依存性。

企业的核心竞争力是人,人是知识、技术、创新与行为的所有载体,是企业生存和发展的基本而又最重要的动力。尤里奇(Ulrich, 1991)提出企业竞争战略与人力资源战略彼此影响,如图7.5所示。只有妥善运用组织所有的人力资源,发挥人的潜能,企业才能在激烈的竞争环境当中生存。

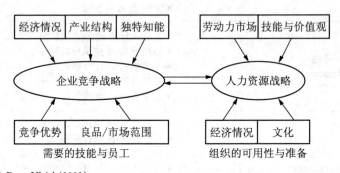

资料来源:Dave Ulrich(1991)。

图 7.5 企业战略与人力资源战略的相互依赖关系

(2) 人力资源战略规划制订要符合企业整体发展战略。

企业人力资源战略规划,应根据企业战略规划的总体目标及阶段要求来分步制定。企业战略发展在不同的阶段对人力资源的战略也会有不同的要求,负责进行人力资源战略规划的管理者应随时针对战略需求进行动态调整,符合相应的企业发展规划的规模,组织结构的调整,技术水平,产品开发和市场的开发,客户服务质量服务度等各方面的要求。

(3) 维持企业内部的人才与适当引进外部人才。

企业要着重开发企业内部人力资源及适时地引进外部人才,维持组织人力资源的需求。内部人员对企业熟悉,但有时比较欠缺新的经营管理理念,外来人员虽然在刚进入新的组织初期对运作缺乏熟练度,但可以给企业带来新观念、新技术,适当地引进外部人员可以让组织引进不同的做法,带动能力更新与提升。因此,要充分认识到内外部人才的互补关系,重视和善于利用企业外部人才并为己所用。

(4) 建立以知识管理为基础的人力资源管理活动。

在知识经济的环境下,对于以知识能力为主要竞争优势来源的企业而言,如何做好知识管理,有效激励组织内部成员对知识的吸收、创造、累积与维持,无疑是最重要的管理活动。人资管理人员可以协助组织通过管理制度的订定,促进及奖励员工分享知识,建立以知识管理为基础的管理活动,使人力资本的使用更有效果。

21世纪是知识经济时代,一个人才主导的时代。无论任何企业或是组织,拥有高水平、高素质的人才梯队,才能赢得竞争的优势。合理的人力资源战略规划不仅有利于人力资源的合理配置和动态平衡,而且有利于企业战略目标的实现。同时,人力资源稀缺性和现阶段员工较高的流动意愿,进一步强化了人力资源规划的战略地位,企业必须将其作为战略制定和实施的重要组成部分。除此之外,人力资源战略规划必须与企业人力资源管理的其他体系,如绩效评估体系、薪酬体系、培训开发体系、招募任用体系等相互配合,使人力资源战略规划的结果得到具体落实,力争人尽其才、才尽其用,实现企业人力资源的合理配置和有效开发。

7.3 胜任力模型的应用

7.3.1 胜任力的定义

胜任力的概念最早可追溯至古罗马时代,当时人们为了说明什么样的战士才算是"一名好的罗马战士",就构建了胜任剖面图(Competency Profiling),这可视为胜任力的雏形(张登印等,2014)。20世纪初科学管理之父泰勒(F.Taylor)开展了"动时研究",他发现优秀工人和较差工人在完成工作时存在差异,他建议管理者使用时间和动作分析方法去界定工人的胜任特征是由哪些因素构成的,同时通过系统的培训或发展活动去提高工人的胜任力,进而提高组织效能,这可视为胜任力建模的启蒙。

"胜任力"是美国哈佛大学心理学者麦克里兰(D.McClelland)在 20 世纪 70 年代初期所提出的概念。麦克里兰是将胜任力应用于实践的第一人。20 世纪 50 年代初,麦克里兰应美国国务院邀请为之设计一种能够有效预测驻外服务信息官员能否做出优秀绩效的甄选方法。1973 年,麦克利兰博士发表了"Testing for Competence rather than for Intelligence"一文,首次提出胜任力的概念。他运用大量的研究结果说明用智力测验(IQ)来判断个人能力的不合理性,指出真正能够影响工作绩效的关键因素是个人特质动机和行为,此时已经将胜任力的概念解释得比较具体明确。

真正提出"胜任力"(Competency)一词的是美国凯斯西储大学教授博亚特兹(R. Boyatzis),他在 1982 年首次提出该名词,并在其著作 *The Competent Manager : A Model for Effective Performance* 中,将胜任力定义为个人具备的以运用有效率的方式在工作上产生卓越绩效的基本特质。至此阶段,胜任力的概念真正开始应用到企业管理的领域中。关于胜任力的定义,不同学者都有各自的见解,整理如表 7.4。

表 7.4　不同学者对于胜任力的定义

学　者	胜任力的定义
Knowles(1970)	执行特定功能或工作所包含的必需知识、个人价值、技能及态度
Hayes(1979)	知识、特质、动机、社会性角色,及个人技巧间的整合,从而产生卓越的工作绩效
Boyatzis(1982)	是指某个人所具备的某些特质,而这些特质就是导致和影响个人在工作上能否表现出更好、更有效率的工作绩效和结果的基本关键特性
Woodruffe(1990)	才能是属于行为面项的表现,而任何能增进工作绩效的行为都可称为才能
L.M.Spencer & S.M.Spencer(1993)	是指一个人所具有的潜在基本特质,而这些潜在基本特质不仅与其工作及所担任的职务有关,更可预期或实际反应和影响其行为与绩效
Mansfield(1996)	胜任力是精确、技巧与特性行为的描述,员工必须依此进修,才能胜任工作,并提升绩效表现
Green(1999)	胜任力是包括以工作习性衡量出的个人特质以及达成工作目标的个人技巧

资料来源:作者整理。

关于胜任力的定义虽然不同的学者都有自己的见解,但经过汇整后可发现,众学者所提出的定义主要与知识、技术、个人特质、绩效、达成绩效的行为与培训有关。因此,根据归纳的结果,作者认为胜任力是一个与知识、态度及技能相关的集群。若要衡量是否具备该胜任力,要评估其行为面,唯有作出能达成卓越绩效的行为,才可判定其具备该项胜任力。同时,胜任力必须不断地进行训练以确保其效能,以提升组织绩效。

斯潘塞和斯潘塞(L.M.Spencer & S.M.Spencer, 1993)提出了"冰山模型"的概念,指出胜任力由五项特质所构成,此五项特质又可分为外显与内隐两种层次。其中内隐特质是指个性中最深层且不易变化的部分,包含动机、特质、自我概念、价值观等,此类特质可用于解释或预测身处不同职务或工作中会产生何种思考或行为表现;外显特质则包含知识及技能比较容易被观察到的部分。

资料来源:L.M.Spencer & S.M.Spencer(1993:11)。

图7.6 胜任力的冰山模型

胜任力的冰山模型可以作如下理解:

(1)胜任力是个体特性的组合。

这种组合不仅包括知识、技能等外显部分,还包括不易察觉的自我概念、特质、动机等。

(2)胜任力与绩效密切相关。

胜任力的高低最终体现在员工工作绩效水平的差异上,只有那些能对绩效产生预测作用的特征才属于胜任力。

(3) 胜任力是可以被衡量的。

即使是海平面以下部分的个体特征部分,都可以经由观察进行衡量与评估。

斯潘塞和斯潘塞(L.M.Spencer & S.M.Spencer, 1993)认为在外显以及内隐两种特质中,外显特质是最容易加以训练与发展的。所以对企业而言,经由组织的培训进行外显特质改善是最具成本效益的;相反,培训对内隐特质中的动机、特质、价值观等深层次的部分相对无法产生影响力。所以利用"甄选"来获得具有特定潜在特质的人才,才是较符合成本效益的,图7.7可以看到外显与内隐能力的相对位置与开发难易程度。比较特别的是自我概念,虽说一个人的态度与价值观不易改变,但仍可以通过培训、心理辅导、工作实务经验等方式来改变。但多数公司在进行人员甄选时本末倒置,先利用教育背景、专业能力甄选出具有高度知识与技术的人,接着才进行动机与个人特质的塑造,这样不仅耗时耗力,且也未必能达成预期效果。

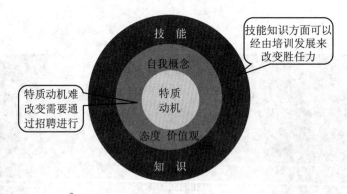

资料来源:L.M.Spencer & S.M.Spencer(1993:11)。

图7.7 外显与内隐胜任力相对位置与能力开发难易

7.3.2 胜任力模型的意义与类型

1.胜任力模型的意义

综合学者对于胜任力模型的探讨得知,胜任力模型是一套完整的概念和一连串特定的行为指标,其最终目的就是个体对特定职务要达到高绩效标准所必备的相关知识、技术、能力、特性。斯潘塞和斯潘塞(L.M.Spencer & S.M.Spencer, 1993)则认为一个完整的胜任力模型通常包含了一个或多个群组,而每个群组底下又包含了二至五个胜任力,而且每个胜任力都有一个叙述性定义和三至六个行为指标,或是在工作中可以展现出该胜任力的特定行为。

斯潘塞和斯潘塞(L.M.Spencer & S.M.Spencer, 1993)针对许多高绩效的工作表现者进行行为事例调查后,找到这些人共同的关键成功特性,并利用这些特性建立成一个模型,即为胜任力模型。一般而言,胜任力模型需要包括四个要项:胜任力项目名称、定义、一组关键行为、行为层级。表7.5为业务岗位的客户导向胜任力模型范例。

表7.5 业务岗位的胜任力模型范例

胜任力名称	客　户　导　向
定　　义	行动或计划能以客户的需求为主要考虑并且与客户建立维持合作关系
关键行为	通过各种方式主动发掘了解客户需求 经由不同渠道主动与客户分享信息 做决定或行动前考虑客户的需求 提出方法或机制提高客户满意度
行为层级(A)	依照客户遇到的问题或机会可以提供专业及有效的建议,深入参与客户端的决策过程。能够站在客户与组织的立场思考问题,达到双边互利
行为层级(B)	能够主动地搜集有关于客户需求的信息,满足客户的基本需求。主动替客户搜集产品与服务相关信息
行为层级(C)	针对客户所提出的问题给予相关回复,不会进行额外的服务与主动沟通。提供最基本的客户服务项目,不会主动探询客户需求

资料来源:作者整理。

2. 胜任力模型的类型

胜任力模型可以分为三大类型:核心胜任力、管理胜任力、专业胜任力。分别说明如下。

(1) 核心胜任力。

核心胜任力(Core Competency)主要着重于整个公司需要的胜任力,通常与组织愿景或价值观紧密结合,可适用于所有阶层及不同领域的员工,符合公司的价值观与所要达成的愿景。

(2) 管理胜任力。

一个企业的经营,必定有其管理的功能存在。而在组织中指挥他人工作的个人即为管理者,通常可将管理者归纳为第一线主管、中阶主管和高阶主管。管理胜任力(Managerial Competency)可以定义为:管理者为达到组织目标与个人高绩效水平的表现,在执行管理功能和职务上所必须具备特定的知识、技术、态度和行为等综合性的能力。例如,中阶管理人员需要具备的管理胜任力包括:绩效管理、计划组织、团队建设、沟通协调等。高阶管理人员需要具备的胜任力包括:战略规划、商业敏锐、组织变革、团队领导、决策分析等能力。

(3) 专业胜任力。

专业人员(Professional)是指属于一种学术性或技巧性专业的人。根据专业人员的定义得知,专业人员可以是人力资源专业人员、机械工程专业人员,也可以是营销专业人员等。专业胜任力(Professional Competency)即不同领域的专业人员对于从事其工作职务所必须具备的知识、技术和能力,反映在工作绩效上。例如,业务人员所需具备的专业胜任力包括影响力、积极主动、人际沟通和顾客导向等。质量检验人员的专业胜任力包括谨慎负责、计划组织、程序导向等。

在实务上,企业人才的胜任力模型设计可以从不同角度出发,有些企业专注于建立企业共同的核心胜任力模型,以反映企业的核心价值观、经营策略与愿景,其内容是建构企业所有员工必须具备共同的基本人才条件。有的企业也是经由组织发展策略分析,而专注于管理胜任力模型的建构,以规范组织内不同的管理阶层应该具备的管理能力标准条件。也有企业专注于专业胜任力模型的建立,以此建立专业人才规格标准。

3. 建立胜任力模型的目的与优点

明确的胜任力模型可为组织寻找与发展人才提供更为具体的方向与标准。运用胜任力模型的优点是可以明确地将组织的人才规格用胜任力模型来展示,可以了解担任此项工作的专业人员或是管理人员,当事人的行为须要符合胜任力模型中所描述的行为条件。笔者认为,运用胜任力模型的优点有以下三点:

(1) 建立人才标准。

胜任力模型一旦建置后,企业在人才规格方面就有了选才与用才的标准条件。既然有了选才与用才的标准,就依据条件进行人才的选拔与提升,不会因为个别人员的主观或喜好程度而在人员管理方面产生争议,造成组织内部的人员争议。

(2) 专属量身设计。

胜任力模型的建置必须考虑个别企业的需求。尤其是各胜任力项目中关键行为指针的描述,必须依照个别企业组织实际在管理过程中的需求而设计,如此才能达到整体组织管理的目的。

（3）具体观察衡量。

各胜任力项目中的关键行为指针在设计时，描述必须非常具体，而且是可观察到的，这样的行为才可以被衡量（例如行为层级的差异分类）。运用关键行为指针衡量组织中各级员工的工作行为或管理行为，所取得的量化资料才可以被后续应用在各种不同人员管理的功能，比如，人员的发展与职位升迁。

4. 建立胜任力模型的方法

企业在选择建立胜任力模型的方法时要考虑许多因素，例如单位的特性、单位对于整体组织的财务结果影响程度、组织内部执行者所拥有的专业知识技能的程度，以及组织的文化。同时，胜任力模型所代表的意义也由过去单纯地确认个人优良的表现，延伸至提升组织整体的绩效（J.R.William & E.L.John, 1999）。另外，在导入胜任力模型时，要注意到信效度的问题，也要考虑实用性以及对管理阶层和 HR 工作者的可解释性。

罗思韦尔和卡扎纳斯（Rothwell & Kazanas, 1998）针对美国公司在建立胜任力模型所使用的方法进行调查，发现其做法大致可分为三类：直接借用别的公司建好的胜任力模型，借用别公司的模型，但是依照自己公司实际情形适度修改；自行开发。直接借用别公司的胜任力模型最简单且成本最低，却无法实际反映公司的需求；而自行开发虽然要投入较多的资源，却能符合公司的实际情况。同时，若以胜任力模型作为招募甄选或员工个人发展计划的工具，公司最好还是开发属于自己的胜任力模型。

（1）工作流程导向。

此种观点由麦克伯（McBer）公司最早提出。重点在于观察员工工作中的实际表现，并分析在员工工作流程之中，哪些特征会带来较好的工作表现。图 7.8 为工作流程导向（The Process-Driven Approach）的胜任力模型建立步骤。

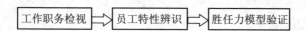

资料来源：作者整理。

图 7.8　工作流程导向的模型建立

① 工作职务检视。

首先由有经验的员工或员工代表组成焦点团体。再由团体成员描述可能影响工作成果的各种情况、个人活动及工作责任、影响工作表现的个人特征及对应的行为。此阶段的任务是收集关于工作的完整信息。

② 员工特性辨识。

观察或访谈执行相同工作的员工样本,记录其在工作行为上的表现,萃取出隐含在工作表现中的特征。再把优秀员工的访谈记录结果与一般表现员工的访谈记录结果进行比较;如果发现有一些特征只出现在优秀表现员工的访谈记录里,那么,这些特征就应该被用来发展属于这份工作的胜任力模型。

③ 胜任力模型验证。

有两种方式可以用来验证流程导向的胜任力模型(Dubois,1993):对不同对象重复操作相同步骤,检视是否产生相同的胜任力模型;通过员工意见调查、使用胜任力模型来检视现有的员工,是否与模型结果相符合,也就是检视是否具有胜任力模型的员工真的工作表现较为优秀。

(2) 工作产出导向

工作产出导向(The Outputs-Driven Approach),是由员工的工作结果反推回来,检讨若要达成此种结果,需要哪些职能。这种方法常被用来建立尚未出现或将出现的工作职务的胜任力模型。工作产出导向的进行步骤如下:

① 收集资料。

选择欲建立胜任力模型的职务,检视已经建立的胜任力模型研究结果,收集相关信息。

② 成立专家小组。

专家通常包含担任该职务的主管,也包括在这些职务上表现良好的员工。

③ 提出未来可能的工作成果。

由专家团体脑力激荡,提出在未来的环境变化以及职业发展趋势的影响下,工作职务会进行演变的情形。

④ 提出对于工作的要求。

由专家团体讨论,提出在未来完成工作所要具备的可能条件。

⑤ 列出需要的胜任力项目。

指出在未来如果要达成优秀的工作目标,可能需要具备哪些胜任力项目。

⑥ 发展初步胜任力模型。

把前一步骤得到的初步胜任力模型,通过问卷调查或重复操作同样的胜任力模型建立过程,来验证模型的效度。

(3) 行为事例访谈。

行为事例访谈(Behavior Event Interview)的步骤如下:首先,挑选具有代表性的员工(指绩效良好与不佳者),藉由他们对工作中重大事件的描述,找出造成该项工作上表现成功或失败的原因;再对优秀员工与一般员工有明显差异的行为特征进行编码,建立属于这份工作的胜任力模型。

(4) 焦点团体访谈。

焦点团体访谈(Focus Group)是研究者与一小团体的个体针对某一特定主题所做的访谈。焦点团体访谈是动态的、自发的、协同作用的以及有趣的。在进行一连串的访谈时,研究者越晚使用焦点团体访谈,越可以获得更深层和更丰富的信息。焦点团体法本身的重点在于访谈,而非研究者与团体或个体的讨论。访谈可由人力资源专家与职务专家共同进行,寻求对特定工作上重要胜任力的共识,并依此共识建立该工作的胜任力模型。

(5) 文献整理法。

文献整理法(References)即由公司内部文件中,寻找关于公司使命或策略目标的讯息。再由人力资源专家与高阶主管共同决定,有哪些重要的胜任力是组织为了达成这些目标所必须要拥有的,再把这些胜任力与特定阶层的工作职位结合,建立属于该职位的胜任力模型。

(6) 问卷调查。

即利用问卷调查组织内员工对于特定工作上重要胜任力的意见,以获得针对该工作所需胜任力的共同认知,并依此问卷调查(Questionnaire Survey)中的共同认知结果来建立胜任力模型。定性分析的过程虽严谨,但如能搭配定量的统计方法来验证定性研究结果的正确性,那么对于所获得的结果而言将更具说服力。

除了上述常见的胜任力模型的建立方法之外,最近几年间有其他新的方法被开发出来。例如虚拟法可以用在处于高度变化环境中的组织。趋势法着重于找出影响未来工作成果的趋势。工作责任法试图由工作本身的责任或活动中,找出重要的结果,重要胜任力项目,执行的角色或要求的质量。不过这些方法还没有太多的实证结果来验证其有效性。不论使用何种方法进行胜任力模型的建立,最重要的还是要进行效度与信度的验证,以及确定胜任力项目内容是否与组织本身的要求契合,是否具有可操作性。

5. 胜任力模型应用须注意的问题

自学习型组织(Learning Organization)与流程再造(Reengineering)等概念相继被提出后,企业开始重新思考、检视企业内部的竞争优势,因此,如何发掘组织的核心能力与发展个人(尤其是高阶管理者)的能力以追求更卓越的表现,俨然成为企业一项重要的课题。由于胜任力能够为组织与个人间建立链接,进而增加组织能力、达成组织的目标,故可说是组织适应快速变迁的外在环境、创造竞争优势的关键。

在提升绩效与契合公司策略与组织文化的前提之下,通过确认及发展执行工作时所需的胜任力,可让人员得以更具效率地达成其工作目标,获致更佳的工作绩效,并进一步善用组织整体的人力资源,促进组织经营绩效的达成。在人力资源发展需求方面,随着"知识工作型"竞争时代的来临,企业的人力资源素质必须不断地提升,才足以成为组织高附加价值的资源投入,对组织贡献高度的经济效益,而胜任力的确认与发展正足以契合此长期的需求,使人员于职涯道路上所应具备的相关知识、技术与能力,能够系统性、长期性地加以发展。胜任力的发展与应用是一个长期与持续的过程,企业内部在应用时需要注意以下几点:

(1) 胜任力项目发展量力而为。

胜任力发展的项目不要一次性大量地实施,对于胜任力的改善或发展计划每次应以2到3个项目为主要重点,并建立定期检讨机制,以确实掌握改善或发展绩效,必要时可以调整改善或发展方向。胜任力发展是一个动态学习过程,因此需在组织内部建立学习机制与学习标杆(Learning Benchmark),针对优势职能鼓励相互学习,彻底落实"学习型组织"(Learning Organization)的概念,以增进组织长期竞争力,实现基业长青。

(2) 确认胜任力项目发展优先顺序。

先确认公司整体与各职务的待改善与发展的胜任力项目优先顺序,再逐步推展至一般性胜任力的改善与发展,如此改善与发展计划才能有焦点,有方向,并确实对于实际工作表现有所帮助。检视组织目标设定、工作内容设计等现况,将公司整体与各职务的优势胜任力转化为组织核心竞争力,并在绩效考核等机制上对于优势胜任力表现给予适当的奖励,维持竞争优势。

(3) 激励制度的运用。

通过主管激励、管理机制对于优势胜任力表现给予适当的表彰及鼓励,进而将公司优势职能转化为组织核心竞争力,维持竞争优势;反之,结合绩效管理、工作内容设计,强化待提升的胜任力,进而增进整体人力素质。

在竞争激烈的环境背景下,企业为维持竞争优势和生存,必须拥有更优于其他组织的关键成功因素,才能使企业永续经营。导致企业获致成功关键因素最重要的原动力正来自企业内部的工作者。德鲁克(P.Drucker,2002)在《新社会的管理》(*Management in the Next Society*)这本书中指出,"新社会是知识社会,知识将会成为主要资源,而知识工作者会成为主要的劳动力",这正说明了在组织中人力资源组成的重要性。而重视以能力为主的企业人力资源将是组织取得竞争优势的关键因素;以胜任力为基础的管理模式(Competency-based Management)正是一种以"能力"为基础和发展的管理模式,其主要目的在于找出并确认哪些是导致工作上卓越绩效所需具备的知识、能力及行为表现,进而协助组织在人力资源方面全面发展和运用。

案 例　C公司胜任力模型应用——人才评估

C公司为了进行组织内部的总监级以上人员的能力评鉴,希望能以胜任能力作为评估的基础,并且经由同侪评估的方式进行彼此的互评,CEO希望能经由胜任力的评估找到目前组织中高阶主管的管理能力差距并进行强化。咨询顾问经过与CEO及组织内部经理级以上的主管进行深度访谈,同时也对组织的企业文化、经营理念、核心价值等次级信息的搜集,最终确认C公司的高阶管理人员需要具备的五项管理胜任能力:沟通协调能力(Communication & Negotiation)、领导统御能力(Leadership)、计划组织能力(Planning & Organization)、战略思维能力(Strategic Thinking)、责任敬业能力(Engagement)。

表 7.6　胜任力项目与定义

胜任能力	定　　义
沟通协调	能清楚表达自己的想法使他人了解,并正确解读他人所传达的信息。面对立场不同者能找出彼此的关注焦点,营造开放环境,寻求彼此都愿意接受的折衷或双赢方案,达成协议并取得承诺
领导统御	在团队中扮演核心干部的角色,以干练、果断和坚强的形象赢得团队成员的信任,带领团队出色完成工作。能告知他人工作的意义与价值,肯定能力与成就,并考虑他人需求提供良好工作环境,以提高工作认同及工作士气
计划组织	为自己与他人拟定行动方案,规划时程、运用资源以确保工作完成。依部门工作或项目任务的轻重缓急排定优先级,拟定执行步骤、时程进度与应变方案,并事先协调整合所需资源,确保顺利完成
战略思维	了解组织竞争优势及产业趋势,且能依组织愿景提出策略方向与具体行动计划。深刻理解公司战略发展方向,以经营者角度进行战略性思考并且提出建议,根据组织经营目标实际将战略计划落实并执行,采取相应的措施保证战略的实现
责任敬业	勇于承担自己或本部门应承担的责任,不推诿工作,对于自身的问题勇于面对并承诺改善;对工作富有责任心,工作态度兢兢业业、任劳任怨。为人坦诚,值得信任,且能确实遵守组织规定与工作规范,信守承诺且言行一致

每一项胜任力还会进行行为层面的定义,分为五个行为层次。

表 7.7　领导统御的行为层次描述

Competency 2：领导统御(Leadership)

定义(Definition)：
在团队中扮演核心干部的角色,以干练、果断和坚强的形象赢得团队成员的信任,带领团队出色完成工作。能告知他人工作的意义与价值,肯定能力与成就,并考虑他人需求提供良好工作环境,以提高工作认同及工作士气

考核项目	行为展现(Behavior Level)	分数	项目评分
领导统御	以专业的工作能力、卓越的管理绩效以及良好的员工激励管理得到部属与上司的认同和尊重,员工愿意听从指挥与安排	17—20	
	具有良好的工作管理能力,在下属与上司的定位是公司或部门的重要干部;能够有效激励员工提升士气、依据组织目标完成职责	13—16	
	组织能力与管理能力中等;对于分内的人员管理与工作安排能够达成组织所交付的任务;领导能力与管理能力一般	9—12	
	组织能力与管理能力一般;对于分内的人员管理与工作安排能够达成组织所交付的任务;领导管理与员工激励士气提升能力展现不明显	5—8	
	缺乏组织管理与领导能力,无法以身作则地带领员工完成工作,对于员工士气与激励不足,部门整体工作表现的能力无法获得认同	1—4	

资料来源:作者整理。

　　评估方式即由每位主管对于其他同侪依据以上五种胜任能力以及各项能力的行为描述层次进行评估,将行为层次进行量化以获得相关的评价分数。以领导统御能力为例,依据能力的定义,再针对领导统御所需要展现的行为进行描述,同时给予相应的分数范围,评估人员依据所描述的行为进行分数的考核。依据互评的结果,针对管理层群体以及个人所欠缺的能力进行工作面谈以及管理能力培训发展安排。

表 7.8　同侪评估分数汇总表

姓名 \ 能力	沟通协调	领导统御	计划组织	战略思维	责任敬业	平均得分
孙××	12.83	13.67	13.00	15.50	13.17	68.17
唐××	12.50	14.67	15.00	15.33	13.83	71.33
吴××	17.00	17.00	18.00	17.33	18.33	87.67
杨××	16.67	15.33	17.00	15.00	16.33	80.33
叶××	17.00	16.17	16.83	16.00	17.67	83.67
殷××	14.67	14.83	15.67	16.00	15.67	76.83
徐××	17.00	16.17	16.33	15.33	16.00	80.83

资料来源:作者整理。

7.4　接班人计划

7.4.1　接班人计划的意义

　　在麦肯锡管理顾问公司在 2006 年制作了 *Serving the New Chinese Consumer* 特刊,指出未来 10—15 年内,光是中国本地企业就需要 75 000 位具有应付全球环境的领导人。而美商 DDI 管理顾问公司在 2006 年针对全球的 260 家公司,2 500 位的高阶主管调查也显示:企业在未来的 5 年之内会有 1/3 的执行领导层退休,而中阶主管层也有将近 20% 会因为新的领导模式产生而面临空缺。在竞争激烈的时代,不论是领导人提前离开岗位或正常退休离职,对于企业都会产生重大的影响。因此,执行企业的接班人计划,就可以将对企业的负面影响降至最低,在资源有限且具有相当能力素质、管理能力的人选也欠缺的情境下,完善的接班人计划就更凸显其重要性。

"接班人"这个名词并不是新的概念。最早的接班人计划可以追溯至 20 世纪 60 年代后期,当时着重的是人才的绩效与潜力的评估,规划其在组织中的升迁路径,为员工建立发展计划(Rhodes,1988)。接班人计划最早以替换计划(Replacement Planning)形式出现,为领导阶层或高阶主管因发生不测而准备(Leibman,Bruer,Maki,1996)。90 年代后期因美国许多国际化的大型企业无法觅得适合的执行长,接班人计划才又重新受到企业内部的重视(Beeson,1998)。

企业人才团队的养成不但要依据企业环境的趋势发展,更重要的是,因为人才团队的养成并非一蹴而就,如果未能在日常作业中就确实订定各种绩效指针、详细记录各种人才信息,一旦企业察觉市场需要才开始进行招募,便难免出现人才缺口,影响整体布局,失去市场先机。如低价笔记本计算机的出现,让 Linux 等开放操作系统设计人才突然受到重视,但企业若不能及时找到相关人才,组织及业务效能就会因为人才的缺乏而难以随之调整,企业策略的发展也会因此延误时机。许多企业主都明了接班人计划的重要性,GE、IBM 等知名企业也已作了最佳示范。对现今企业来说,"接班人计划"迫在眉睫,应早作准备,积极培育人才,找出企业内的接班人名单。微软总裁比尔·盖茨就曾说过:"失去最优秀的 20 位人才,微软就不再是个重要的公司。"思科总裁钱伯斯也有类似的名言:"一位世界级的工程师加上五位同侪所产生的绩效,可超过 200 位一般的工程师。"可见,企业不仅需要人,而且需要优秀的人。优秀的领导人才能够将组织引至正确的方向,确保企业的永续经营。

接班人计划并非只是单纯的个人生涯规划(Individual Career Plan)而设计的制度,其更深层的意义与企业永续经营、整体规划有关。在接班人领域的权威学者罗思韦尔(Rothwell,2005)认为,接班人计划与管理的内涵与定义随着时代需求而不断转变。基本而言,接班人计划与管理是组织确保关键职位的领导延续性,保存与发展未来的智能资本与知识资本,且鼓励个人提升的系统化过程。罗思韦尔也认为接班人计划不应该只限于领导或是管理阶层,而应该包括各类别与各层级的人员储备与员工发展。

吉姆(Kim,2003)认为接班人计划是一个不间断的系统化界定、评量、发展组织领导能力,以提升组织绩效的过程。吉姆提出接班人计划的框架应包括分析关键职位、搜寻与评估候选人、选用人才等基本步骤。加曼和格拉韦(Garman & Glawe,

2004)则将接班人计划定义为一项界定与储备潜力接任人选的结构性过程。霍尔(Hall, 1986)认为完整的接班人制度应该包含三大部分：(1)单一职位人员配置(One-Position Staffing)，是指针对特定职位空缺寻找合适人员；(2)替换计划(Replacement Planning)，是指由资深主管群定期检视组织中高阶主管及其所属人员，预先挑选二至三位预备人选。(3)接班人计划(Succession Planning)，是针对未来主管职位及可能的候选人人选进行规划。比森(Beeson, 1998)则认为接班人计划是组织人才库的一系列管理。

美国会计总署(General Accounting Office, GAO)的研究报告指出，接班人计划制度的推行与发展至今已形成一端为强调选定特定成员作为特定高阶职位的可能接任人选的"替补途径"(Replacement Approach)，以及另一端为强调策略性与系统性努力以确保各项不同领导或重要职位可能接任者提供的"整合性接班人计划与管理途径"(Integrated Succession Planning and Management Approach, GAO, 2003)。以下是各学者对于接班人计划的定义整理。

表 7.9　接班人计划定义

提出学者	接班人计划定义
Beeson(1998)	接班人计划是组织人才库的一系列管理
Garman & Glawe(2004)	一项界定与储备潜力接任人选的结构性过程
Hall(1986)	(1)单一职位人员配置(2)替换计划(3)针对未来主管职位及可能的候选人人选进行规划
Kim(2003)	接班人计划是一个不间断的系统化界定、评量、发展组织领导能力，以提升组织绩效的过程
Rothwell(2002a)	接班人计划是一个为组织长期人才需求作准备的过程

资料来源：作者整理。

7.4.2　接班人计划的管理模式

1. 罗思韦尔的系统性接班人计划与管理模式

罗思韦尔(Rothwell, 2005)将接班人计划与管理分为五大类型：第一类为单纯为组织执行长所准备的替换计划；第二类为以执行长与资深高阶主管为对象的替换计划；第三类为中阶主管的替换规划；第四类则跳脱单纯的替换思维，而着重于内部人才库的发展;第五类将焦点置于发展外部与内部人才库。

虽然罗思韦尔鼓励组织采用第五类的接班人计划与管理途径,以适应现今人员快速流动的环境特性,但各组织应仍可依各自不同的需求,选择适当的计划模式。此外,罗思韦尔进一步依据接班人计划与管理实施步骤,提出"系统性接班人计划与管理模式"作为组织采行接班人计划之参考准据。依照该模式,一项系统性的接班人计划与管理,应包含以下项目:

(1) 确认实施接班人计划的需要,及提出确实实施的承诺;

(2) 依据组织所面对的环境与竞争,评估现行组织功能与员工工作要求;

(3) 依照上述功能与要求,评估员工现有绩效表现;

(4) 针对组织未来的功能需求与员工必备的工作能力预作评估。

(5) 依上述结果评估员工是否具备符合未来组织要求的潜力。

(6) 界定并运用方法与工具,协助发展员工能力,缩小组织成员能力的落差。

(7) 评估接班人计划施行成效,并提出改进办法。

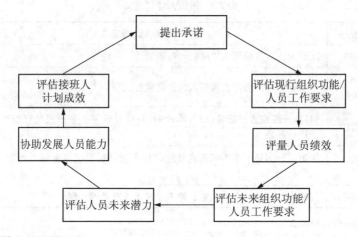

资料来源:Rothwell(2005)。

图 7.9 Rothwell 的系统性接班人计划与管理模式

上述模式中,罗思韦尔十分强调获得高阶领导者对于接班人计划支持的重要性,由于整套接班人计划与管理的实施,不仅以一至二年为固定周期,其间必须耗费全体组织部门许多时间、人力,与相应预算。此外,此模式并不限于领导或管理阶层接班人的界定与发展,相反,其主张接班人计划与管理可适用于各个层级与各部门,但其重点在于诊断组织成员与人才对于未来需求能力的落差,并致力于缩小该项落差。这也是该模式的独特之处。

2. 莱布曼、布鲁尔和梅基的接班人计划管理模式

莱布曼、布鲁尔和梅基(Leibman, Bruer, & Maki, 1996)认为传统上组织的接班人计划建立在组织稳定进展,环境具有可预期性的假定上,而由此脉络发展的接班人计划,称为"延续计划"(Continuity Planning)。延续计划的内容包含以下几项过程与要件:界定组织体系、了解职位需求、评选接班候选人、了解人员潜能概况,规划并提供能力发展计划,符合用人多元化的要求,如图7.10所示。

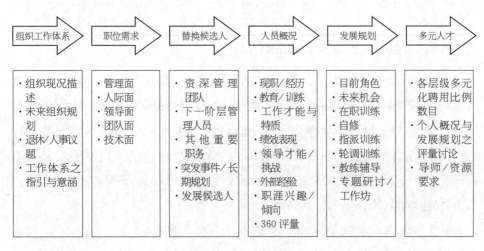

资料来源:Leibman, Bruer & Maki(1996)。

图7.10 延续计划之过程与要件

"延续计划"模式的建构,符合接班人计划发展至90年代中期的时代趋势,例如,将360度评估法等新进技术纳入。但莱布曼(Leibman et al., 1996)仍进一步将接班人计划提升为"接班管理"(Succession Management)的概念,以因应现今全球动态竞争的变动环境。作者并指出,由接班人计划发展至接班管理的概念中,将在组织取向、组织焦点、预期结果、评量技术、组织沟通,及选拔人才库等六个方面产生明显的转变。与此同时莱布曼、布鲁尔和梅基(Leibman, Bruer & Maki, 1996)对于新一代接班管理与接班人计划进行了对比,如表7.10所示。

表 7.10　新一代接班管理与接班人计划的比较

维　　度	接班人计划	接班管理
企业环境	稳定	快速变迁
组织取向	谨慎	机会主义
预期结果	快照式	动态/持续不断
替换策略	依预选名单	建构人才库
组织焦点	个人	团队
评量标准	职务内容	领导型
评量者	资深主管/上司	360 度评量回馈
沟通	封闭式	开放式
责任定位	组织	分享
选拔人才库	内部导向	内部/外部进行
选拔标准	技能与经验	能力与网络

资料来源:Leibman, Bruer & Maki(1996)。

　　除上述两项模式外,伊瓦拉(Ibarra, 2005)亦提出类似八大步骤的接班人计划执行模式,其步骤包括:(1)评估未来服务需求;(2)界定关键职务与具备潜力的员工;(3)界定所需才能;(4)进行落差分析;(5)选择训练与发展活动;(6)针对管理者进行训练;(7)执行才能发展策略;(8)监测与评估。依据文献的整理可以发现,上述各项接班人计划与管理模式皆认识到组织的"延续性"(Continuity),是影响其生产力与竞争力的关键因素(Kransdorff, 1996)。

　　尽管如此,各个组织运作接班人计划时,仍不免遭遇障碍与失败经验,包括:时效性的落差、无效的主管评估、缺乏执行计划、候选人的不确定或迟于认定、评选观点主观等。此外,虽然接班人计划在企业部门已行之多年,但最常面对的困难却是可发展人才(Executive Talent)短缺的问题(Hall, 1986)。

7.4.3　接班人计划的执行方式

　　企业会成功,往往是因为其拥有卓越的领导人,这类人才并不完全局限于 CEO 或企业高层,而是分散在各个层级中。随着企业规模的日益庞大,一些管理上的问题开始令这些大企业感到举步维艰(金国华,2008)。如何吸引和保留住关键性人才以支持企业的长远发展,成为最受关注的议题之一。此时,建立有效的接班人计划(Succession Planning),通过内部造血来获得源源不断的成长动力,已是摆在许多企业面前一个无可回避的课题。企业接班人计划又称管理继承人计划或是员工续承计划,是指公司确定和持续追踪关键岗位的高潜能人才,并对这些高潜能人才进行开发的过程。

高潜能人才是指那些公司相信他们具有胜任高层管理位置潜力的人。企业接班人计划就是通过内部提升的方式来系统、有效地获取组织人力资源,它对公司的持续发展有至关重要的意义。对于接班人计划的做法,不同企业有不同的执行方式,但计划能否得到有效执行与落实才是真正的重点。在此以美商华信惠悦(Watson Wyatt)顾问公司对于接班人计划的做法为例进行说明:

1. 明确企业愿景,确定核心能力

企业所需具备的核心能力应与其营运策略紧密相连,而企业的核心能力只有转化为对内部各类职位和职位上的人员的要求,确保合适的人在合适的位置上,通过合适的能力做合适的事情,才能发挥最积极的作用。因此,只有当一个企业清楚认识到自身的使命与愿景,并且对未来3—5年的策略方向、重点举措与目标有了清晰的规划后,才能运用素质能力模型架构来思考企业需要具备怎样的核心素质能力、管理素质能力、专业素质能力,吸引和保留住"核心人才",从而创造出企业的核心竞争优势。

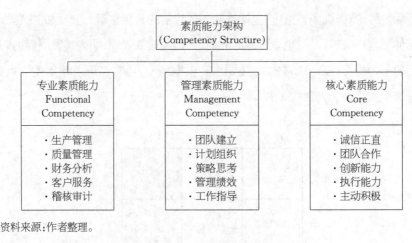

资料来源:作者整理。

图 7.11　素质能力架构

2. 找出接班职位所需专长,细分个人能力要求

仔细思考一下内部哪些职位与企业的核心能力紧密相连,并对企业的未来发展与策略落实扮演举足轻重的角色,这些职位通常就是企业要确定的"关键性要件",也是需要制定接班人计划的职位。一般而言,这些职位在企业内均属于中高管理层或

专业技术职位。当确定了关键职位清单后,企业就可以根据素质能力模型进一步明确每个职位的个人能力要求,包括核心素质能力、管理素质能力、专业素质能力方面,进一步细分成对在职人员行为指标的要求,以使他们清楚该如何应对本职工作。

3. 甄选接班候选人,建立人才储备库

在确定关键职位清单及在职人员能力要求后,企业就可以根据这些进行内部选才了。通常可以先要求内部中阶管理层推荐其直属的具备潜力的员工,并结合其绩效评估结果,最后确定为人才库(Talent Pool)名单。企业可以建立内部的人才能力与绩效评估矩阵(Matrix of Talent & Performance)作为人才发展的方向(如图7.12)。对于绩效表现好且能力高的员工,应尽快考虑予以晋升并赋予他更重要的工作职务与责任,否则将可能失去优秀的人才。对于绩效表现满意而且能力高的员工,或绩效表现良好但是能力中等的员工,可以列为公司未来的储备人员;而对于绩效表现需要改善,且能力也偏低的员工,则应当采取适当的方式要求改善(人员比例可以根据公司实际情况自订)。而接班人的评选条件就可利用这个人才能力评估矩阵进行。在甄选接班人时,应尽量选择具有相关经验的员工,人力资源部门应与直属部门管理阶层进行深入讨论,征询多方意见,包括候选人员目前的直接主管、上一层的主管、下属甚至延伸到客户端等,以清楚了解他的能力、行为和绩效表现,明确其发展潜力,并关注他们的行为是否符合公司整体文化要求。根据经验,通常接班人计划候选人数应是最终选定的接班者人数的3倍。

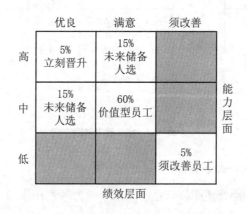

资料来源:作者整理。

图 7.12 人才能力与绩效评估矩阵

4. 建立候选人档案，制定有效完整的培养计划

确定接班候选人后，企业必须为他们建立相对应的个人档案，以便有效跟踪和监控其绩效和能力的发展轨迹，并为他们指派导师(Mentor)，以手把手的制度给予他们有效的指导，藉由与其交流思想、助其拓展能力、提供个人发展建议等方式，辅助他们成长。需要注意的是，在选取接班人导师时，应避免指派候选人的上级，让他们的职位和职能尽量错开，这样才能开拓双方的思维，促进无障碍的沟通和交流。

7.4.4　接班人的挑选

组织内高阶管理人员的来源，可分为内升或外聘两种方式。不良的组织绩效会导致高阶管理人员的高流动率(Kesner & Dalton, 1994)。实证研究显示，当组织绩效可以为董事会所接受时，组织为求内部的稳定，则以内部升迁为高阶管理人员的主要产生方式。而当组织绩效明显不高时，组织由外部聘请一位高阶管理人员，以改善组织绩效的可能性相对较高(Boeker & Goodstein, 1993)。但是从外部空降高阶主管进入组织内部，也可能为组织带来管理上的混乱，反而降低组织原有的正常绩效。内升与外聘的方式各有利弊，选择何种方式需视企业所处情境因素，来考虑采用何种形式对于组织的效益最大。

目前对于接班人选择的方式和员工甄选及升迁过程类似，即按照流程顺序进行：(1)工作职务定义；(2)候选人标准发展；(3)评价接班候选人；(4)信息搜集与比较；(5)确认人选。霍顿(Horton, 1996)提醒在执行时应注意的事项包括：要正确地定义所需的技能与经验，要有足够长远的眼光，要花足够的时间，不要忽略客观性，不要忽略应有的勤勉，要彻底地检查每一位候选人等。至于甄选的方法，则包含测验(Test)、面谈(Interview)、推荐(Reference)、背景调查(Background Investigation)等。这些方法可以合并或个别来施行，经由对所有候选人整体的评价之后，决定谁是最适合的人选。

组织内部也采用绩效评估结果(Performance Appraisal)来进行接班人挑选的资格筛选，所考虑的标准不外乎服务年资、工作能力、工作态度、绩效表现、未来发展潜能等因素。至于评估方法，大多以过去绩效为导向的评估方式作为未来发展的依据。

评价中心法(Assessment Center)是一种预测未来发展潜力的评估方式。评价中心法并非只靠一两样方法就轻率地评断出人才，而是通过多元方法进行评量，如行为

事例访谈、团体讨论、简报活动、180 度／360 度回馈等，更深入了解员工是否认同公司文化，评价的内容与标准必须以清楚定义的核心能力为基础，运用多元评量方法或活动；让数名评价师参与，以增加评价的客观性与公平性；在不同的情境与状况中观察受评者的表现，透过一系列多元且整合性的情境模拟、测试或面谈等行为检视活动，用严谨的评价流程找出公司所需的关键人才。穆金斯基（Muchinsky，2005）针对不同的甄选工具进行过比较，可以看出"评价中心法"具有较好的预测效度，如下表 7.11 所示。

表 7.11　不同甄选工具的比较

甄选工具	效度	公平性	应用性	成本
智力测验（Intelligence Tests）	高	中	高	低
机械性向测验（Mechanical Aptitude Tests）	中	高	低	低
感觉／动作能力测验（Sensory／Motor Ability Tests）	中	高	低	低
人格量表（Personality Inventory）	中	高	中	中
体能测验（Physical Tests）	高	中	低	低
面谈（Interviews）	中	中	高	低
评价中心（Assessment Centers）	高	高	中	高
工作样本（Work Samples）	高	高	低	高
情境活动（Situation Exercises）	中	不清楚	低	中
传记式问卷（Biographical Information）	高	中	高	低
推荐信（Recommendation Letter）	低	不清楚	高	低
药物测试（Drug Test）	中	高	中	中

资料来源：Muchinsky（2005）。

评价中心法当然也存在问题。比如说：（1）是否被主管接受：评价中心法的成败，不只是人力资源部门的责任，管理阶层也应负起成败之责；（2）因不了解而产生恐惧：评价中心法一词非常含糊，而常被误认是庞大的流程和成本支出；（3）成本过高：一开始设置评价中心法的成本通常都很高，而错误的决策成本更难量化；（4）与绩效评估混淆：评价中心法主要着重于未来工作表现的衡量，而非候选人过去的工作绩效评价；（5）对回馈的反应：使用评价中心法能正确地列举受试者的缺点或发展需求，但如果没有随后提供训练给受试者，他将可能受到挫折；（6）政策的缺乏：如果公司没有适当的人事制度与政策配合，不但看不出评价中心法的成效，成本也可能会更高。

经由以上做法，作者建议建构一套系统化的接班人甄选模式，考虑的因素包括：候选人的学历背景资料、以往的工作绩效表现，评鉴中心对于未来的工作绩效评估，及当事人的人格特质、态度、工作经验、价值观等。

7.4.5　接班人培养与发展计划

评价出关键人才后,必须为候选人量身订制人才培育发展计划。有些人可能要给予外派或跨团队的工作机会;有些人也许要强化核心能力,以达成绩效目标;有些人可以通过教育训练,或是运用导师制度等等。美国生产力与质量中心研究显示,标杆企业如美国银行(American Bank)、陶氏化学(Dow Chemical)、戴尔计算机(Dell)、礼来药厂(Eli Lilly and Company)、泛加拿大石油(PanCanadian Petroleum)等普遍使用以下七种方式来训练人才:

(1) 企业内部主管训练。

针对主管储备人选进行内部教育课程训练,如领导力训练、策略规划与国际化等相关课程。

(2) 特别任务指派。

大部分的学习经验皆发生在工作场合,所以最常使用的训练方式就是让主管接班人实际处理企业目前面临的议题。

(3) 辅导教练。

正式的教导(coaching)通常由外部的专业顾问所提供。由于价格昂贵,所以只有高阶主管才会用到这种训练。

(4) 外部大学教育课程。

有些企业会成立自己的"企业大学"提供相关教育训练课程,或者与其他大学合作开办课程。

(5) 网路课程。

网路课程可以跨国界学习,不受时间、地域的限制,因此越来越受欢迎。例如,陶氏化学就有 600 种以上在线课程。

(6) 个人职涯规划。

公司欲培养的高潜力人才都有自己的简历,记载着现在及未来希望被调派的职位、绩效、360 度回馈结果、受训课程、具备的能力,由当事人主管每季或每年面谈,来规划其未来发展。

(7) 绩效管理与 360 度回馈。

过去的绩效管理与 360 度回馈通常运用于加薪与升职,但标杆企业也运用这两个方法来评估训练成效。

案 例　IBM 公司接班人计划推动

IBM 的接班人计划每年从全球 5 000 名管理人才中挑选出 300 人作为重点培养对象。该计划也被称为长板凳计划。IBM 的主管上任开始就有一个硬性目标:确定自己的位置在一两年内由谁接任? 三四年内谁来接任? 甚至要求做到:假若你突然离开,谁可以接替你? IBM 对于领导人培训方式大致分为四大阶段:

第一阶段:修身养性,训练各种职业技能。经过这个阶段,人才培养成为专家。这是做领导人的基础,只有具备了一技之长,做得比别人都好,才能有自信,别人也才能信任你。

第二阶段:在宽度上拓展。IBM 经常采用横向轮岗的方式,让培养对象在不同的工作岗位上获得不同的经验。通过这种工作历练,培训者对工作会有更全面的了解,同时具备建立团队合作关系的能力。

第三阶段:在深度上挖掘。实施强化业绩导向的考核,使个人能力得到释放。类似的职业经历让人更多地内省、消化、沉淀和领悟,从而在深度上自我挖掘。

第四阶段:要求领导者将个人的成功扩大到团队。领导人开始推动下属,通过激励和引导,让领导个人的成功效应扩大到其他人,达到"水涨船高"的效果。

IBM 公司早在 1995 年就在专业咨询公司的协助下,认定了 11 项领导团队应该具备的优秀素质。这个领导力模型随即成为接班人计划的重要指标。IBM 总结的这 11 项优秀素质包括以下四个方面:

- 必胜的决心(包括行业洞察力、创新的思考和达成目标的坚持);
- 快速执行的能力(包括团队领导、直言不讳、团队精神和决断力);
- 持续的动能(包括培养组织能力、领导力和工作奉献度);
- 核心特质(对业务的热诚)。

作为公司接班人计划的一部分,IBM 每年依据这一模型对所有的管理人员进行评估。接班人计划的关键在于发现公司内部的"明日之星",并有意识地培养他。每年会针对个人潜能、关键技能、绩效成果等层面,挑选出 Top 20% 的人才,藉以落实核心人才的培养。一旦被确定为接班人计划的"明日之星",更会被安排参加新主管训练课程,学做主管(如参与绩效考核、鼓舞士气),并开始经历更多的磨炼。

从 IBM 公司的接班人计划可以了解到：一个优秀的领导不是奇迹创造的，而是在一个明确战略思想的指导下的长期实战炼成的。因此，如果企业要建立一个不依赖于任何人的伟大公司，那么就要像 IBM 公司一样，建立起一个培养领导人才的机制，提供有效之学习方法，建构完善的基础建设。

7.5 评价中心的应用

7.5.1 评价中心的意义

评价中心（Assessment Center，AC）是人才发展与培训的一种方式。评价中心主要的功能是鉴别现职员工或工作应征者在未来对于某项职务的潜力。但评价中心这个专业名词，经常被误认为是某一个单位机构的名称或是某个研究中心，这是一种容易产生误会的情况。有些学者为了避免误解，将评价中心翻译成评价中心法（Assessment Center Method，ACM），后面多加了一个"法"字，如此可以让非本专业领域的读者能够从字面意义上了解这是一种方法的专业名称。

关于评价中心的定义很多。《评价中心作业准则与伦理考虑》（*Guidelines and Ethical Considerations for Assessment Center Operations*，1989）中对评价中心的定义为：评价中心是运用数名受过训练的评估员及评估技巧，针对多种来源的行为所作的标准化评估。评估员主要依据评价中心所设计的评量构面或其他变项，就参与员工在评估的模拟演练中的行为表现加以判断。评估员将这些观察到的行为在整合讨论会议中加以汇集，完成评量结果（杜佩玲，2006）。张裕隆（1996）曾指出评价中心法是采用团体决议讨论方式，多重向度、多重方法，考评多位受评者的表现，并将受评者成绩结果回馈给受评者，提供受评者个人改掉缺点或加强能力的参考。苏冠华（2001）指出评价中心不是一个地方，它是一连串的过程或方法，让参与的管理人员表现其工作所需的技能的多种不同的测验技术，它使用多种测评工具，以衡量各种人力目的及决策。杰因特（Jointer，1984）定义评价中心就是在标准化的条件下，让应试者表现工作所需技能的各种不同的测评技术。

由以上的定义可以了解，评价中心是一种评估的程序，在这个程序中针对被评估人员的行为、态度、认知、特质等各方面能力的评价程序，在这个评价的过程中会应用到包含多种测评方法和技术的综合评估体系。而评价中心也被认为是信效度较高的人才评价方法之一。评价中心在具体应用中需要建立专门的评价场景，并由经过训练的评估师依据共同的维度和变量标准（通常是能力和行为标准）对目标对象进行评定，并将评价结果集中起来一起讨论直至达成一致，最终获得对目标群体表现的综合评定。为了实现用于评价的模拟工作场景的构建，通常需要对目标群体的工作岗位内容和过程进行分析，对目标群体及其直属上级主管进行关键事件访谈，厘清需要评估的标准及确认用于观察评价维度和变量的活动。由此建立一系列和组织工作环境高度相关的模拟情景，再让被测试者在这些场景中完成诸多典型的管理工作，如分析与决策、计划与组织、辅导和发展他人、冲突管理、团队合作等胜任力项目测评。

7.5.2　评价中心的发展源起

评价中心的概念最早来自于德国，由赛蒙涅特（M. Simoneit）主持多元评估程序（Multiple-assessment Procedure），以考选德国的陆海空军军官，其考选以两项原则为基础：一是对于人员整体性的观察，二是对于人员自然性的观察，即在自然及日常的情境中观察行为。德国在第一次世界大战之后，受制于《凡尔赛条约》限制德国重新武装的规定，1929 年由心理学家建立了一套专门用于挑选军官的多项评价程序。这群心理学家引进了书面测验、任务仿真练习、指挥系列练习、深度面谈、五官功能以及感觉运动协调测验等不同方法进行军官的选拔程序与培训方案，最后由两名高阶军官、一名内科医生和三名心理学家一起讨论并决定候选人是否适任该项职务。此项新的评估方法因其公正客观性以及预测能力的效度高而受到欢迎。

德国的这套军官选拔的评价中心方法成为英国以及美国评价中心方案的基础。英国在二战初期成立的英国战时考选委员会（War Office Selection Boards, WOSBs）就放弃了传统的面谈挑选军官的方法，采用了德国的评价中心法作为评选军官的程序。英国采取了更多样复杂的方法来进行军官的挑选，例如小组讨论、团队任务指派、即席演讲方式、角色扮演、深度面谈、投射实验等。因为有了考选委员会的经验，英国文官选拔委员会（Civil Service Selection Board, CSSB）后来也采用相同模式来进行文官选拔。第二次世界大战以后，评价中心法成为英国选拔人才的主要方式。

美国开始应用评价中心的人才选拔模式,主要是因为 1943 年 12 月 7 日日本偷袭珍珠港事件的发生。由于美国联邦调查局的失误以及对于情报的误判,富兰克林·D.罗斯福总统决定重新成立一个专门搜集国际局势和战略层次的情报部门,即后来的战略服务局(Office of Strategic Services)。战略服务局为了选取各种优秀的工作人员(包括秘密情报员、破坏人员、宣传人员、秘书、办公室职员等)而设计了一系列情境测评工具,使用多重评量的观察技术,并有多位人员参与评估。

二战结束后,许多军事管理的方法开始被应用到战后的重建工作中。第一个使用评价中心法的是美国的 AT&T 公司。道格拉斯·布雷在 1956 年 AT&T 执行"管理进展研究"(The Management Progress Study)时采用评价中心方法来研究雇员如何从基层工作者发展到中阶以及高阶主管工作。在道格拉斯·布雷为 AT&T 所建立的评估方案中,候选人参与了笔试测验、自我描述、投射测验/句子完成测验、无领导小组讨论、商业游戏、公文处理练习以及面谈。每一个候选人评估 25 个基准项目,其结果用来作为预判候选人在未来十年内升至管理阶层的机会。

1964 年 AT&T 发表长达八年的预测效度研究报告,证明评价中心法具有很高的效度。1958 年美国密西根贝尔系统公司(Michigan Bell System)在评价人员的任用上,首次选取非心理专业人员,使得评价中心法得以广泛应用。

1973 年美国知名管理顾问有限公司 DDI 于维吉尼亚州举办第一届国际评价中心法法会议。1975 年的 5 月第三届评价中心国际大会在加拿大魁北克省举行,会议制订并通过了《关于评价中心的实施标准和道德准则》。因为有了标准制定与程序规范,所以评价中心法的使用与日俱增。

1989 年,第十七届国际评价中心法会议将《关于评价中心的实施标准和道德准则》修正为 ACM 广泛运用的准则《评价中心法作业准则与伦理考虑》。1990 年之后评价中心由原本的甄选人才为主的功能,逐渐转变为发展员工培训与职业生涯发展功能。评价中心与计算机科技结合,可以通过计算机、互联网应用,发展更多评价中心的模拟测验及多元化活动,有效地节省时间与距离成本。

20 世纪 80 年代,在美国至少就有 2 000 个企业组织使用了评价中心方法。评价中心法的应用,从人才选拔(Recruitment)、管理发展(Management Development)、生涯发展(Career Development)及组织发展(Organization Development)等领域,为企业在人才管理应用方面提供了一个相当有效且正确的方向。

7.5.3 评价中心法的目的与功用

应用评价中心的目的是为了决定被评估者是否具有适当的胜任能力担任某项特定的工作岗位。随着环境的不同,评价中心的应用层次越来越广泛,吴青玲(2002;引自杜佩玲,2006)提出评价中心的应用主要有以下五大项:

(1) 确认(Confirmation)。

根据既定标准评判受评者达成或符合标准的程度,并筛选出优劣信息,主要是描述现象,确认事实,提供作后续决定的参考信息。

(2) 区别(Discrimination)。

根据既定标准,确认被评估者达成或符合的程度,再依既定区别标准,区分受评者归属等级,并提出分类理由,主要是比较和诠释现象,有效区别人员,如考核人员绩效。

(3) 甄选(Selection)。

依据评量结果,依预定的需求条件和取舍标准,选择合宜的人员,主要是比较和分析现象,着重于应用评量结果,有效筛选适合需要的人员。

(4) 安置(Placement)。

参考评量结果,根据既定区分标准,判定并给予适合或符合被评估者的处置,偏重应用评量结果的后续处理,主要是有效联结人与事、晋升职级和选任适合职位。

(5) 发展(Development)。

检视评量结果,提供被评估者表现优劣、可改进策略等信息,着重发挥改善增进的功效,多用于检视教育或训练的成果,并提供辅导改进和自我发展的时机。

评价中心法是一个评估人员潜在能力的工具,除了有上述目的之外,还具备以下功能:

(1) 发掘具有管理潜力者。

不少事实证明评价中心评定为有高度管理潜能者,被提升后很少有不称职的现象;而被认为有低度潜能者被提后,也不可能是出色的管理人员。

(2) 帮助企业发现培训需求。

评价中心的练习(测验)是针对职务所需的能力、态度而设计的,故能侦测出执行该职务所欠缺的能力或态度,进而设定明确的训练目标,使训练与工作改进密切相关。

(3) 确认员工的能力契合度,做好人岗匹配。

广义来看,评价中心有确认、区分、甄选、安置及发展等五大目的;狭义而言,评价中心的目的是预测受评者未来的潜能,判断受评者是否具备日后发展所需要的能力。评价中心的功能是希望通过能力评价的方式,及早发掘有管理潜力者,找出员工的培训需求,针对员工的优缺点进行发掘与改善,做好人员配置与发展培训的规划,达到人岗匹配的效果。

7.5.4 评价中心常用的方法

美国的两位学者桑顿和拜厄姆(Thornton & Byham, 1982)在 1982 年访问 500 个评价中心,发现公文篮训练使用的比例最多,达到 95%,其次是无主持人小组讨论与面谈模拟。高格勒、本特森、鲍莱(Gaugler, Bentson & Pohley, 1990;引自杜佩玲,2006)针对模拟演练工具的使用频率作了分析,亦发现公文篮训练是最常被使用的工具,其次是个案分析及无主持人小组讨论。

表 7.12 各类型模拟演练工具的使用频率

复杂程度	测评工具项目	使用比率
复杂度高	经营竞赛(business games)	25%
	公文篮练习(in-basket exercise)	81%
	群体工作(group tasks)	未调查
	群体讨论(group discussion)	—
	有主持人(assigned position)	44%
	无领导小组讨论(leaderless group discussion)	59%
	口头发表(oral presentation)	46%
	个案分析(case analysis)	73%
	事实发现(fact finding)	38%
复杂度低	模拟面试(interview simulation)	47%

资料来源:杜佩玲(2006:11)。

在实际运用评价中心的方法当中有几种是经常使用的模拟演练工具,以下将进行每一种方法的简单介绍。

1. 公文篮练习

公文篮练习(In-basket Exercise)是模拟管理者在日常管理工作当中可能会面对

的各种文字处理的情况。它可能包括会议记录、信件、报告、公告、邀请函以及相关信息,这些文件展现了一个管理者需要面对的人事、财务、会计或流程问题。被评估者可以获得时间表、背景信息、说明书以及纸笔等,但通常没有电话或秘书。受评者必须写下指示、完成信件草稿、下决定和召开会议,所有的事情都必须在一个相对较短的时间内完成。时间压力将强迫被评估者针对各种不同的事件设定优先级并且进行决定。

2. 无领导小组讨论

在无领导小组讨论(Leaderless Group Discussion)这种演练中,会有一群人需要进行讨论互动,人数一般是5—7人比较合适。被评估者须按要求在固定的时间内解决指定的问题。小组成员要针对指定的问题进行讨论,并且整理所有与会人员签名的书面意见。在小组讨论的过程中,没有人员会被指派担任主持人或小组长,每一个人都会作为整体的一部分,参与探索最有利于团体的解决方案。无领导小组讨论法对于评估团队领导技能尤为有效,评估人员可以从旁观察被评估者的行为与态度层面能力,是否有贡献自己的想法、引导决策过程等方面的能力。这种形式同样可以用于对问题分析和决策分析能力的评估。

3. 模拟面谈

模拟面谈(Interview Simulation)是一种情境演练,被评估者和一位角色扮演者进行一对一的对话,对方可扮演被评估者的部属、同事或客户。面谈对象都受过专业训练,并以标准化方式进行角色扮演。角色扮演者可以发问、提建议、回答问题,甚至可能表现得很沮丧,角色扮演者一切行为依情境要求而定。被评估者须和角色扮演者展开对话,并且在评估人员的观察下尝试解决问题。

4. 事实搜寻

在事实搜寻(Fact Finding)中,被评估者阅读与问题相关的少量数据,然而可以向数据提供人(Resource Person)挖取更多的有关数据,数据提供人被训练为角色扮演者或评估员。这个演练被用于训练经理人的分析思考、实务判断及社会认知。在问与答之后,受评者被要求提出建议及理由,数据提供人再就若干问题逐一质问被评估者。

5. 个案分析

被评估者被要求阅读描述组织中问题的数据,然后就如何更好地进行管理提出一系列的建议。解决问题可能需要财务、系统或流程的分析。个案分析(Case Analysis)的优势在于有弹性,及量身订做去评量一些因素,例如,组织业务的能力,计算投资报酬率的专业技能等。书面报告呈交后,评估员将对其形式和内容进行评估。

6. 口头发表

被评估者要对一个主题做简短的即席口头演讲(Oral Presentation),或者针对某个特定案例分析做一次时间较长的正式演讲。演讲之后,由评估员进行提问,挑战被评估者的演讲内容。当遇到与目标职位有关的地方时,评估员甚至会针对被评估者的结论进行强力反对,指出他们结论中的缺陷和不足,被评估者置于压力之下。演练提供了一个非常好的机会来观察被评估者的言语沟通技巧、临场反应能力以及抗压能力。

7. 经营竞赛

经营竞赛(Business Games)是依据企业实际经营的方式用分组竞赛的方式来针对各种不同的情境状况进行处理,最后依据小组的总成绩进行比较。经营竞赛可以设计成不同的复杂程度,例如:可以设计三小时的情境模拟,由制造部、工程部、研发部、质量部的管理人员组成一个团队进行生产制造的实际运作;也可以设计六小时的情境模拟,由四个三人组成的投资团队进行股票投资交易竞赛;设计一个八小时的经营案例,由十五位管理人员共同组成经营团队针对某个企业的经营状况进行运营管理。当一个复杂的经营竞赛展开时,往往类似于一系列的情境演练:开始是一个无领导小组讨论,然后是一些一对一的互动练习,接下来某人做口头表达,其他人则依据提供信息进行事实发现,然后整个团队集合在一起做决策制定。经营竞赛是一种综合能力评估的方法,可以让评估者经由互动讨论案例分析的方式来观察被评估者所展现出的行为与态度是否具备胜任某项工作岗位的能力,也可以观察当事人的胜任能力项目,例如,战略规划、团队合作、领导统御、沟通协调计划组织等胜任力。

7.5.5 评价中心法的效度

评价中心法在企业实务中得到广泛的应用,这与评价中心法所设计的情境作业有很大的关系,因为情境作业与实务上的相关运作非常贴近,并能从中抽离应试者的具体行为而加以观察。但是不能光凭其表面的价值就认定评价中心法可以引入企业进行运作,需要有一些事实证明印证评价中心的有效性,而效度就是一个重要的印证指标。

效度(Validity)是指一份测量工具能够正确测量到所要测量特质的程度,一般称为测验的可靠性或有效性。效度高表示该测验能够达成所要测量的目标。由于一份测验可能因为其使用目的的不同而有不同的测验结果,因此,一份测验工具具有效度,是针对某一特殊功能或用途而言,不可用普遍性的角度去衡量。

效度的测验有不同的类型,一个好的测验可以用一种或一种以上的效度来表示。一般测验的效度有以下三种:

(1)预测效度。

预测效度(Predictive Validity)指测验分数对于未来的行为或测验能够预测的程度,也因此存在寻找适当标准的问题。与预测效度相关度最高的是标准,因此,预测效度又称为效标关联效度。良好的预测效度,是指效标能够显现分数高工作绩效好,分数低工作绩效差的测验。

(2)内容效度。

内容效度(Content Validity)是指测验的题目在多大程度上代表了所想测量的结构概念的整体内容。测验可以包括工作内容相当的样本。基本程序是先将对工作表现有重大影响的作业及行为抽离,而后随机选择其中的样本据以测验。

(3)结构效度。

结构效度(Construct Validity)是衡量测验的抽象特性或理论特性的程度。例如衡量对出纳人员所施的测验,与数理概念的关系。结构效度所涉及的是一个测验所欲衡量的心理特质或属性。结构效度通过数据的积累可以证明所要测量的质量,通过各种方式从各种不同的来源去累积,包括对内容与效标关联效度的研究。

对于评价中心法的效度,一般用预测效度系数来衡量。预测效度系数是指分数和工作表现基准之间的关系。预测效度系数值从1到0。系数愈接近1,评价效度愈高。0表示分数和评价效度无关。负值(-1)以下,则表示效度非常低。史密斯(Smith et al.,1989;引自李嵩贤,2003)曾经做过各种测评工具的比较,结果发现评价中心方法用在人才拔擢方面的预测系数高达0.63,这项结果与1977年的潜能预测系数正好符合,如表7.13所示。

表 7.13　各项测评工具效度系数表

测评工具	效度系数	测评工具	效度系数
评价中心	0.63	个人自传资料研究	0.38
工作样本测验	0.55	结构化面试	0.31
能力测验	0.53	典型企业面试	0.15
综合个性测验	0.41	推　荐	0.13

资料来源:李嵩贤(2003)。

　　高格勒(Gaugler,1987)等人从后设分析法(Meta-analysis)的研究得知评价中心法有相当高的效度,特别是应用在潜能评估方面的效度(0.53)与前述 0.63 是相当有效的工具。DDI 曾为一家电制造企业设计了一个评价中心,以培养其现有的领导人,以帮助他们为晋升至高层做好准备。该中心向评估对象提供反馈,根据其强项和弱点安排了一个长期的导师辅导制。在评估后的 6 至 12 个月期间,评估对象的主管就评价中涉及的相同能力对其当前工作绩效进行评分。表 7.14 表明,评价中心的评分与工作绩效评分显著相关。

表 7.14　某家电企业能力评价效度系数表

评价中心能力项目	效度系数	评价中心能力项目	效度系数
客户导向	0.37**	授权委任	0.30*
愿景领导力	0.33**	管理能力	0.38*

资料来源:DDI(2003:1)。

7.5.6　应用评价中心的实施程序

　　评价中心法是一个针对被评估者的潜在能力工具,但并非将被评估者所有能力都包括在评估的范围内。因此,必须以针对评价项目的规格说明(Specification)或评价维度(Dimensions)为基础,达到对被评估者能力预期与评价的目的。评价中心应该包含哪些内容项目呢? 学者吴复新(2003)提出了评价中心运作应具备的八项根本要素:

　　(1)工作分析。

　　首先,必须针对目标职位进行各种相关行为的工作分析;决定做好该工作所需的重要维度(Dimension)、属性(Attribute)及绩效(Performance);同时确认哪些项目维度应由评价中心予以评估。

(2) 行为分类。

评估员所观察到的行为必须被分成各种有意义且重要的类别,如构面(Dimensions)、特征(Characteristics)、性向(Aptitude)、特质(Qualities)、技能(Skill)、能力(Abilities)、任务(Task)。

(3) 评价技术。

为提供评估构面所需的信息,必须设计并使用多重的评价技术,包括测验、面谈、问卷、计量工具以及模拟练习。

(4) 模拟练习。

评价技术中包含多种与工作相关的模拟练习,以便有充足的机会观察到被评估者所展现的行为与态度。

(5) 评估员。

每一被评估者必须接受多位不同评估员的评价。评估人员的选择应考虑年龄、性别、专业领域、管理层级甚至民族类型等因素。

(6) 评估员训练。

评估员在从事评价工作之前,必须接受完善的训练,同时必须展现合乎要求的评价能力与绩效。

(7) 行为记录。

评估者必须使用一套系统的方法来记录所观察到的特定行为。

(8) 数据的整合。

评价活动所观察到的行为数据必须经由全体评估员的集体讨论之后予以汇总整理或经由专业标准认可的统计方法予以综合计算。

张艾洁(2003)提出企业使用评价中心法的七个步骤,实施的程序如图7.13所示。

(1) 步骤1:深入了解目标部门。

要有效执行评价中心法,一开始必须对目标部门相当熟悉。此步骤代表要拜会所有参与此评估的人员,包

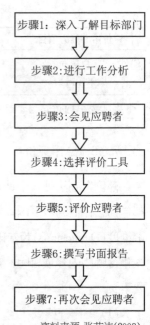

资料来源:张艾洁(2003)。

图7.13 评价中心法实施的七个步骤

括目前任职的员工、员工的上司和所有跟这些员工一同工作的同事。若目标部门跟顾客接触，那么对顾客的访谈也会有很大的帮助。每个评价团队（Assessment Team）都要收集详细的相关资料才能帮助评价中心有效运作。这一个步骤也可以让目标部门对自己的部门有广泛且深入的了解，才能再进行下一个步骤。

（2）步骤 2：进行工作分析。

评价团队及部门中重要的主管都要先检视及更新目前的工作说明书，且评价团队和此部门要密切合作。评价团队可从工作说明书知道更多关于这个部门或职位的信息，也能使目前担任此职位的员工更了解自己的工作。对目标部门而言，他们也能审视自己在过去是否达到工作标准抑或是还有需要改进的部分。但通常这个重要的步骤都会被省略。如果工作说明书并没有更新，那么评价中心就无法有效地选出适当的人选来担任目标职位的工作，或是选出的人选并不能胜任此职位。经由工作分析，团队成员能判定担任目标职位需有的特定和重要能力，也能了解完成此职位所需的潜在知识、技术、能力、行为和特性。最重要的是以评价中心法评量候选人是否拥有这些必需的能力。

（3）步骤 3：会见应聘者。

此环节是协助应聘者了解评价中心法进行评价的过程。在与应聘者的会谈中，评估人员应该告知应聘者在评估过程中将会遭遇的情况及可能使用的评价方式。应征者可以在会谈中询问有关评价中心实施程序的问题。大多数应聘者会对评估的过程实施方法进行了解，甚至对评估员的经验感到好奇。事前先跟应聘者会面也可帮助应征者在准备进行评估时减少心理压力，获得更准确的实际行为效果。

（4）步骤 4：选择评价工具。

结束与应聘者的会面后，评估员要针对所要进行评价的知识、技术来选择适用的评价工具。在工作分析后，评估者得知担任此工作所要求的表现，再选用可使应聘者能有同样表现的评价工具，来评量其是否符合目标职位的需求。且在评估重要的胜任能力时，要使用至少一种以上的评价工具。应依据工作分析的结果，并考虑现实的限制，以选择评价工具。仅使用单一评价工具进行测评这样的方式不符合评价中心法的要求，常用的评价工具包括纸笔测验、公文篮练习、问题分析、无领导小组讨论、结构式面谈等。

(5) 步骤 5:评估应聘者。

实施评价中心法时,通常由两至三位评估员共同评估应聘者。评估员依据应聘者在各项评价活动中的行为表现来评分。在评估员完成评分后,应开会讨论对各个应聘者的评分,并且达成分数的一致性,并加以排序。符合资格要求的人选应依据公司内标准化的等级,而不以和其他应聘者的比较来决定,即考虑绝对成绩而非相对成绩。

(6) 步骤 6:撰写书面报告。

为让上层清楚了解评价中心法运作过程的信息,以及让应聘者得知自身的表现,评估员必须在评价中心活动结束后撰写书面报告。其中包含所有应聘者的行为表现,在考试中的反应回答,以及在评价中心活动实施中所观察到的各项能力特质。此书面报告不仅提供客观的应聘者评比,也可帮助应聘者了解得到此分数的理由。

(7) 步骤 7:再次会见应聘者。

在评价中心活动实施后,应给予其余的应聘者获得回馈的机会。评价中心法的受益人不应只有通过评估的员工,应包含所有应聘者,甚至是整个部门。所有应聘者可以在实施评价中心的活动之后,更了解自己的能力、潜能,运用长处以及增强不足的部分,也可作为个人生涯发展规划的参考。

从以上说明可以得知要建立一个评价中心必须要配套实施许多项目,包含工作分析、胜任力项目确认、行为分类与层次定义、评价工具的选择、运作流程的设计、评估员的选择与培训等各种内涵因素的安排,方能进行评价中心的运作实施,发挥评价中心的效益。

7.5.7　评价中心在人才管理方面的应用

评价中心是一种具有良好信度跟效度的评价方法。如果能在人才管理方面进行应用,对于组织的人才发掘以及人才发展都会有相当程度的帮助,尤其是在人才梯队规划与接班人计划的实施方面。发掘企业内部或是外部的高潜力人才,针对个人的胜任能力特质进行管理才能、领导与决策能力的培训发展,进而提升组织的整体决策质量,是企业内部人才管理与发展的重点工作,运用评价中心制度提高筛选质量,并且与人才培训连结,也是培训部门在人才管理附加价值的提升,符合战略性人力资源思维。笔者认为,评价中心法在人力资源管理方面的应用可以从以下方向进行:

（1）人才甄选。

人才甄选是评价中心的原始目的，此点从评价中心的历史发展沿革可以得知。而在人才的甄选方面，评价中心使用的对象以业务与管理两种人才为主；此两种人才对组织的影响最大，而且也不容易用其他方法从事有效的甄选，理由是这两类人员所从事的工作动态性极高，因此如果仅以静态的方法（如笔试、心理测验等）来进行人才甄选，不容易进行效度鉴别。可以采用评价方法中的情境模拟或无小组领导讨论的评价技术进行人员胜任能力的评估。

（2）组织内部人才发掘。

评价中心可以应用于组织内部发掘具有管理潜力的人才，并且针对这个群体进行一系列的管理发展活动，例如专业能力技术培训、项目工作、职业路径规划、管理才能发展、接班人计划、个人才能发展等，让目标群体能够在组织内部获得升迁发展的机会承担更多更重要的职责。因为资源的有限性，组织的资源投入应该用在那些将来可以对组织创造更高附加价值与产值贡献的个人，这也是投资效益回报的概念。另外，如果企业面临高速成长，组织如果不尽快进行人才培训与储备，很快就会面临人才断层以及短缺的情形。

（3）员工能力缺口诊断。

运用评价中心法也可以获得被评估者个人的能力缺口全貌，对于员工个人的能力改善可以有具体而明确的方向。能力诊断的目的在于尽可能获得个人的信息，所用的练习与评鉴的维度可以依据胜任力模型的标准进行评估。个人一旦被评估出某些方面的胜任能力有所欠缺，便能在这些方面加以改进。在参加过此种评价中心的活动之后，员工也会明确地接受到人力资源部门及相关的评估专家所提供的回馈报告，对于自身的不足可以做到明确具体的提示，对日后的组织规划或个人的自我发展都有指标性的意义。

（4）组织发展的工具。

评价中心也可以作为组织发展的工具。因为评价中心法可以确认出组织内部群体或管理层员工所欠缺的技能或管理能力，故而可以依据诊断出的缺口判断能力发展方向，制定一套完整的培训计划。其次，评价中心法还可以作为团队建立与团队发展的手法及未来所需技能发展的工具。最后，评价中心的结论可以与人力资源规划的数据整合，作为人才发展的方向依据。

从上述应用方向可以发现,评价中心的应用可以与人力资源实务中的"选、训、用、留"各种功能进行整合。但是在人才的甄选、组织内部人才的发掘、员工能力缺口诊断、组织发展工具等方面,评价中心可以发挥更高的人才管理附加价值。事实上,评价中心并非新创的概念,其运用已超过半个世纪之久。笔者认为,评价中心之所以能够在多年的时间内应用而且受到企业界的良好风评,主要是因为评价中心是多重方法组合而成的人才测评工具,可以将各种测评技术加以融合应用,以保持高效度的预测能力。人力资源专业人员身为企业的事业伙伴,也应该为企业尽到人才发展与发掘的责任。

7.6 人力资源成本效益管理

7.6.1 人力资源成本管理的目的

在企业经营环境快速变化、行业整合不断深入、商业竞争日益加剧及劳资关系重新被诠释的背景下,人力资源成为企业在竞争中获胜的关键因素。与此同时,国内企业的人力资源成本管理在劳动总体大环境的变迁之下,也面临着前所未有的新挑战。在新技术浪潮的推动下,各个国家的竞争从天然资源的竞争、资本资源的竞争转向目前的人力资源的竞争。如何有效地管理人力资源成本也已经成为企业管理所关心的重点,有效优化人力资源成本管理、建构一套系统化、科学化的管理指标体系,为企业在管理工作中时提供有效的信息来源以作出决策是相当关键的因素。作者认为,人力资源成本管理的重要性有三点:

(1) 强化企业的经营管理效率与效益。

在竞争的环境之下,企业经营的目标必定是希望低投入、高产出,以创造企业的高附加价值,此策略能否奏效,需要依赖投入的要素决定。除了土地、机器设备、厂房等传统的生产要素之外,最关键的因素就在于人力资源要素投入。如果人力资源成本的投入有利于提高生产效率或营运效能,就可以确保企业的竞争优势。

(2) 激励功能与增加积极性。

现代企业的运作核心是人,特别是知识性行业更是以人为一切运作以及管理的核心。管理制度与公司政策制定需要以人性为出发点,满足人的不同层次需求,如此才能诱发出员工内在的动机,将思想转变为行为,增加积极性与创造性,从而达成企业的经营目标。

(3)为决策者提供管理信息。

在劳动力市场的供需决定下,不论是企业选择人才或是人才选择企业,都使得人员流动率偏高已是不争的事实。而人才竞争的激烈只会让这种情形持续下去。经常可以在报章杂志上看到某某企业重金礼聘某高级管理人才,或是某公司对管理阶层人员给予高额的期权或是实施优渥的薪酬福利等,这些现象都是企业对于人才的重视。但是,这样的高额投入是否符合目前的市场行情?或是公司的人力资源投入是否已经远远落后市场平均水平,而导致人才引进发生问题?了解这些相关讯息,首先需要知悉人力资源成本的管理。

7.6.2　人力资源成本的构成项目

人力资源成本项目可分为取得成本、使用成本、开发成本和离职成本。

1. 人力资源取得成本

人力资源取得需要按照一定的程序,支付相对的代价才能够获得,并非无偿获取。人力资源的取得需要经过组织内的工作分析、部门人力编制数量确定、依据所需人选规格进行人才甄选、确定录取人员、报到、正式进入组织以及职务安排等一系列程序。按照这个流程,可以将人力资源取得成本(Human Resource Acquire Cost)细分为招募成本、甄选成本、录取成本及安置成本四项。如录用成本就包括人员录用后的搬迁费用、交通补助津贴、调动补偿费用、劳动合同的解约费用、录用费用等。一般来说,被录用者的职务层级越高,录用成本也相对增加。此四项成本计算方式如表7.15所示。

表7.15　人力资源取得成本

人力资源取得成本项目	明细科目列举
招募成本	直接劳务费＋间接业务费＋间接管理费＋预付费用等
甄选成本	面谈费用＋测试费用、集体评核费用……
录用成本	录取费用＋搬迁费用＋交通费用＋体检费用等
安置成本	各种管理费用＋设备费用＋安置时间成本等

资料来源:作者整理。

2. 人力资源使用成本

企业为使员工继续留在企业从事工作所发生的各项费用支出为人力资源使用成本(Human Resource Maintain Cost)。人力资源使用成本可以分为薪酬成本、激励成本以及福利成本三大项。企业要维持正常的运营活动需要支付的薪资、加班费以及各种职务津贴为薪酬成本。要有效激励员工提出创意、改进工作效率或生产效能所支付的奖金制度,如最佳生产线奖、提案改善优良奖、质量优化奖、产能突破奖等都属于激励成本的部分。人并非机器那样可以不断地持续运作,有时需要一定的活动安排来调整员工在生活以及工作之间的平衡。由此,包括员工旅游费用、年终晚会费用、有薪年休假费用等被列为福利成本。

表 7.16　人力资源使用成本

人力资源使用成本项目	明细科目列举
薪酬成本	工资＋职务津贴等
激励成本	提案改善奖＋质量活动奖＋技术创新奖等
福利成本	年终晚会费＋员工旅游费用＋有薪休假费用＋聚餐费用等

资料来源:作者整理。

3. 人力资源开发成本

员工进入企业之后,仍然需要进行相关的入职训练或是在职训练,以提高工作的效率,达成企业所赋予的职责以及目标。这种为了提升员工的工作或是管理能力所支付的成本称作人力资源开发成本(Human Resource Development Cost)。企业进行人力开发的过程包括三大部分:第一是入职训练,主要使员工了解企业的总体概况及内部组织架构,职能分工,产品特性,客户属性,管理体系等,使员工能够迅速融入企业体系运作。第二部分属于在职训练,也就是在工作进行的过程中学习以"做中学"的方式(Learning by Doing)进行训练。第三种方式则是以脱产方式进行培训(Off-Job Training),让具有一定技术能力以及管理能力的工作者进行离岗培训。成本项目如表 7.17 所示。

表 7.17　人力资源开发成本

人力资源开发成本项目	明细科目列举
入职训练成本	受训人员薪资费＋讲师费＋教材费＋设备折旧＋工时费用等
在职训练成本	教导人员薪资费＋新人工资费＋耗损工时费＋管理费用等
脱产训练成本	外部培训费＋讲师费用＋人员薪资费＋差旅费＋离岗费用等

资料来源:作者整理。

4. 人力资源离职成本

由于现职人员因为各种原因离开职务,所发生的费用支出为离职成本(Human Resource Resign Cost)。离职成本可以分为离职补偿成本、离职管理成本、离职效率成本以及职务空缺成本。离职成本当中又以职务空缺成本影响最大,职务的空缺不仅仅影响到空缺职务的直接管理工作,还会影响到相关工作的进度与成效。由于职务空缺成本隐性程度较大而经常被忽视,有时其甚至大于离职成本的总体项目,这是需要管理人员重视的地方。成本细项科目如表7.18所示。

表 7.18　人力资源离职成本

人力资源离职成本项目	明细科目列举
离职补偿成本	离职人员薪资费＋经济补偿费用等
离职管理成本	面谈者时间费用＋离职者时间费用＋作业管理费用等
离职效率成本	正常效率产出差异费用等
职务空缺成本	空缺损失费用＋效率损失费用＋产出损失费用等

资料来源:作者整理。

7.6.3　人力资源成本管理指标体系的建立

当了解人力资源管理成本的构成内容之后,如何应用这些项目来进行管理呢? 而常用的管理指标项目又有哪些呢? 作者根据文献内容以及个人的实务工作经验,在此提出一套人力资源成本管理指标体系,分别为人力资源战略层面评估指标、招募与培训发展管理指标、绩效与薪酬管理指标,作为企业在进行人力资源管理时可执行与操作的标准。

1. 人力资源战略层面评估指标

(1) 人力资源部门预算占销售额的比率。

人力资源部门预算占销售额的比率计算公式如下:

$$\frac{人力资源部门预算}{占销售总额比例} = \frac{人力资源部门预算总额}{公司的销售总额} \times 100\%$$

这一标准的管理意义为:比例越高,代表人力资源部门活动越来越复杂,也意味着组织需要重新审视现有的工作习惯或流程作业方式,应用更好的管理工具技术。比率降低可以视为组织运作良好的结果,也显示出人力资源部门职能与公司整体的协调发展良好。

（2）人力资源部门员工占全体员工的比率。

人力资源部门预算占销售额的比率计算公式如下

$$\frac{人力资源部门人员}{占全体员工的比例} = \frac{人力资源部门人员总额}{公司的员工总人数} \times 100\%$$

这一标准的管理意义为：人力资源部门员工的比例在不同行业之间的差异性很大，由于外部环境变动很快，公司必须不断调整各种人员的比例。但在同一组织内部也并非是固定不变的，根据美世（Mercer）咨询的研究显示，人力资源人员的比例区间约为 0.8%—1.2%。但有些情况下，随着组织规模增大，人力资源人员比例却在降低，这可以归因于组织规模经济效应。

（3）人力资源成本效益。

人力资源成本效益的计算公式如下：

$$\frac{人力资源成本}{效益} = \frac{企业税后净利}{人力资源总成本}$$

这一标准的管理意义为：人力资源成本的效益代表每一元的人力资源成本所能创造的企业利润。企业的资源或资本投入都希望能创造高额利润，人力资源成本效益越高，表示企业的投入产出比例高，也意味着企业竞争力强。

（4）人力资源成本贡献。

人力资源成本贡献的计算公式如下：

$$\frac{人力资源成本}{贡献} = \frac{企业总营业额}{人力资源总成本}$$

这一标准的管理意义为：人力资源成本贡献表示每一元的人力资源成本所能够创造出的营业额。贡献度越高代表企业的资本效能运作越强。人力资源成本贡献的倒数也就是经常看到的人事费用率，表示营业总额中人力资源成本的比例，代表企业劳工收入与劳动生产率的关系。

2. 人员的招募与培训发展指标

（1）人员招募周期达标率。

人员招募周期达标率的计算公式如下：

$$人员招募周期达标率 = \frac{实际招募天数}{招募周期目标天数} \times 100\%$$

这一标准的管理意义为:招募周期达标率越高,代表人员到位的速度越快,人力资源重置成本也可以有效降低,职务空缺成本也能有效改善。对于组织运作来说,招募周期的达标率会直接影响到组织运作效能。

(2) 员工离职率。

员工离职率的计算公式如下:

$$员工离职率 = \frac{员工离职人数}{员工总人数(某一周期内的平均人数)} \times 100\%$$

这一标准的管理意义为:随着劳动力短缺以及人才竞争力度加大,如何留住人才已经是企业所面临的严峻课题。显而易见的,人员离职率高对于企业的生产效率及管理效率都会带来负面的影响。

(3) 招募有效性比率。

招募有效性比率的计算公式如下:

$$招募有效性比率 = \frac{录取员工人数}{参加面谈人员总人数} \times 100\%$$

这一标准的管理意义为:招募有效性比率用于衡量从招募的程序当中能否有效地寻找到所需要的人员。提高招募有效性,降低招募作业成本,可以有效地改善、避免作业的无用性以及时间、人力的浪费。同时也可以强化人资部门在招募时优化作业流程,提升部门效能。

(4) 员工能力开发成本。

员工能力开发成本的计算公式如下:

$$员工能力开发成本 = \frac{能力开发成本总额}{全职员工总人数}$$

这一标准的管理意义为:组织在开发人力资源能力的过程当中,需要支付费用与进行投资。这些专业技术与管理能力提升往往是企业成功所必需的。趋势图可以说明企业在员工能力开发方面所做的努力,如果是上升的趋势可以显示出企业的确在努力地提升本身核心能力;如果是下降或是低于同业水平,则显示企业在人才培养方面发展缓慢甚至有落后于竞争对手的危险讯号。

（5）员工平均培训时数。

员工平均培训时数的计算公式如下：

$$员工平均培训时数 = \frac{所有全职员工培训总时数}{全职员工总人数}$$

这一标准的管理意义为：员工培训的时间提供企业一个很好的衡量依据。员工得到培训的时间是非常重要的。低效能的培训计划将导致企业成本的增加以及组织的混乱。混乱来自人员频繁的更换，效率低落，及员工的低动能等。平均培训时数也是评估公司对员工在培训方面的重视程度的指标。

3. 绩效与薪酬指标

（1）绩效评估等级的分布率。

绩效评估等级的分布率公式如下：

$$绩效分布比率 = \frac{该等级绩效人数}{参加评比员工总人数} \times 100\%$$

这一标准的管理意义为：公司一般以半年度或一年度作为绩效评估的区间。绩效等级的分布会跟预先设定的目标与实际绩效表现相结合评估，分布比率方式会由公司决策层决定。绩效等级分布率会成为员工年度奖励与晋升的基础。若绩效与奖励之间的关联性不高，则代表表现好的与表现一般或较差的员工在奖励方面没有什么区别，如此可能会造成潜在人才的流失，因为他们的绩效与报酬不对等。

（2）公司与竞争对手薪资比率。

公司与竞争对手薪资比率的计算公式如下：

$$公司与竞争对手的薪资比率 = \frac{本公司所支付的薪资}{竞争对手所支付平均薪资}$$

这一标准的管理意义为：该比率可以有效协助组织重新调整薪酬系统，保持本企业的竞争力。该比率大于1，代表企业越有可能吸引新员工及留住人才。若远低于1，就需要改善其薪酬架构了。根据与竞争对手的比较，也可以了解目前竞争者着重的方向。

（3）每位员工的总薪酬成本。

每位员工的总薪酬成本计算公式如下：

$$每位员工的总薪酬成本 = \frac{公司的总薪酬成本}{全职员工总人数}$$

这一标准的管理意义为:如果员工的总薪酬成本高于行业水平,代表企业的薪酬支出高于多数的竞争对手。如果高于公司的预算数目,那很有必要降低成本来避免管理的问题。如果总薪酬成本过低,也很有可能是高人才损耗或低留用率所造成的现象。

针对评估指标项目整理如表 7.19 所示。

表 7.19　人力资源效益衡量指标项目与管理信息意涵

评估指标层面	评估指标名称	管理信息涵义
人力资源 战略层面	人力资源部门预算占销售额的比率	衡量组织运作程度与人力资源活动复杂程度
	人力资源部门员工占全体员工的比率	人力资源部门人员服务组织的能力
	人力资源成本效益	人力资源成本所能带来的获利能力
	人力资源成本贡献	人力资源成本对企业营收能力的贡献
招募与培训 发展层面	人员招募周期达标率	空职人员到位的时效性
	员工离职率	企业生产效率与管理效能
	招募有效性比率	对于人才甄选的有效程度
	员工能力开发成本	评估企业对人才资本投入程度
	员工平均培训时数	公司对员工培训的重视程度
绩效与 薪酬层面	绩效评估等级的分布率	评估绩效奖酬的执行性
	公司与竞争对手薪资比率	评估内外部薪酬的竞争能力
	每位员工的总薪酬成本	评估公司的薪酬成本合理性

资料来源:作者整理。

人力资源效益的管理应以企业人力成本与组织经济效益相互配合执行为宜,过度宽松或过度紧缩都会产生组织在管理方面的问题。在了解人力资源成本的结构之后,搭配系统化的人力资源评估指标体系进行管理信息分析,若能适当地运用在组织整体绩效表现方面,对于组织的人力资源成本的优化、提高组织的运营效率、强化企业在市场的核心竞争力都会有非常大的帮助。

7.7　人力资源投资回报率

7.7.1　人力资源投资回报率的意义

投资回报率(Return on Investment, ROI)是财务管理中衡量某一投资成功与否的常用指标。ROI 是指通过投资而应返回的价值,即企业从一项投资性商业活动的投资中得到的经济回报。19 世纪 20 年代,ROI 开始被作为确定投资收益的计量工具使用,近年来,这一方法已被广泛运用到包括人力资源、教育培训、组织变革和技术创新等所有类型的投资领域。目前,已有相当多的组织运用 ROI 方法对 HR 项目进行计量评估。

杰克·菲利普斯(1994)将 ROI 这个投资评价指标引入人力资源领域,因为是以人力资源投资效益的方式进行评估,所以称为人力资源投资回报率(Human Resource Return on Investment)。关于人力资源项目的投资回报率的计量问题,一直存在着很大争议。一些人认为 ROI 不适合用于考察人力资源投资,而另一些人则认为 ROI 是解决人力资源投资可计量性问题的有效途径。人力资源投资回报率(HR ROI)有其缺点,只有充分考虑这些优缺点,才能寻找到解决问题的合理途径。ROI 的基本财务公式如下:

$$ROI = \frac{收益}{投资} \ 或 \ \frac{净收益}{成本}$$

7.7.2 人力资源投资回报率评估的程序

依据菲利浦斯等(2001)在其所著的《人力资源计分卡:计量与评价 HR 投资回报率》(Human Resources Scorecard : Measuring the Return on Investment)一书中提出的评估方式,投资报酬率的评估可以分成以下六个程序。

1. 评估计划

ROI 流程模型的前两个部分集中于两个关键的计划问题。第一步是为 HR 计划设定适当的目标,这些目标往往是涉及解决特定问题的最终目标,其工作范围包括从确定满意度目标到开发 ROI 目标。目标确定之后,接下来是制定一个具体的评估计划,包括两个重要方面。第一个方面是制定数据收集计划,需要说明所收集数据的种类、收集数据的方法、数据的来源、收集时间和各项责任等。第二个方面是制定 ROI 分析计划,即如何将 HR 项目的绩效从其他影响因素中分离出来,如何将数据转化为货币价值,确定适当的成本分类、计量无形收益,及信息交流的预期沟通对象等。

2. 数据收集

数据收集的过程又分成两个阶段进行:

(1) 在实施过程中数据收集。

在 HR 项目中收集的数据,主要包括第一层次的反应满意度和第二层次的学习认知度的情况。在 HR 项目过程中收集数据,有利于及时调整和改进方法,以保证项目按照预定轨道向前推进。满意度和学习方面的数据,对于进行直接回馈和保证 HR 项目取得成功具有关键意义。

(2) 在实施过程后的数据收集。

在项目实施之后,要收集有关项目结果方面的数据,并与项目前期状况以及期望值相比较。所收集的数据既包括产出、质量、成本和时间等硬性数据,也包括工作习惯、工作氛围和态度等软性数据。数据收集可以采用如下一些方法。

① 追踪调查,跟进后续执行状况,了解受测者的满意度;

② 在工作中观察了解实际情况;

③ 实地进行评估与测验,获取知识提升或技能提高的程度;

④ 进行个人或是群体访谈,获取反馈信息,了解项目的实施情况;

⑤ 进行项目计划与实际效果对比,说明在项目实施过程中的差异;

⑥ 财务经营绩效与运营数据的改善情况比较。

当然还有各种各样的数据收集方法,但是数据收集面临的重要挑战是正确性与有效性,否则对于后续的分析结果将会造成重大影响。

3. 数据分析

数据分析阶段有一项非常重要的环节,即进行人力资源项目效果的分离,也就是在一个项目执行的过程中所产生的结果有多大比例是由人力资源管理活动的效果所产生。分离 HR 项目效果是大多数评估模型时常忽略的一个问题。在这一层次上,需要确定用何种方法确定与 HR 项目直接相关的经营业绩。这一步骤必不可少,因为除了 HR 项目外,还有其他因素会影响整个组织的经营业绩,所以有必要采取某些特殊的策略以确认哪些经营业绩是由 HR 项目带来的,这样就可以提高 ROI 计算的准确性和可信度。组织对此问题可以采取的策略有:

(1) 利用实验组和对照组来估计项目期望值和 HR 项目的实际数据进行比较;

(2) 让 HR 项目参与者和利益相关者估计与 HR 项目有关的提高的数量;

(3) 让项目监督者和管理人员估计 HR 项目的效果;

(4) 利用外部研究成果,获取关于 HR 项目效果的资料信息;

(5) 通过外部专家估计 HR 项目的绩效；

(6) 由客户提供关于 HR 项目在多大程度上影响了某个产品或服务决策的信息。

4. 将数据转化为货币价值

为了计算 ROI,应将经营业绩数据转化为货币价值,以便与投资成本相比较,这要求每个与 HR 项目相关的数据都被赋予相应的货币价值。货币化项目可以包括以下的部分(J.Phillips, 2001)：

(1) 将产出数据转化为利润贡献或成本结余并予以货币化；

(2) 将事故发生件数、数量等质量方面的成本以货币计量；

(3) 将节约的费用转化为工资和福利数额；

(4) 将预防性支出予以货币化,作为预防成本处理；

(5) 由内部管理人员提供经验数据值；

(6) 由外部数据库提供某些数据的中位值或平均值；

(7) 由 HR 管理人员提供估计值。

对于确定 HR 项目的货币收益来说,这一步不仅重要,而且是绝对必要的。同时,这一步骤也极具挑战性,特别是有关软性数据的估计,需要运用上述多种方法才能完成。

5. 编制 HR 项目成本表

要计算投资回报率必须要获得成本的数据,成本的计算必须准确可信,否则在计算项目收益中都将因为项目成本的不正确而导致信息的错误。建议采用保守的方法进行投资回报率的计算,也就是将所有的 HR 项目成本全部纳入计算。项目成本可以包括直接成本和间接成本,包括了以下内容：

(1) 初步分析和估计成本；

(2) 开发处理成本；

(3) 制定解决方案的成本；

(4) 项目实施和应用的成本；

(5) 维持和监控项目的成本；

(6) 评估和报告成本；

(7) 项目管理成本。

总之,保守稳健的做法就是全面考虑所有 HR 项目成本,以便得到真实的成本数据汇总结果。

6. 计算 ROI

计算 ROI 需要有收益和成本的数据。而收益成本率(Benefit/Cost Ratio, BCR)是评估 HR 效益早期使用的方法之一。收益成本率的算法比较简单,直接用收益除以成本就可以得到收益成本率:

$$BCR = \frac{HR \text{ 项目收益}}{HR \text{ 项目成本}}$$

下面举一个例子简要说明。假如一个 HR 项目取得了 60 000 元的收益,相应的成本为 30 000 元,收益/成本比率应当为: BCR = 60 000/30 000 = 2

该计算结果说明:1 元投入可以带来 2 元的回报。

人力资源投资回报率(HR ROI)的公式与 BCR 相似,但是 ROI 是用净利润除以成本。所以净利润是项目的收益减去项目成本,其公式如下:

$$ROI = \frac{HR \text{ 项目收益} - HR \text{ 项目成本}}{HR \text{ 项目成本}} \times 100\%$$

接续上面同样的例子,可以算出净收益为 60 000 - 30 000 = 30 000(元),所以,投资回报率为 30 000/30 000 × 100% = 100%。这意味着,在该 HR 项目中,1 元的投资,扣除成本后,可以获得 1 元的净收益,也就是 100% 投资回报率。

收益成本率(BCR)与投资回报率(ROI)反映的基本信息是相同的,但看问题的角度有细微的差别。BCR 是将收益与成本直接进行比较所得到的结果,ROI 则是以净收入的角度与成本进行比较。相形之下,ROI 指标会更显出投入的成本所创造出的净收益真实性。对于一个短期项目来说,收益通常以年度收益来表述。虽然收益在第一年后继续存在,但其收益通常会减少,在短期情况中往往忽略不计。对于长期项目来说,收益往往要递延若干年,所以比较稳妥的做法是使用投资回报率方法计算收益。

人力资源投资回报率的方法可以将人力资源的收益与成本之间的效果进行明确的货币化收益,能够让经营管理层人员可以具体地看到数据。但是大多数 HR 项目会产生无形收益。在数据分析过程中,应当力图将所有数据转化为货币收益,硬性数据如此,软数据也应当努力做到这一点。然而,如果转化的方法很主观或不准确,那么得出的数据可能缺乏可信度。为此,应将数据以无形收益并附带适当解释的形式列出。某些无形收益往往具有极高的价值,常常与硬性数据一样具有重要的作用。无形收益通常包括以下部分:

(1) 组织整体经营绩效改善;

(2) 员工士气与敬业度提高;

(3) 员工对组织认同与承诺度提高;

(4) 雇主品牌知名度提高;

(5) 团队工作氛围改善;

(6) 客户满意度提高;

(7) 组织沟通效率提升。

投资报酬率的应用,对于人力资源的投入与产出效益衡量提供直观的数据以及说服力。组织中各项资源投入,不论是时间还是人力与资金的投入都相当重要。应用投资回报率的观点,结合各项管理效益与成本数据的搜集进行评估,提出明确的投资回报数据。如此一来,除了提升人力资源工作者的专业素质,也可以促使企业内部其他职能部门对于人力资本的投资增加信心。

案 例　国家钢铁公司安全激励项目的 ROI 评估

国家钢铁公司是一家大型制造公司,分公司遍及美国东南部、西南部以及中西部地区,该公司主要生产钢铁制品如钢板以及钢锭,另外也生产建筑行业用到的某些特殊扣件。

由于是制造型企业,国家钢铁公司将生产安全管理作为第一要务,对员工安全的关注是工作中的重点项目。公司成立安全委员会,负责调查安全隐患事故以及制定安全政策,委员会由公司的安全经理、HR 负责人、一名高阶副总、一名生产部经理、两名股长以及六名现场工人所组成。

公司安全委员会最近向公司管理层提交了一份关于中西部分公司的安全报告,报告中反映,中西部公司的事故率、事故严重性以及事故损失都到达让人难以接受的程度。近两年的年事故成本都达到 400 000 美元至 500 000 美元,远超过安委会和管理层所能容许的范围。

总公司指派安全经理与中西部分公司三家工厂经理共同进行安全事故发生原因的调查并且提出解决问题的方案。另外公司也组建了 HR 专家团队对事故的类型以及成本进行分析,其分析结果如下:

员工安全意识淡薄,缺乏安全习惯;

员工了解安全规则及安全行为模式,因此没有培训的必要;

某种类型的经济激励可能会影响员工的行为;

同事的监督可能有助于员工注意安全行为以及避免不必要的就医。

经过原因分析,HR 专家团建议中西部公司三家工厂实施一项集体安全激励计划,分公司经理经过详细了解,同意实施该项安全激励计划。该项计划的目标是:

(1) 将年度事故频率从 60 次降到 20 次以下;

(2) 将年度伤残事故频率从 18 次降到 0 次。

该项激励计划进行奖励的依据是:如果每个工厂中的所有员工在 6 个月内都没有医疗记录,每个人将获得税后 75 美元的奖励(公司实际支付成本是 97.5 美元)。医疗记录是指事故造成的伤害超出公司所能自行处理范围,需要进行专业治疗,只有六个月内没有出现医疗记录才能获得奖励。当出现一次医疗记录时,六个月的考核期就重新开始计算。该激励项目的每年管理成本预估为 1 600 美元。项目实施的贡献统计如表 7.20 所示。

表 7.20　三家工厂安全激励项目贡献统计

	第一年 (计划前)	第二年 (计划前)	第三年 (计划后)	第四年 (计划后)
需求评估成本(摊销)	—	—	1 200	1 200
该计划年度实施和评估成本	—	—	1 600	1 600
安全激励计划奖金成本	—	—	58 013	80 730
事故实际成本	468 360	578 128	18 058	19 343
事故及防止事故的总成本(美元)	468 360	578 128	78 871	102 873

依据推算,因为管理层对于本次安全计划激励项目的关注程度,对安全事故成本会有 20％ 的影响程度。由以上所提供的各项成本信息,请计算出本次安全激励项目两年平均的 ROI 是多少?

[解答]

(1) 安全激励计划项目所带来的两年平均收益

＝ [(468 360 ＋ 578 128) ÷ 2] － [(18 058 ＋ 19 343) ÷ 2] ＝ 432 372(美元)

(2) 安全激励项目投入两年的平均成本

$= [(1\,200 + 1\,200) + (1\,600 + 1\,600) + (58\,013 + 80\,730)] \div 2 = 72\,172(美元)$

(3) 项目收益因为管理层关注进行调整 $= 432\,372 \times (1 - 20\%) = 345\,898(美元)$

(4) 本次安全激励项目的 ROI $= (345\,898 - 72\,172) \div 72\,171 \times 100\% = 379.57\%$

(本案例改写自杰克·J.菲利普斯等著,黄晨等译:《人力资源计分卡:计量与评价 HR 投资回报率》,人民邮电出版社 2006 年版,第 306—312 页)

专业名词速记

人力资源事业伙伴(Human Resource Business Partner)

人力资源管理工作者想要成为企业的事业伙伴,一定要有战略管理性的思维模式,要从企业经营者的观点出发来进行人力资源职能部门的工作。

人力资源战略规划(Human Resource Strategic Plan)

以人力资源具体管理工作为根本出发点,对人力发展、绩效管理、薪酬管理、培训管理等业务管理功能部分进行引导。

胜任力(Competency)

描述针对某一特定工作职位或层级所必须具备的一连串知识、技术、能力、动机和特性的行为表现的组合。

胜任力模型(Competency Model)

是一套完整的概念和一连串特定的行为指标,其最终目的就是个体对特定职务要达到高绩效标准所必须具备的相关知识、技术、能力、特性等综合性的能力。

接班人计划(Succession Plan)

为组织长期人才需求预作准备的一系列人才培养与人才开发的过程。

评价中心(Assessment Center)

人才发展与培训的一种方式。评价中心主要的功能是为了鉴别现职员工或工作应征者在未来对于某项职务的潜力。

公文篮练习(In-Basket Exercise)

模拟管理者在日常管理工作当中可能会面临的各种文字处理的情况。它可能包括会议记录、信件、报告、公告、邀请函以及相关信息,这些文件展现了一个管理者需要面对的各种问题。

无领导小组讨论(Leaderless Group Discussion)

在小组讨论的过程当中,没有人员会被指派担任主持人或是小组长,人数一般是 5—7 人。小组成员要针对指定的问题进行讨论,并且整理所有与会人员签名的书面意见。

模拟面谈(Interview Simulation)

是一种情境演练,被评估者和一位角色扮演者进行一对一的对话,对方可扮演被评估者的部属、同事或客户。

经营竞赛(Business Games)

是依据企业实际经营的方式用分组竞赛的方式来针对各种不同的情境状况进行处理,最后依据小组的总成绩进行比较。

效度(Validity)

一份测量工具能够正确测量到所要测量特质的程度,一般称之为测验的可靠性或是有效性。

预测效度(Predictive Validity)

测验分数对于未来的行为或测验能够预测的程度。

内容效度(Content Validity)

测验的题目在多大程度上代表了所想测量的结构概念的整体内容。

结构效度(Construct Validity)

衡量测验的抽象特性或理论特性的程度。

人力资源取得成本(Human Resource Acquire Cost)

人力资源取得需要按照一定的程序,支付相对的代价才能够获得,并非无偿获取。

人力资源使用成本(Human Resource Maintain Cost)

企业为使员工继续留在企业从事工作所发生的各项费用支出。

人力资源开发成本(Human Resource Development Cost)

员工进入企业之后仍然需要进行相关的训练,以提高工作效率,达成企业所赋予的职责以及目标。人力资源开发成本即为提升员工的工作或管理能力所支付的成本。

人力资源离职成本(Human Resource Resign Cost)

由于现职人员因为各种原因离开职务所发生的费用支出。

投资回报率(Return on Investment)

是财务管理中衡量某一投资成功与否的常用指标。投资回报率可以用收益除以投资,或净收益除以成本。

收益成本率(Benefit /Cost Ratio, BCR)

直接用收益除以成本就可以得到收益成本率。

Argyris, C. Understanding Organizational Behavior[M]. Homewood III: The Dorsey Press, Inc. 1960:97.

Beeson, J. Succession Planning: Building the Management Corps[M]. Business Horizon,1998, 41(5):61—66.

Boeker, W., & Goodstein, J. Performance and Successor Choice: The Moderating Effects of Governance and Ownership[J]. Academy of Management Journal, 1993(36):172—186.

Boyatzis, R.E. The Competence Manager: A Model for Effective Performance[M]. New York: John Wiley & Sons. 1982:72—96.

Burack, H.E. Strategies for Manpower Planning and Programming[Z]. 1972.

Byars, Lloy L. & Rue, Leslie W. Human Resources Management, 4th ed[M]. Richard D.Irwin, Inc. 1994.

Cascio, W.F. and McEvoy, G.M. Cumulative Evidence of The Relationship Between Employee[J]. Journal of Applied Psychology, 1989, 74(1):11—17.

Ceriello, V.R. & Freeman C. Human Resource Management System Strategies, Tactics, and Techniques[M]. New York Mcmillan, 1991.

Cullinane, N., & Dundon. T. The Psychological Contract: A Critical Review[J]. International Journal of Management Reviews, 2006, 8(2):113—129.

Jointer, D.A. Assessment Centers in Public Sector: a Practical Approach[J]. Personnel Management, 1984,(4):435—450.

Dalton. Are Competency Model a Waste[J]. Training & Development, 1997, 51 (10):46—49.

De Cenzo, D. A. &Robbins, S. P. Personnel: The Management of Human Resource (3ʳᵈ)[M]. Englewood Cliffs, NJ: Prentice Hall, 1988.

Doucouliagos, C., & Laroche, P. Efficiency, Productivity and Employee Relations in French Equipment Manufacturing[C]. European Association of Labour Economists 14th Annual Conference, 2003:1—27.

Dubois, D. D. Competency-based Performance Improvement: A Strategy for Organizational Change Amherst[M]. MA: HRD Press, Inc., 1993.

Feuille, P. & Chachere, D. R. Looking Fair or Being Fair: Remedial Voice Procedures in Nonunion Workplaces[J]. Journal of Management, 1995, 21(1):27—42.

Gaugler, B.B., Rosenthal, D.B., Thornton, G.C., & Bentson, C. Meta-analysis of Assessment Center Validity[J]. Journal of Applied Psychology. 1987, (72): 493—511.

General Accounting Office(GAO). Insights for U.S. Agencies from other Countries' Succession Planning and Management Initiatives [R]. Washington, D. C.: GAO, 2003.

Graman, A.N. & Glawe, J. Succession Planning[J]. Consulting Psychology Journal: Practice and Research, 2004, 56(2):119—128.

Hall, D.T. Dilemmas in Linking Succession Planning to Individual Executive Learning [J]. Human Resource Management, 1986, 25(2):235—265.

HsienYu Shun. The Empirical Research of SME's HRM Policies Construction—Compared with Different Capital Sources[C]. Asia-Pacific Management and Engineering Conference, 2014.

Horton, T.R. Selecting the Best for the Top[J]. Management Review, 1996, 85(1): 20—23.

Hugh, Bucknall and Zheng Wei. Magic Numbers of Human Resource Management [M]. John Wiley & Sons(Asia) Pte Ltd, 2006.

Ibarra, P. Succession planning: An Idea Whose Time Has Come[J]. Public Management, 2005(87):18—24.

Kaplan, R. & Norton, D. The Balanced Scorecard-Measures that Drive Performance

[J]. Harvard Business Review, 1992:71—79.

Kaplan, R. & Norton, D. The Strategy Focused Organization[M]. Harvard Business School Press, Boston, Massachusetts, 2000:77.

Kesner, I.F., & Dalton, D.R. Top Management Turnover and CEO Succession: An Investigation of the Effects of Turnover on Performance[J]. Journal of Management Studies, 1994, 31(5):701—713.

Kim, S. Linking Employee Assessments to Succession Planning[J]. Public Personnel Management, 2003, 32(4):533—547.

Kransdorff, A.Succession Planning in a Fast-changing World[J]. Management Decision, 1996, 34(2):30—34.

Krein, J. & Katharine, C. Weldon: Making a Play for Training Evaluation[J]. Training and Development Journal, 1997, 48(2):62—66.

Leibman, M., Bruer, R.A., & Maki, B.R. Succession Management: The Next Generation of Succession Planning[J]. Human Resource Planning, 1996, 19(3): 16—29.

Levinson, H., Price, C.R., Munden, K.J., & Solley, C M. Men, Management, and Mental Health[M]. Cambridge, MA: Harvard University Press, 1962:20.

Lo, S., & Aryee, S. Psychological Contract Breach in the Chinese Context: An Integrative Approach[J]. Journal of Management Studies, 2003,(40):1005—1020.

Marx, R.D. Improving Management Development through Relapse Prevention Strategies[J]. Journal of Management Development, 1986, 5(2):27—40.

Michael Harris. Human Resource Management, 2nd ed[M]. Harcourt Brace & company, 2000.

McClelland, Testing for Competence Rather than for Intelligence[J]. American Psychologist, 1973:1—13.

Milkovich, G.T., & Newman J. Compensation(2nd ed)[M]. Plano TX: Business Publications Inc, 1987.

Muchinsky, P.M. Psychology Applied to Work(8th ed.) [M]. Pacific Grove, CA: Brooks/Cole Publishing Co., 2005.

Mueller, F. Human Resources as Strategic Assets: An Evolutionary Resource-Based Theory[J]. The Journal of Management Studies,1996, 33(6):757—785.

Nkomo, Stella M. Strategic Planning for Human Resources—Let's Get Started. Long Range Planning[J]. 1988, 21(1).

Pattman, B.O. Manpower Planning Work book[Z]. 1976.

Drucker, P. F. Managing in the Next Society [M]. Butterworth-Heinemann, Oxford, 2002.

Mondy, R.W. & Robert, M.N. Human Resource Management. 6th[M]. 1996:94.

Rampton, G.M., Tumbull, I.J., Doran, T.A. Human Resources Management Systems: A Practical Approach[M]. Ontario: Carswell, 1999.

Williams, R.S. Managing Employee Performance: Design and Implementation in Organizations, 2nd ed[M]. Cengage Learning EMEA, London, UK, 2001.

Robbins, S. P. Organizational Behavior: Concept, Controversies, Applications [M], 1986.

Robbins, S.P. Personal: The Management of Human Resource(2nd)[M].1996.

Robinson, S.L., Kraatz, M.S., & Rousseau, D.M. Changing Obligations and the Psychological Contract: A Longitudinal Study[J]. Academy of Management Journal, 1994, (37):137—152.

Mathis, R.L. & Jackson, J.H. Human Resource Management[M]. 9th ed., 2000.

Rodwell, J.J., Kienzle, R., & Shadur, M.A. The Relationships among Work-related Perceptions, Employee Attitudes, and Employee Performance: The Integral of Communication[J]. Human Resource Management, 1998, 37(3):277—293.

Roehling, M.V., et al.. The Nature of the New Employment Relationships: A New Content Analysis of the Practitioner and Academic Literatures[J]. Human Resource Management, 2000, 39(4):305—320.

Rhodes, D.W. Succession Planning—Overweight and Underperforming[J]. Journal of Business Strategy, 1988, 9(6):62—64.

Rothwell, W.J. Succession Planning for Future Succession[J]. Strategic HR Review, 2002a, 1(3):30—33.

Rothwell, W.J. Effective Succession Planning: Ensuring Leadership Continuity and Building Talent from Within(3rd Edition)[M]. New York: AMACOM, 2005.

Rousseau, D.M. Psychological Contracts in Organizations: Understanding Written and Unwritten Agreements[M]. Thousand Oaks, CA: Sage, 1995.

Seegers, J. What is an Assessment Centre? In P.G.W. Jansen: Assessment Centres: A Practical Handbook[D]. New York: John Wiley & Sons.1997:3—17.

Shapero, A. Managing Professional People: Understanding Creative Performance [M]. New York, The Free Press, 1989:231—240.

Shuler, R.S. Strategic Human Resource Management: Linking People with the Strategic Needs of the Business[J]. Readings in Human Resource Management, 1994:58—76.

Sombreff, P. Van der Maesen de and Veer, J.de. The Value of Assessment Centres in Assessment Centres: A Practical Handbook[M]. 1997.

Spencer, L.M. & Spencer, S.M. Competence at Work: Model for Superior Performance[M]. 1993, p.107.

Steve, B. The Metrics Maze: Measuring Human Capital is A Tricky, Evolving Discipline. [J]. Human Resource Magazine, 2003, 48(12).

Taylor Dalmas, A., Wheeler, Ladd., Altman, Irwin. Self-disclosure in Isolated Groups[J]. Journal of Personality and Social Psychology, 1973, 26(1):39—47.

Deal, T.E. & Kennedy, A.A. The Corporate Culture—The Rites and the Rituals of Corporate Life [M]. Perseus Book Group Press, 2000.

Thomas, K.W. Conflict and Conflict Management in M.D.Dunnette(ed.)[M]. Handbook of Industrial and Organizational Psychology, 1976:889—935.

Thornton, G.C. & William, B.C. Assessment Centers and Managerial Performance [M]. New York: Academic Press. 1982.

Ulrich, D. Using Human Resources for the Competitive Advantage[M]. Make Organization Competitive, San Francisco: Jossey-Bass, 1991:129—155.

William, W.B. and Davis, Jr.K. Human Resource and Personal Management, 3rd Ed [M]. McGraw-Hill, Inc., 1989.

Wexley, K.N. & Latham G.P.Developing and Training Human Resource In Organizations [M]. Scott Foreman and Company, 1981.

Rothwell, W.J. & Lindholm, J.E. Competency Identification, Modeling and Assessment in the USA[J]. International Journal of Training and Development, 1999, 3 (2):90—105.

Zhao, H., Wayne, S.J., Glibkowski, B.C., & Bravo, J. The Impact of Psychological Contract Breach on Work-related Outcomes: A Meta-analysis[J]. Personnel Psychology, 2007, (60):647—680.

白艳莉.心理契约破裂对员工行为的影响机制研究[D].上海:复旦大学博士论文,2010.

蔡维奇.员工训练与开发—人力资源管理的 12 堂课[M].台北:天下文化出版社,2002.

陈谏,黄树辉,陈晶晶. 理才布局—人力资源规划[M].北京:电子工业出版社, 2014.

陈泉豪.薪酬规划预算与管理[Z].厦门:厦门大学嘉庚学院,2014.

陈琼莉.人力资源规划理论与政府组织员额精简之研究—以高雄市政府为例[D].台中:中兴大学公共政策研究所硕士论文,1995.

陈亭楠.企业文化战略——现代企业文化[M].北京:企业管理出版社,2003.

陈耀茂译.方针管理与策略管理[M].台北:高立图书有限公司,2001.

陈钟文.企业员工教育训练技术[J].超越管理,1996.

常昭鸣,共好知识编辑群.PHR 人资基础工程[M].台北:脸谱出版社,2010.

崔小屹,汤悦,盛国红.招聘面试新法[M].北京:中国财政经济出版社,2015.

德勤咨询.2016 人力资本趋势报告[R].2016.

董华彬.企业文化塑造重在群体行为习惯的培养[J].话题,2008.

杜佩玲.评鉴中心运作模式之研究:以三家企业为例[D].高雄:台湾"中山大学"人力资源管理研究所硕士在职专班硕士论文,2006.

葛玉辉.员工培训与开发[M].北京:清华大学出版社,2014.

何永福,杨国安.人力资源策略管理[M].台北:三民书局,1993.

黄超吾.薪资策略与管理实务[M].台北:人本企管出版社,2004.

黄春长等.考察瑞士推动 ISO10015 训练质量之实施情形报告[R].台北:"行政院劳委

会"职训局,2006.

黄世忠.国际标准组织(ISO10015)内涵介绍[J].就业与安全,2002:25—29.

黄嬿.Google 公司令人眼红的 14 项福利[N].科技新报,2014-07-02.

胡艳辉.企业人力资源管理成本研究[D].河北:河北大学,2004.

惠调艳,朱悦,杨蓬勃.知识型企业人力资源战略规划研究[J].商业现代化,2006(5): 220—221.

杰克·J.菲利浦斯,罗恩·D.斯通,帕特莉夏.普林姆.菲利浦斯著,黄晨,等译.人力资 源计分卡:计量与评价 HR 投资回报率[M].北京:人民邮电出版社,2006.

杰夫.斯马特,兰迪.斯特里特,任月圆译.聘谁——用 A 级招聘法找到最合适的人 [M].深圳:海天出版社,2014.

金国华.接班人计划推动与执行之关键因素[D].台北:东吴大学,2008.

赖旺根.一军策略:破解鸿海密码:人才资产与组织战术[M].台北:商周编辑顾 问,2008.

雷蒙德.诺伊等.人力资源管理:赢得竞争优势[M].北京:中国人民大学出版社,2001.

李诚,周子琴.高科技产业的员工关系,高科技产业人力资源管理[M].台北:天下远见 出版股份有限公司,2001.

李汉雄.人力资源策略管理[M].广州:南方日报出版社,2002.

李世文.浅谈企业文化在企业管理中的作用[J].边疆经济与文化,2004(9):86—88.

李嵩贤.评鉴中心法的基本概念及其在公务人力发展的应用[J].T&D 飞讯,2003 (14):10.

李瑞国.浅谈中小企业人力资源战略规划中的几个问题[J].铁道物资管理科学,2003 (4):42—43.

李志川.方针管理之实施与组织绩效探讨—以某台商公司为例[D].桃园:台湾"中央 大学"管理学院高阶主管企管硕士班硕士论文,2003.

钱慧如,张裕隆.ISO10015 与培训价值创新[R].台北:台湾人力资源管理年鉴,2006.

秦凤英.浅谈企业内部培训师队伍的建立[J].高科技与产业化,2008(8).

冉斌,水藏玺.人力资源管理体系设计全程辅导[M].北京:中国经济出版社,2008.

时勘.员工援助计划(EAP)发展的心理学思考[J].2005.

石逸凡.高科产业员工关系实务调查研究[C].高雄:义守大学,2004.

宋雪梅.论企业文化对企业竞争力影响[J].宁夏大学学报,2004(2):104—105.

苏冠华.以"评鉴中心法"选取管理人才[J].就业与训练,2001, 19(6):83—86.

孙显嶽.企业永续发展基石接班人计划规划与执行[J].中国人力资源开发,2008(10).

孙显嶽.建构系统化人力资源成本管理指标体系[J].中国人力资源开发,2008(11).

孙显嶽,朱丽宣.企业如何导入内部培训师体系—以 T 公司为例[J].中国人力资源开发,2009(10).

孙显嶽.基于胜任素质的行为面谈法[J].中国人力资源开发,2010(5).

孙显嶽.60 分钟掌握人力资源六大模块[M].北京:生活・读书・新知三联书店,2012.

孙显嶽.人力资源管理战略规划与执行[J].人力资源管理,2013(10).

孙显嶽.中小企业人力资源制度建设实证研究—以组织规模为例[J].中国商贸,2014(8).

王小刚.企业薪酬管理最佳实践[M].北京:中国经济出版社,2010.

王学军,陈武,王肃.能力导向的人力资源战略规划构想[J].科技创业月刊,2004(10):56—58.

王志袁,刘念慈.员工关系活动与员工工作满意度之关联[C].桃园:台湾"中央大学"企业人力资源管理专题研究成果发表会,2006.

魏杰.企业文化塑造—企业生命常青藤[M].北京:中国发展出版社,2002.

温玲玉.落实内部讲师的养成—由企业训练种子的角度观[J].就业与训练,1997.

吴秉恩.企业国际化历程与人力资源管理策略关系之研究[J].台北:"行政院国科会"科资中心,1995.

吴复兴.人力资源管理:理论分析与实务应用[M].台北:华泰书局,2003.

吴锦锡.企业训练讲师的功能与职责[J].企业训练讲师培训,1996.

吴中兵.企业人力资源成本分析[J].北京:中央财经大学,2002.

刑雷著,朱军梅,郑雪琴,张小斐绘.人才评价中心[M].北京:企业管理出版社,2013.

许京平,赵红霞.企业内部文化行为建设浅析[J].企业文化,2007.

颜世霖.训练方式与训练讲师对训练成效影响之研究[D].台南:成功大学,2003.

于彬彬,蒋建军.薪酬设计实战[M].北京:机械工业出版社,2015.

张登印,李颖,张宁.胜任力模型应用与实务:企业人力资源体系构建技术,范例及工具[M].北京:人民邮电出版社,2014.

张春兴.心理学[M].台北:东华书局,1977.

周欢,王卫民.基于人力资源的战略管理[J].企业家天地,2007(12):137—138.

朱国勇.应对复杂的环境,通过人力资源获取竞争优势—浅谈人力资源战略规划的意义和范围[J].人口与经济,2002(10):33—35.

张艾洁,余思贤.企业使用评价中心方法七步骤[J].品质月刊,2003,39(5):62—64.

张飞,封铁英.试论人力资源成本及其构成[J].高校后勤研究,2005(1):31—32.

章志光.社会心理学[M].人民教育出版社,2001.

直长运.企业文化建设与人力资源开发[J].企业活力,2004(9).

钟朝嵩.平衡计分卡方针管理:年度方针目标测定与实施[M].桃园:和昌出版社,2009.

周元成,李相银.企业文化与企业战略管理[J].现代企业,2002(3).

朱松岭.台湾企业文化与企业竞争力研究[R].北京联合大学台湾研究院,2002.

图书在版编目(CIP)数据

HR:从职能专家到事业伙伴/孙显嶽著.—上海：
格致出版社:上海人民出版社,2018.5
ISBN 978 - 7 - 5432 - 2842 - 9

Ⅰ.①H…　Ⅱ.①孙…　Ⅲ.①人力资源管理　Ⅳ.
①F243

中国版本图书馆 CIP 数据核字(2018)第 025417 号

责任编辑　钱　敏
封面设计　王　捷

HR:从职能专家到事业伙伴

孙显嶽　著

出　　　版　格致出版社
　　　　　　上海人 A 出版社
　　　　　　(200001　上海福建中路 193 号)
发　　　行　上海人民出版社发行中心
印　　　刷　常熟市新骅印刷有限公司
开　　　本　720×1000　1/16
印　　　张　18.25
插　　　页　2
字　　　数　305,000
版　　　次　2018 年 5 月第 1 版
印　　　次　2018 年 5 月第 1 次印刷
ISBN 978 - 7 - 5432 - 2842 - 9/C・189
定　　　价　68.00 元